品味国学之经典　领悟《道德经》之真谛

《道德经》解读

徐风清雨

企业管理出版社
ENTERPRISE MANAGEMENT PUBLISHING HOUSE

图书在版编目（CIP）数据

道德经解读 / 徐风清雨编著．—北京：企业管理出版社，2018. 8
ISBN 978－7－5164－1686－0

Ⅰ. ①道… Ⅱ. ①徐… Ⅲ. ①道家 ②《道德经》—研究 Ⅳ. ①B223. 15

中国版本图书馆 CIP 数据核字（2018）第 053181 号

书　　名：《道德经》解读
作　　者：徐风清雨
责任编辑：刘一玲　崔立凯
书　　号：ISBN 978－7－5164－1686－0
出版发行：企业管理出版社
地　　址：北京市海淀区紫竹院南路 17 号　　邮　　编：100048
网　　址：http：//www. emph. cn
电　　话：编辑部 68701322　发行部 68414644
电子信箱：80147@ sina. com　zbs@ emph. cn
印　　刷：北京虎彩文化传播有限公司
经　　销：新华书店
规　　格：710 毫米×1000 毫米　16 开本　21. 75 印张　330 千字
版　　次：2018 年 8 月第 1 版　2021 年 4 月第 4 次印刷
定　　价：65. 00 元

前　言

一、初遇道德经

曾经，在人生之低谷，无以慰心，偶遇《道德经》，如清泉，似春风，飘过心头，浸润心田，虽不解字里行间之深意，却也能感到其中通透的智慧。那言简意赅，而又韵律优美的语言，深深地打动了我的心，那种喜爱由心底萌生。遂不觉沉浸其中，享受着字里行间优美的韵律，感受着通透的智慧，偶有心得，就有一种醍醐灌顶之感，那种通透豁达，喜悦着整个身心，绽放了生命的精彩。

二、智慧经典——《道德经》

经过对《道德经》“楚简本”“帛书本”“王弼本”等诸多版本的学习，我真正明白了什么叫“字字珠玑”，常常被老子文笔之绝妙而折服，《道德经》的每一句话、每一个字都值得我们去斟酌，去思考。当您真的走进了《道德经》，您就会发现，真的如同走进了一座宝藏，让您畅游其中，并获得源源不断的智慧，曾经的浮躁，会逐渐地平静；曾经的迷茫，会逐渐地看清了方向；曾经为名利的焦灼，会逐渐地清静；曾经紧张的人际关系，会逐渐地和谐；曾经忧郁的情怀，会逐渐地开朗……《道德经》可能不会让您短时间获得金钱和名誉，但是，《道德经》会让您看清人生的意义和心灵的终极归宿。《道德经》是老子留给我们每个炎黄子孙，乃至整个人类的智慧。古今中外，众多大家均对《道德经》给予了极其崇高的评价，正是因为在《道德经》里那份积极向上，如阳光一样的智慧之光，及不求我欲、坦荡行事的通透情怀，获得了真正领悟《道德经》者崇高的赞扬。

三、愿更多人相知道德经

《道德经》字里行间，均浸透着无上的智慧，而古人刀刻竹简，书写的艰难，凝聚了中华文字的精炼，每一句精炼的言语背后那深邃的智慧，往往无法被发现，智慧从眼前悄悄地溜走是巨大的损失和痛苦，如此深邃的思想，不能被中华儿女感知，是深深的遗憾，抱着为发扬老子智慧之梦想，笔者伏耕案头数年，将自己一点浅显的领悟呈现给读者，以期为更多的人相遇相知《道德经》，而尽自己一份微薄之力。

四、老子其人

《道德经》由老子所作，老子，姓李名耳，字聃，一字或曰谥伯阳。华夏族，楚国苦县厉乡曲仁里人（今河南鹿邑地区），约生活于公元前571年至公元前471年之间。是我国古代伟大的思想家、哲学家、文学家和史学家，道家学派创始人和主要代表人物，被唐朝帝王追认为李姓始祖。老子乃世界文化名人，世界百位历史名人之一，今存世有《道德经》（又称《老子》），其核心是辩证法，主张无为而治。

据文献记载，老子静思好学，知识渊博。他的老师商容教授知识过程中，老子总是寻根问底，对知识非常的渴望。为了解开自己的疑惑，他经常仰头观日月星辰，思考天为何物，以至于经常彻夜无眠。后来，商容老师说："实乃老夫之学有尽。"推荐老子入周都深造。文献记载："老子入周，拜见博士，入太学，天文、地理、人伦，无所不学，《诗》《书》《易》《历》《礼》《乐》无所不览，文物、典章、史书无所不习，学业大有长进。博士又荐其入守藏室为吏。守藏室是周朝典籍收藏之所，集天下之文，收天下之书，汗牛充栋，无所不有。"通过这段经历，老子积累了丰富的学识，也使他远近闻名。

老子生于春秋时期，当时的环境是周朝势微，各诸侯为了争夺霸主地位，战争不断。严酷的动乱与变迁，让老子目睹到民间疾苦，作为周朝的守藏吏，他提出了治国安民的一系列主张。

司马迁在《史记·老子传》中记载老子："居周久之，见周之衰，乃遂去。至关，关（令）尹喜曰：子将隐矣，强为我著书，于是老子言道德五千言而去，莫知始终。"尹喜感动了老子，老子遂以自己的生活体验和以王朝兴衰成败、百姓安危祸福为鉴，溯其源，著上、下两篇，共五千言，即《道德经》。

五、道德经版本

《道德经》版本问题是《道德经》独有的现象，据统计，清代之前，《道德经》版本有103种之多。目前，学术界较为重视的版本，是王弼的版本、长沙马王堆出土的两个抄本，这两个抄本分别称为帛书甲本、帛书乙本。

（一）帛书甲本、帛书乙本

《老子》帛书甲本、《老子》帛书乙本，于1973年12月出土于湖南长沙马王堆3号汉墓，放在一涂漆木匣中。长沙马王堆三号墓出土的帛书共有28种，计十二万余字，均破损严重。其中，在两张制作于不同年代、不同形制的帛（一种致密而轻薄的丝织品）上，用不同字体的朱丝栏墨形式，分别都抄有《德》和《道》这两篇文章，由于这两篇文章的内容与传世的《道德经》十分相近，学者们根据这两部帛书成书年代的先后，将它们分别称为《老子》帛书甲本和《老子》帛书乙本，统称为帛书《老子》。《老子》帛书甲本不避汉高祖刘邦名讳，帛书乙本避刘邦名讳，但不避汉文帝刘恒名讳，说明帛书乙本成书于刘邦在位时期，即公元前202年到公元前195年之间，而帛书甲本应完成在刘邦建立汉朝之前。帛书《老子》中《道》和《德》均不分章节，章节为后人划分。

帛书《老子》是所见《老子》写本中，后人改写最少的版本。它能够很好地帮助我们重新认识传世的各本《道德经》。

由于帛书《老子》年代久远，很多字迹缺失，故本书在相应位置用□代替。本书采用的《道德经》帛书甲本、帛书乙本（原文来源于逸民之道的新浪博客《老子辨证》http://blog.sina.com.cn/u/1065603635）。

（二）王弼本

王弼本《道德经》由王弼编著，王弼，字辅嗣，生于公元226年，死于公元249年。其作品主要包括解读《老子》的《老子注》《老子指略》及解读《周易》思想的《周易注》《周易略例》四部。由于《道德经》的原文逸散已久，王弼的《老子道德经注》被广泛流传，我们现在看到的《道德经》一般以王弼本为基础进行解读，直到1973年中国政府在马王堆发现《道德经》的原文为止。

（三）辩证本

《道德经》辩证本是由本人综合参考了《老子》帛书甲本、《老子》帛书乙本、《道德经》王弼本等诸多版本后整理的。在《道德经》辩证本中，综合各版本，本人对其中一些字词进行了改动，并逐句对改动处进行了阐述。该本是本人修订，为给大家提供不同角度的思考而整理成册，因本人阅历、语言等水平有限，该解读只代表一家之言，仅供参考。

六、逐句解读道德经

为了便于更多的读者能够读懂《道德经》，本人以整理后的《道德经》辩证本为原文，用平时身边的故事和例子，逐句逐字地为大家进行了剖析解读，以期让《道德经》能够通过这种通俗的解读方式，便于大家理解，能够走进大家的心中，指导大家的生活、家庭、人生、事业……

七、相遇相知天下同道人

《道德经》精美的言语和通透的智慧，深深地打动了我的心，我相信走进《道德经》的您，也会被老子那语言的精美、那积极向上的精神，及深邃而博大的智慧所吸引，希望我们通过《道德经》，牵手千里之缘，共同学习、领悟《道德经》，通过对《道德经》的领悟，成就人生的智慧、家庭的和谐、团队的成功……为伟大的中华民族前进，尽自己绵薄之力。

本书是参考了一些书目及一些网站的资料，对《道德经》一些理解来解读的，对此，向这些作者表示由衷的感谢！《道德经》是常看常新，故很多地方，难免会偏离大道，当您有更好的领悟时，望能互相交流，期盼得到您的指正，期盼向您学习。我的交流微信是：x56999（徐风清雨），期盼您的到来，让我们一同感受《道德经》的魅力。

该书得到了山东菏泽明兴现代教育学团、联文（北京）国际文化传播有限公司的大力协助，在此表示衷心的感谢！

因本人水平有限，有不当之处，恳请广大读者批评指正。

徐风清雨

2018年2月2日于东明

目 录

第一章

【帛书甲本（第四十五章）】

道可道也非恆道也名可名也非恆名也無名萬物之始也有名萬物之母也□恆無欲也以觀其眇恆有欲也以觀其所噭兩者同出異名同胃玄之有玄眾眇之□。

【帛书乙本（第四十五章）】

道可道也□□□□□□□□□恆名也無名萬物之始也有名萬物之母也故恆無欲也□□□□恆又欲也以觀亓所噭兩者同出異名同胃玄之又玄眾眇之門。

【王弼本】

道可道，非常道。名可名，非常名。无名天地之始，有名万物之母。故常无欲，以观其妙；常有欲，以观其徼。此两者同出而异名，同谓之玄，玄之又玄，众妙之门。

【辩证本】

道可道，非恒道；名可名，非恒名。无，名天地之始；有，名万物之母。故恒无欲，以观其妙；恒有欲，以观其徼。此两者同出而异名，同谓之玄，玄之又玄，众妙之门。

【辩证本通解】

道是可以用语言来描绘、认知并遵行的，但是用语言描述的道并不是恒久不变的大道；世间的规律和物质，人们可以为它们命名，但是，这个名称不能代表事物本身恒久的特征；无名无相的法则，是孕育天地万物的本源，而有形物质的运转，是不断产生新的事物的母体。以无欲的心态观察事物，可以看到事物运行的奥妙；以有欲的思维观察事物，会发现事物间的不同和特征。无形的规律和有形的物质同时出现，而名称不同，有和无共同作用孕育万物称之为“玄”，“玄”永恒的运作，构成了生成万事万物的奇妙门户。

【逐句解读】

道可道，非恒道

本句王弼本，为避汉文帝刘恒（前 202—前 157 年）的名字，故把“恒”改为了“常”，王弼本里所有的“恒”字，要么被改写，要么被删除。所以本句采用帛书甲本，这一句可以这样来理解：

道作为天地宇宙万象运行之规律，是可以用语言来描绘、认知并遵行的，但是用语言描述的道并不是那个恒久不变的大道。因为语言的局限性，不可能描述出大道的每一个特征，很多时候需要我们用心去感悟，所以我们才说“悟道”，真正的道是无法用语言来描述出来的，而是需要我们用心去参悟、去领悟的。

此外，本句还可以这样理解：大道不是一成不变的，它会在不同的时空、不同的事件上有不同的变化，所以老子告诉我们，我们认知的道理、规律，随着岁月的更替、事物的变迁，也会有不同的变化，对待不同的事物，要灵活运用不同的规律，不要死板教条。

【事　例】

《轮扁斫轮》一个成语故事。

齐桓公在堂上读书，一个叫轮扁的木匠，在堂下砍削木材制作车轮，轮扁放下椎凿的工具走上堂来，问齐桓公说：“请问，公所读的是什么书呀?”

桓公说：“是记载圣人之言的书。”

又问：“圣人还在吗?”

桓公说：“已经死去了。”

轮扁说：“那么您所读的书不过是圣人留下的糟粕罢了。”

桓公说："我读书，做轮子的匠人怎么能议论？说出道理就可以放过你，没有道理可说就要处死。"

轮扁说："我是从我做的事情看出来的。砍削木材制作轮子，轮孔宽舒则滑脱不坚固，轮孔紧缩则轮辐滞涩难入。只有不宽舒、不紧缩，才能手心相应，制作出质量最好的车轮。这里面有规律，但我只可意会，不可言传。我不能明白地告诉我的儿子，我儿子也不能从我这里得到做轮子的经验和方法，所以我已七十岁了，还在独自做车轮。古代人和他们所不能言传的东西都一起死去了，那么您读的书不过就是古人留下的糟粕罢了！"

这个故事是说，真正的大道，虽然可以去讲述、去描绘，但是怎么都不能彻底地描绘出来，很多智慧是需要用心感悟的。

名可名，非恒名

同理，世间所有的规律和物质，人们可以为它们命名，但是这个名称不能代表事物本身恒久的特征，你不能从一个名字里，投射出它所有的特性。同样，这个名字也不是恒久不变的，在不同的时空和地域，名字也是不同的，比如古今的变迁，比如语言的不同，这些名字就会有所改变。

从以上这两句可以看出，《道德经》其实是一个开放的系统，它不要求我们完全遵守老子列举的规律，而是鼓励我们不断地补充，不断地完善，从这里还可以看到老子的谦虚，从而也呼应了《道德经》第四十五章里的那句"大成若缺，其用不弊。大盈若冲，其用不穷"的原理。亘古流传的真理，往往不是封闭的、一成不变的、强迫人们严格遵行的，而是开放的、不断完善的、与时俱进的。

无，名天地之始；有，名万物之母

这一句由于断句的不同，会出现不同的解释，一种断句是这样的：无名，天地之始；有名，万物之母。这样断句，可以这样来理解：万物开始时因为还没有人类的诞生，所以，处于无名的状态。人类诞生后，人类为万物赋予名称，万物开始进入人类的认知和思维空间，故有名是人类认识万物的初始。这是一种解释方法，从字面上很好看懂，也很好理解。

而第二种断句更有深度："无，名天地之始；有，名万物之母"，我们如此断句，那么意义就会有所不同：那种无名无相的法则，是孕育天地万物产生、发展、壮大的本源，而这些有形物质的运转，是不断产生新的事物的母体。这种理解感觉比较抽象，不好接受，下面用一个例子来说明一下。比如一个果实的产生，它背后是不是有无形的规律存在呢？那就是一棵果树的发芽、开花，然后雄蕊的花粉落到雌蕊的柱头，穿过雌蕊到达子房与卵子结合，并发育形成种子。在这个过程中，我们往往能够理解“有”的方面，那就是有形的，我们可以看到的，那就是物质的，就是从花粉的诞生，到和卵子的结合，到一个小果实的成长、成熟。但是，这背后的无形的规律，我们往往是忽视的，而正是这个规律左右了新事物的诞生，正像人类，如果没有男女的结合，就没有新生命的诞生一样，这背后的规律是无名无相无形的，这就是无，而这个无，却是最根本的，正是这个根本的规律，作用到有形的物质，从而物质发生转移、变化，万事万物才逐渐生成。这也许会出现一种批判的心理说，单性生殖是不需要这种规律的，只是它不遵循这个规律，必然遵循另外的规律，这正好印证了老子说的“道可道，非恒道”，道是多样性的，不是一成不变的。

另外，还可以从另一个角度来理解，这样也许好理解些：比如一个果实的诞生，在它开始的时候，是没有任何有形的物质的，比如花粉，一开始连花都没有，花粉又在哪里？卵子又在哪里？所以，一开始是一个“无”，就是没有有形的，人们看不到的，后来树木分化出第一个将要形成花朵的细胞，这就是“有”开始诞生了，而这个“有”是从原来的“无”中诞生的，所以“无”就是这个花朵的本源，然后诞生了第一个细胞，形成了“有”，这个“有”就成了花朵、果实的母体。

这样来理解这一句话，是有点难度，但是，这应该是老子的本意，老子用这一句话来概括“有”“无”的关系，而不是单单告诉人们“有名”和“无名”，因为老子在《道德经》第四十章中说：“天下万物生于有，有生于无”，正和这句话相呼应。

故恒无欲，以观其妙；恒有欲，以观其徼

徼，有边界的意思。

以无欲的、不掺杂自己欲念的思维，从虚空处，以旁观者的角度观察一个事物、事情的运行、发展，可以看到事物本体运行的奥妙，如果以有欲的、有分别的心掺杂自己欲念的思维，从事物的本体，以身处其境的角度来观察到这个事物、事情，那么就会发现这个事物同其他事物的不同和特征。

因此，我们经常以无欲的心态去观察事物的发展，就会发现无名无形的规律；以无欲的心态来观察事物的运转方式，就能够从一件事物的发展，推及更多事物的发展，从而会看到那种妙不可言的现象，会因为我们看透了这种无名无形的规律，而能够推断出将要发生的结果，这就是我们学习道的奥妙之处。如果我们以有欲的心态、有区别的心去观察事物的发展，从有形的物质上，可以区分开不同的事物，它们发展的规律是有所不同的，正是从这些不同的有形的物质上，从而认知了不同的物质发展是不同的，所以，我们可以观察到，并且推断出它们以后发展的结果会有所不同。

这就是老子在告诉我们观察一个事物的发展，从两个不同的方面：一个是从旁观者的心态，去观察无形的、深藏于背后的那种规律；另一个是不要总是刻板地依赖一种规律，不要认为，同样的规律必然导致同样的结果，而是要区别于有些物质，从不同的事物里，来探究不同的发展方向。这也是我们经常说的原则性和灵活性相结合的最好的一个例证。

此两者同出而异名，同谓之玄，玄之又玄，众妙之门

此两者说的是什么呢？我们来看一下前一句话“无，名天地之始；有，名万物之母”，所以，此两者就是说的“有”和“无”。这一句话，可以从以下两个层面来理解：

第一个层面，就是大家通解，无就是虚无，有就是具体的形态，正是虚无和实体相互的作用，从而构成了万事万物，构成了无穷的奥妙，而正是“无”和“有”是这无穷无尽奥妙的门户。

我们可以这样想象，比如一个杯子，正因为它的虚空，才有杯子可以用（埏埴以为器，当其无，有器之用。凿户牖以为室，当其无，有室之用），而这种虚无的存在，才可以不断地幻化出不同的物质，比如盛上水，就是一杯水，把水倒掉了，就回归到虚无（空气暂且无视），然后盛上饮料，又成了一杯饮料……正是虚无的存在，才有了更多的可能性。

这里的“无”，可以理解为空无，“有”理解为物质。

第二个层面，可以把“无”理解为隐藏在背后的道的规律，这种规律是本来就有的，它来指导万物的运转，也只有作用于万物，才能凸显它的

作用，因此老子说它们同出而异名，一个无形的规律在左右，一个以有形的物质来体现，“有”和“无”共同作用，幻化出世间万象，这种不断的运转变化，我们称之为“玄”。这种不断孕育变化的“玄”的现象永远不断地运作，构成了玄妙深奥的宇宙万物，而这种无穷无尽的奥妙，是以这种无形的规律和有形的物质相互影响而成的。这两者正是构成这种无穷无尽的奥妙的门户和枢纽。

第二章

【帛书甲本（第四十六章）】

天下皆知美為美惡已皆知善訾不善矣有無之相生也難易之相成也長短之相刑也高下之相盈也意聲之相和也先後之相隋恒也是以聲人居無為之事行□□□□□□□□□□□也為而弗志也成功而弗居也夫唯居是以弗去。

【帛书乙本（第四十六章）】

天下皆知美之為美亞已皆知善斯不善矣□□□□生也難易之相成也長短之相刑也高下之相盈也音聲之相和也先後之相隋恒也是以聖人居無為之事行不言之教萬物作而弗始為而弗侍也成功而弗居也夫唯弗居是以弗去。

【王弼本】

天下皆知美之为美，斯恶已；皆知善之为善，斯不善已。故有无相生，难易相成，长短相较，高下相倾，音声相和，前后相随。是以圣人处无为之事，行不言之教；万物作焉而不辞，生而不有，为而不恃，功成而弗居。夫唯弗居，是以不去。

【辩证本】

天下皆知美之为美也，恶矣；皆知善之为善，斯不善矣。故有无相生，难易相成，长短相形，高下相盈，音声相和，前后相随，恒也。是以圣人处无为之事，行不言之教。万物作而弗始，为而弗志，成功而弗居。夫惟弗居，是以不去。

【辩证本通解】

天下人都知道什么是美的，而为了达到这种美故意的作为，就会产生丑恶；都知道怎样做能被称为善，为了达到这个结果而刻意的作为，就会出现不善。有和无、难和易、长和短、高和下、音和声、前和后这些看着相对的现象，是可以相互转化的，这种转化是永恒存在的。因此，悟道的人会以无为的方式去行事，而不依赖文字语言去教化人们。道在作用于万物的时候，不知道什么时候已经开始了，作为而不是为了达到自己的欲望，事情成功以后，不去占据功德。不去争抢功劳，其功德反而永远都不曾失去。

【逐句解读】

天下皆知美之为美也，恶矣；皆知善之为善，斯不善矣

之：本义：出，生出，滋长。天下人都知道什么是美的，而为了达到这种美故意的作为，就会产生丑恶；都知道怎样做能被称为善，为了达到这个结果而刻意的作为，就会出现不善。

这句话理解起来让人有点费解，老子究竟想要告诉我们什么样的道理呢？其实老子在告诫我们做什么事情，不要仅仅是为了博得别人的评价而有意地去作为，而是从内心为了做某些事情而自然地，不怀任何目的地去作为。如果你做什么事情不是为了做这个事情的本身，而是为了在做了这个事情以后，别人会给你什么样的评价而去故意作为，那么，这就是有为，怀有强烈的目的去作为，这样本来美的事情，因为你出发点不同，就会产生了丑恶；因为你强烈的企图心，本来善的事情，就会出现不善。

这句话和《道德经》第三十八章的开篇：“上德不德，是以有德；下德不失德，是以无德”是同一个道理，太过于追求外界对你的评价，做事情只是为了追求表相的浮华，那么你做事情的发心就是自私的，是为了你自己，而不是为了真正的完成这件事情。

另外，这一句我们还可以从另外一个方面来理解，天下人都以某个标准为美好的标准，而去刻意追求这样的标准，就会产生丑恶；都以某个标准为善的标准，而去刻意追求这样的标准，就会产生不善。这里的恶和不善，我们不要理解为罪恶，而可以理解为那种低于美和善的行为而已，也可能就是我们常人的作为而已，就像论语里面的君子和小人，小人并不是十恶不赦的人，只是还没有达到君子标准的常人而已。

比如你作为一个团队的领导人，你喜欢某种性格的人，你就不断地以这个性格作为表率来推崇，而团队内的员工，为了获得表扬，就会放弃自己的个性去向你要求的标准靠近，从而不断地丧失自己的个性，而团队健康地发展是需要多样化的，如果都变成了同样模式的人，并不利于团队的健康发展，就会出现不善的现象。

故有无相生，难易相成，长短相形，高下相盈，音声相和，前后相随，恒也

通过上一句美的事情可以转化为丑的，善的可以转化为不善，可知，有和无、难和易、长和短、高和下、音和声、前和后这些看着相对的现象，都是可以相互转化的。有和无的相生：比如一个生命从无到有，然后到成长、强壮、衰落，最后走向衰亡。难易相成：一件看似很难完成的事情，如果我们能够持之以恒，从细处着手，如《道德经》第六十三章“图难于其易，为大于其细”所述，那么难的事情也会成为比较容易的事情了，而再容易完成的事情，你不去开始，也许会成为一生都无法完成的难事。长短相形：一根木棍，放在比它短的木棍旁，它就是长的，反之，它就成了短的。高下相盈：高下的位置是可以很轻易地转化的。音声相和：音，《说文解字》：“生于心，有节于外，谓之音。”声，会意字，表示叩击悬磬，击磬则空气振动，传之于耳感之者为声。可以看出，音是由内向外发出的，声是听到外界的。而这两个也是可以相互转化的，你发出的音，别人听到就是声，别人发出的音，你听到了就是声。前后相随：这个转换是我们平时司空见惯的，一个人在你前面走，你们同时向后转，他就在你后面了。老子举了如此多看似相反的现象，而很轻易地就会发生转换，就是告诉我们一种辩证的思想，这种辩证的思想，老子说：“恒也”，是永远存在的。

是以圣人处无为之事，行不言之教

因此，悟道的人会以无为的方式去行事，而不依赖文字语言去教化人们。不言之教的意思就是说，悟道的圣人，会用自己所作所为来引导人们该如何做事，而不是去制定出什么是善的，什么是美的这样的标准来教化人们，不会不去行动，而只是用语言不断地鞭策别人。

那么什么是处无为之事呢？我对无为作以下几个方面的理解，以供大家参考：

1. 无我而为：做事情，不是为了一己之私而去作为，是为了天下众生的福祉而作，无为不是不作为，而是积极地为众生有所作为，但不为私欲作为。

2. 不妄为：不超越自己的能力，狂妄地以为自己无所不能，而恣意妄为。

3. 不强势而为：顺应自然之道，顺势而为，不逆潮流而动，顺应自然的发展规律而为。

4. 默默而为：不张扬做事，在无声无息中做事，不张扬、不炫耀，像水一样滋润万物而不表功。

5. 无言而为：以自己的德行做出榜样，以柔软的方式来影响他人，以潜移默化的形式让他人自化，而不是以高压的政策，强行、武断地扭转他人的思想、行为。

6. 无目的而为：做自己当下该做的，不奢求结果。

7. 从无处而为：在事情还没有开始的时候就去作为，正如《道德经》第六十四章所说的“为之于未有”。

也就是说，圣人会从以上这几个方面去作为，然后通过自己的作为，来引导人们的行为。

万物作而弗始，为而弗志，成功而弗居。夫惟弗居，是以不去

这几句，我们可以理解为是老子对无为的进一步阐述，万物作而弗始：这一句在王弼本是“万物作焉而不辞”，如果用王弼本，我们可以理

解为，道或者悟道的人，在事物需要运作的时候，需要道的时候，道就会欣然地接受，去帮助万物完成他们的孕育、发生和壮大。悟道的人也是这样，总是为他人不辞辛苦地发挥着自己的光和热。而我们看看帛书乙本是“万物作而弗始”，可见这个更符合老子的原貌，那么如果采用这句话，我们怎么来解释呢？老子应该是告诉我们这样一个道理：道在作用于万物的时候，你不知道他什么时候已经开始了，悟道的人在运作一件事情的时候，同样会符合于大道的法则，他也不会像有些人一样大肆地宣扬，而是会默默地做好各种准备，在大家都不知道的时候，一件事情已经悄无声息地完成了。这也是“无为”的一种方式：不张扬，悄无声息地做好每一件自己该做的事情。在大家还看不到开始时，事情却已经成功。这和《道德经》第二十七章的开篇“善行无辙迹”的思想是相通的。

为而弗志

这一句话在王弼本里是“为而不恃”，可以理解作为了，有所仰仗、有所居功自傲。而如果这样解释，就和后面的“功成而弗居”重复，而我们看看帛书甲本，是“为而弗志”，故采用“为而弗志”。“志”有一个基本的意思是“记在心里、记载等”，另外“志”在《康熙字典》里有这样的解释：“志，私意也。”所以，从这两个意思上来理解这一句话，就会得到两种不同的启发：

第一种，就是我们做了事情以后，不要总是渴望别人永远铭记我们的恩惠，也不要自己总是时时记着这件是我做成功的，如果没有我就会怎么怎么着，以此来不断提醒别人记得自己。如果总是这样，那么就达不到“放下”的境界。

第二种，“志，私意也。”也就是说你的所作所为，不要是为了满足自己的私人愿望，而是要懂得为他人着想、为众生着想，这样才是符合道的思想。

成功而弗居

事情成功以后，不要争抢功劳，不要去占据功德，而是要学会“功成事遂身退”。

夫惟弗居，是以不去

正是因为悟道的人非常谦虚，能够做到“功成事遂身退”，不去同别人争抢成功的果实，人们反而非常感激他，会永远地铭记他的恩德，因此，他的功德永驻人心，反而永远都不曾失去。

第三章

【帛书甲本（第四十七章）】

不上賢□□□□□□□□□□□□□民不為□不□□□□民不亂是以聲人之□□□□□□□□□□□□□强其骨恒使民無知無欲也使。

【帛书乙本（第四十七章）】

不上賢使民不爭不貴難得之貨使民不為盜不見可欲使民不亂是以聖人之治也虛亓心實亓腹弱亓志強亓骨恒使民無知無欲也使夫知不敢弗為而已則無不治矣。

【王弼本】

不尚贤，使民不争；不贵难得之货，使民不为盗；不见可欲，使民心不乱。是以圣人之治，虚其心，实其腹，弱其志，强其骨。常使民无知无欲，使夫智者不敢为也。为无为，则无不治。

【辩证本】

不尚贤，使民不争；不贵难得之货，使民不为盗；不见可欲，使民不乱。是以圣人之治，虚其心，实其腹，弱其志，强其骨。恒使民无知无欲，使夫智者不敢。弗为而已，则无不治。

【辩证本通解】

不刻意地崇尚、标榜贤的标准，那么人们就不会为了这种被推崇的荣耀而去纷争。不以难以获得的事物为珍贵，人们便不为了得到这些事物，采取不正当的手段；不呈现、不诱导人们有过多的欲望，使人心安宁而不出现祸乱。因此，有道的领导者，会引导人们有一颗淳朴的心，满足人们日常的生活所需，减少人们的欲望，让人们强健自己的身体筋骨，使得民众没有智巧之心，没有过分的欲望，使那些怀有智巧之心的人不敢妄动，那么社会、团队就没有治理不好的。

【逐句解读】

不尚贤，使民不争

不刻意地崇尚、标榜贤的标准，那么人们就不会为了这种被推崇的荣耀而去纷争。

不尚贤，使民不争。这一章承接了第二章的：天下皆知美之为美，斯恶已；皆知善之为善，斯不善已。即圣人应有一颗平常心，不要过分地推崇某个人、某个事，从而让人们以领导者的喜好来指导事物的发展。尚贤一定程度上代表了上位者的喜好，就会违背了《道德经》第五章所说“天地不仁，以万物为刍狗，圣人不仁，以百姓为刍狗”的这种没有分别心的境界。我们每个人都有长处和短处，如果统一以一个被崇尚的标准去发展，势必会影响很多人、很多事的发展。在孩子教育里也是这样，不应该以一个孩子为标准来评判另一个孩子，每个人都有自己的特性，应该让每一个孩子按照自己的特性来成长，而不是做出一个崇尚的标准。

要让孩子长成他本来的样子，而不是长成我们要求的样子。孩子的成长有他自己的发展规律，而不应该成为父母和别人一争高下的道具。

那么，是不是我们任由孩子自由地发展呢？不是。看一下这个“尚”，它有推崇，以什么为标准的意思。如果尚贤，就是制定了一个标准，从而否定了另外更多的行为，从而会抑制了孩子的天性，我们应该从孩子不同的天性里看到他发展的方向，进而引导，而不是打压。老子说的尚贤，更深层的含义是那个“贤”字。所谓的贤，就是人们的一个标榜，是一种虚名，是为了呈现给别人的一种名相。如果为了这种外在的虚名而去争抢，老子是反对的。我们应该做的是什么呢？那就是做好自己该做的事情，而不是为了别人的评价去做事。有一句话是这样说的：“菩萨畏因，凡夫畏果。”这句话，我们可以从另外一个角度再理解一下，就是“菩萨求因，凡夫求果”，这就和老子的这句话完全地符合了。我们做事情，就是踏踏实实地做这件事情，而不是为了成为那个结果而去做的，心里想的都是那个结果，就扰乱了我们做事的过程，没有了过程的美丽，没有了过程的踏实，不是为了自己的修为而生活，而是为了那一个所谓的“贤”字而劳作。人之所以会累，不是过程的累，而是那种对结果过分地渴望而衍生的心累！贤，是一个人前进的方向，而不是势在必得的结果，走好你的每一步路，不必在意别人的评说。

老子说的不尚贤，并不是不让我们成为贤良的人，而是不要过分地去推崇，不要为了目标而走偏了过程，不要为了所谓的政绩工程，扰乱了民生，不要为了自己的面子，而委屈了孩子，不要为了有形的名誉，而忽视了踏实地作为……

不要曲解了老子，不要用老子这句话成为你无法成为贤良之人的借口，他只是告诉你，好好地做事，结果自然而来！

【事　例】

1983 年 6 月，魏永康出生于湖南省华容县的一个普通家庭。自小天资过人的他，成了这个家庭的全部希望。

1985 年，两岁的魏永康就掌握了 1000 多个汉字。4 岁时，他基本学完了初中阶段的课程，后来连小学也只读了二年级和六年级。1991 年 10 月，仅 8 岁的魏永康连跳几级进入县属重点中学读书。

13 岁时，魏永康以高分考入湘潭大学物理系。

1996 年 9 月，魏永康在妈妈的陪同下来到湘潭大学。

2000 年 5 月，17 岁的魏永康以总分第二的成绩考进中国科学院高能物理所，成为硕博连读研究生。

脱离了母亲的照顾后，魏永康“失控”了。他完全无法安排自己的学习和生活：热了不知道脱衣服，大冬天不知道加衣服，穿着单衣、趿着拖鞋就往外跑；房间不打扫，屋子里臭烘烘的，袜子、脏衣服到处乱扔；他经常一个人窝在寝室里看书，却忘了还要参加考试和撰写毕业论文，为此他有一门功课记零分，而没写毕业论文也最终让他失去了继续攻读博士的机会。

2003 年 7 月，魏永康连硕士学位都没拿到，就被学校劝退了。

“我当时恨不得他死了才好。”曾学梅指着中科院的大楼，让儿子跳楼，“这么好的条件不争气，你去死！”

网上不乏类似的事例，如马加爵、李天一的事例。如果仅仅以学习好作为崇尚的标准，忽略了自身素养的培育，那么最后将走向失败。

不贵难得之货，使民不为盗

不以那些难以获得的事物（包括物质、荣誉、事件等）为珍贵，那么人们就不会为了得到这些难以得到的事物，采取不正当的手段（盗：不正当的获得）。

不见（xiàn）可欲，使民不乱

不去呈现、诱导人们有过多的欲望，人们就会安心从事自己分内之事，人们就会安宁而不会出现祸乱。

人的苦恼，第一来源于生存，就是活下来；第二来源于虚荣，那就是活出个样子给别人看。而更多的苦恼来源于虚荣。

难以得到的东西，很多不是生活的必需，我们生活必需的东西，一般不是难以得到的，比如空气、水、食物、时间等，甚至很多都是免费的。而那些难得的东西，耗费了人一生的精力，往往对我们一无用处，只是满足了人的占有欲而已。比如一块所谓的价值连城的宝石，看似精美无比，在灾难到来的时候，它却不能救人性命。

【事　例】

曾经有一个著名的女明星，被诊断为不治之症，在她伤心之余，将自己昔日认为无比珍贵的首饰、名表、名车、字画、豪宅都赠予了她的亲朋好友，自己留下最基本的物质，过最清淡的生活，等待生命的结束，后来身体一直没有恶化的迹象，去医院复诊，被告知，上一次为误诊。她突然间醒悟，人的一生，其实没有那么多认为珍贵的东西去追求，拼得一生换来的金银珠宝，低三下四钻营而来的达官富贵，转眼皆成空。人的一生需要的就是最基本的衣食住行和属于自己的时间而已。

所有的拼搏、光环，并不是自己真正所需要的，都是为了满足自己的虚荣，为了呈现给别人一种自己如何成功的虚幻，凌乱了别人的目光，滋长了自己的欲望，累了自己的心！想不明白的人，为别人的目光而活，为成为别人羡慕的样子而活，为成为别人嫉妒的对象而活，以“不遭人妒是庸才”作为鞭策自己的座右铭；想明白的人为自己而活，那不是自私，而是以自己的心、自己的处境为出发点，做出不一样的自己，而不是成为别人口中的那个人。

是以圣人之治，虚其心，实其腹，弱其志，强其骨

因此，有道的领导者在治理国家、团队的时候，会引导人们有一颗淳朴的、没有过分欲望的心（虚其心），会满足人们日常的生活所需（实其腹），减少人们过多的、纷杂的、不切实际的欲望（弱其志，志，私意也），让人们强健自己的身体筋骨（强其骨）。

所谓圣人，必须达到自身的品德与宇宙的法则融为一体，智慧变通而没有固定的方式。对宇宙万物的起源和终结已经彻底参透。与天下的一切生灵，世间万象融洽无间，自然相处，把天道拓展入自己的性情，内心光明如日月，却如神明般在冥冥之中化育众生。（本解释来源于网络）

这几句话可能会引起人们的误解，实其腹，难道老子仅仅让人们吃饱肚子就可以了吗？弱其志，又是什么意思呢？老子不让我们有宏远的目标吗？学习《道德经》，我们总是会遇到这样的困惑，甚至有和平常观念相悖而驰的感觉。这就是老子后来说的“正言若反”，一些正确的道理说出来，好像和我们平时的思维相违背。那么老子说的是不是正确呢？见以下分析。

虚其心，实其腹

这一句是什么意思，是让我们谦虚为人吗？这里的心，我们可以理解为欲望。为什么老子说实其腹呢？就是简单地让人们吃饱肚子吗？当然也有这个意思，比如邓小平同志提出的温饱，就是首先要满足人们生存的问题。因为“仓廪实而知礼节，衣食足而知荣辱”，让人们能够生存下去，这是对每一个领导者提出的最基本的要求。但是从这句话中，我们可以学到更深层的智慧，这里的虚其心，可以理解为减少，甚至清空我们的心里整天装着的欲望，如金钱、地位、美食、美女、享受、刺激。这些欲望一个接一个，没有终结的时候，欲望从小到大，没有休止的时刻。老子告诉我们，要把这颗心清空，要把这些欲望从心里清出来，让我们的心回归本

真，不要整天天马行空地去妄想。什么是“实其腹”呢？腹就是肚子吃饱了，就不想吃了，说明肚子知道满足，肚子的欲望是有限的，不像眼睛和心一样，欲望没有止境。另外，吃东西是为了满足生存所需，所以老子说实其腹，是让我们满足最基本的生活需求，减少欲望，回归本心。看看我们国家的发展历程，一步步走来不正是这样执行的吗？从开始的打土豪分田地，让更广大的群众有田地劳作，养活自己，到后来的承包到户，提出解决温饱问题，到现今的医疗改革、义务教育、养老等，就是按照老子的这三个字“实其腹”在执行着，满足了人们日益增长的生活需求，保障了最基本的生存条件。现在提倡的弘扬国学，就是要虚其心，让我们离开那种一味膨胀自我，不断滋生欲望的心，通过优秀的中华文明，回归本我，不断地丰富自己的心，让幸福从心而发，而不是向外寻求。

老子为什么提出“虚其心，实其腹”？因为心产生的欲望是无休止的，是可以无限膨胀的，而腹的空间是有限的，满足了腹，就是满足我们的生存需要，然后不断地去清空欲望，收回总是向外看的目光。虚其心和《道德经》后面的章节也是相对应的，如老子后面说的“为道日损”，损什么？就是减损我们不断滋生的欲望。

弱其志，强其骨

志，在《康熙字典》有这样的注解：“志，私意也。”所以，这个志也表示自己的欲望，故弱其志，最基本的含义就是要削弱自己的欲望。那么老子为什么不用“弱其欲”呢？也许还有以下的含义：

我们每个人都会有很多很大的梦想，梦想是一个好听的名词，也可以说，我们每个人都会有很多很大的欲望，但只有很少的人脚踏实地地按照自己的梦想去前行。梦想整天充斥着我们的心，整天让我们沉迷其中，而我们真的行动了吗？我们很少去做，所以老子就用这样一句话来警醒我们。“弱其志，强其骨”所说减弱的不是说我们不去树立任何目标，目标是要有的，但是不要有太多的不切实际的想法，所定的目标要切合实际，而不要定那种自己永远无法实现的目标。定了目标，不要总是天天幻想而不去行动，要把空想的这个念头减弱，不要白白地浪费时间、生命。所以老子说“弱其志”，弱的不是我们的志向，而是这颗空想的心，减少的是那些永远不能满足的欲望。

另外，“志”常用的词语是什么？志向、言志、明志等词语，而这些词语都是表达一个人的心志。用什么表达的？就是用语言，那么老子说的弱其志，也就是告诫我们，少一些高调的谈论，不要总是做语言上的巨人，少一些浮夸，多一些真实的作为。

通过这句话的学习，我们可以领悟到：老子告诉人们认定一个可以前行的目标，然后增强自己的行动能力，努力地去做，这样才能够达到我们人生的目标。“骨”是什么？“骨”是支撑生命的根本，他不仅仅是让我们有一个强壮的躯体，更是代表了我们一个人、一个团队、一个国家的做事能力和执行能力。这里的“强其骨”是一个形象的比喻，比喻强劲的行动能力，我们常说的团队的骨干、事业的中流砥柱，也是这个意思。这句话，就是告诉我们少一些空想，多一些脚踏实地的行动。

所以通过这六个字的学习，我们能够领悟，少一些个人欲望，少一些幻想，少一些空谈，多一些实干精神，向既定的目标奋力前进。

恒使民无知无欲，使夫智者不敢。弗为而已，则无不治

使得民众没有智巧之心（知，通智），没有过分的欲望，使那些怀有智巧之心的人不敢妄动，使他们不敢妄为，那么社会、团队就没有治理不好的。

要理解这一句话，可先来理解“知”字，把这个字理解透了，也许你对这句话就会有更深的感悟。这里的这个“知”，在古代是通智慧的智。一说到智，大家就会想到智慧，智和慧是两个不同的概念，这里仅分析一下这两个汉字，有一种戏说汉字的意思，分析的不一定正确，只是希望能给大家一点启发。先看一下这个“智”字，它上面是一个知识的知，下面这个字我们先理解为是一个日字，那么我们可以这样理解这个字：一个人怎么才能够得到智呢？那就是每一日都要不断地获得、学习知识，日积月累就是一个有智的人，所以这个智就由知识的知和日字来组成，来给我们指明成为智者的途径。另外，“智”字下面的字我们可以看成曰字。那么怎样解释这个智字呢？曰，大家都知道是说的意思，所以说，什么是智呢？就是可以用语言描绘出来，能够说出来很多知识的人，我们认为是智者，而老子说能够用语言描绘的道，往往不能够代表永恒的道。人们描绘出来的就不是道的本身，所以用语言描绘的知识，也就是一个表象，不能

够代表真正智慧的实质。从这两个戏说汉字，我们可以感觉，智，是一种表面化的、外在的才智的表现而已。再看智慧的慧字，它也由两个字组成，上面那个字我们不常用，它也读彗（huì），本意为扫帚的意思，下面是一个心字，那么这又是什么意思？而这个慧字的含义就是告诉我们，只有不断地用扫帚扫除我们心头的尘埃，慧就自然生成。可以看出，在古代这两个字的区别，智主要来源于外界，并表现到外界去，而慧，源自于自己的内心感悟，从而清明内心、滋养内心。

有两个成语，急中生智和静能生慧，这两个成语很好地诠释了智和慧的不同。智，是因为急迫、急切的事件到来，为了应对外界的事件而不得不产生的一种处理方式。而慧，是自己内心的安静、清明、通达，从而由内滋生出来的对自我或者万事万物的通透的认知和领悟。

所以我们可以看出智，有智谋、智巧的意思，在《道德经》里会不止一次的出现智字，很多地方都是这样的意思，而智巧的意思是机谋与巧诈。这种耗费心机的事情，老子是不提倡的。

这一句话解释到这里，看似解释完了，但是我感觉还是不够彻底，您可能会问，为什么不让人们有智巧之心，有智巧才可以让社会更快速地发展啊。原因是：首先，这里的智巧，不是更好地改造社会，创造财富的智巧，而是相互争斗、争名夺利的那种技巧之心；其次，怎么使人们没有智巧之心和过分的欲望？这个我感觉才是老子这一章隐藏在背后的最根本的含义，如果我们只看到了这一章表面的意思，看不到背后的含义，就失去了太多!

这一章的根本不是恒使民无知无欲，而是如何使民无知无欲，使是一个动词，这个动作是由谁发出的？由统治者，由上位者，国家是君主，团队是领导人，家庭就是家长，那么上位者怎么使下属无知无欲，回归淳朴？老子在前几句话里已经给出了答案，那就是“不尚贤，不贵难得之货，不见可欲，虚其心，实其腹，弱其志，强其骨”，这些就是老子告诉我们的，如果领导者能做到这些，人们就会回归淳朴，社会就会安定。

另外，作为一个领导者想一想自己是不是做到了宽厚待人，功成事遂的时候，作为上位者是不是做到了退让，不和你的下属争抢功劳，争抢胜利果实？说到这里，我想起了孟子的一句话：“上下交征利而国危矣!”（上上下下互相争夺利益，那国家就危险了）如何让下属回归淳朴是一个大的话题，不是三言两语能够阐述的，老子在后面的章节里会有更细的阐述，大家可以去思考一下。重点就是不要总是想着“恒使民无知无欲”，而是学会反躬自问，学会自省，更多地去思考自己如何作为，才能使下属做到“恒使民无知无欲”，这个才是关键。

第四章

【帛书甲本（第四十八章）】

□□□□□□□盈也潚呵始萬物之宗銼其解其紛和其光同□□□□□或存吾不知□□□子也象帝之先。

【帛书乙本（第四十八章）】

道沖而用之有弗盈也淵呵佁萬物之宗銼亓兊解亓芬和亓光同亓塵湛呵佁或存吾不知亓誰之子也象帝之先。

【王弼本】

道冲而用之或不盈，渊兮似万物之宗；挫其锐，解其纷，和其光，同其尘，湛兮似或存。吾不知谁之子，象帝之先。

【辩证本】

道冲，而用之又弗盈；潚呵，始，万物之宗。湛兮，似或存。吾不知谁之子，象帝之先。

【辩证本通解】

道的作用，就像奔流不息的、不断向上涌动的水一样，不断使万物生灭，永远没有盈满的时候。道无名无形而又深不可测，是天地的初始，是万物的根源。道是清澈而透明的，好像存在，又好像不存在。我不知道是谁产生了道，我只知道道产生于万物及世界所有主宰之先。

【逐句解读】

“锉其兑，解其纷，和其光，同其尘。”在《道德经》五十六章有同样的经文，这一句放在五十六章，解释更为通顺，所以留待五十六章通解。故本章只解：“道冲，而用之又弗盈；渊呵，始，万物之宗。湛兮，似或存。吾不知谁之子，象帝之先。”

本章是老子给道的一个描绘，他说道有三种特征：就是冲、渊、湛，下面先看第一句：

道冲，而用之又弗盈

一般的解释是把冲解释为中空的，因为在《道德经》四十五章有一句话是“大盈若冲，其用不穷（在这里，这个冲有空虚的意思）”，所以把冲解释为空，是最常见的一种解释方法。这样这一句话就可以解释为：道是空虚的，这个空虚的道，会容纳万物，万物在这个空虚的道里生生不息，永远不会把道填满。

这句话可以从另一个角度来理解：“冲”在《说文解字》里的一个基本的含义是“涌摇”。涌的基本含义是：水由下向上冒出来；摇的基本含义是摆动，向上升。如果我们用冲的这个最基本的意思来解读，我们可以这样来想象：道的作用，就像奔流不息的、不断向上涌动的水一样，源源不断地流动着，这个源源不断的大道不断地产生万事万物，而又不断地让万事万物消亡，虽然道永远都在这里不停地流转，发挥着它的功用，但是万事万物也永远没有盈满的时候。大道永远都是流动的、运转的，就像江河一样，永不停歇地冲刷着历史的长河，无休止地带来不同的新生事物，也带走老去的事物，永远没有停止，永远在我们身边。

潇呵，始，万物之宗

本句在王弼本中是这样的：“渊兮似万物之宗”，道又像深渊一样，中空而深远，就像是万物的根源。

在帛书甲本中是：“瀟呵始萬物之宗”，比较一下，帛书甲本更形象地描述了道，故采用帛书甲本。

潇，从水，萧声。本义：水清而深的样子。这样就和上一句的“冲”

字相对应，道不仅像水一样永远都是流动的，并且它还那么清，那么深，比喻道无名无形而又深不可测。

始，《说文解字》的解释是：始，女之初也。本义：开头，开始。我们可以理解为：道是万物最本初的开始。这样就会与第一章的“无，名天地之始”相呼应。而王弼本把“始”改成“似”，就把道本来是万物的根源，改成了好像是的意思，就缺乏了那种肯定的语气。所以本句我们可以这样来理解：道无名无形而又深不可测，是天地的初始，是万物的根源。

湛兮，似或存

湛，水之甚也，最为清澈，完全透明，比喻看不到，老子再一次阐述了道无形无名的样子。所以老子说道是清澈而透明的，好像存在，又好像不存在。

吾不知谁之子，象帝之先

象，有形的，实体的，万物的表象；帝，同于天，引申为天地，帝也可以解释为万物的主宰者，指一切无形的力量。

我不知道是谁产生了道，我只知道道产生于万物及世界所有主宰之先。

这一章，就如《道德经》第三十四章所说：“大道泛兮，其可左右。”道无处不在，你感觉不到他的存在，春夏秋冬却一样更替，草木凋零，百花盛开，日出月落，斗转星移，童年的稚气，年老的宽容……所有的一切，都在你不经意间幻化，山崩地裂时，道包容着天地的咆哮，山花烂漫时，道品尝着静怡美好，道孕育着万物，接受着万物，恒久的包容，永远没有枯竭……这就是道的存在，无声无息，恒久永存。

第五章

【帛书甲本（第四十九章）】

天地不仁以萬物為芻狗聲人不仁以百省□□狗天地□間□猶橐籥輿虛

而不淈動而俞出多聞數窮不若守於中。

【帛书乙本（第四十九章）】

天地不仁以萬物為芻狗聖人不仁□百姓為芻狗天地之閒亓猷橐籥輿虛而不淈動而俞出多聞數窮不若守於中。

【王弼本】

天地不仁，以万物为刍狗；圣人不仁，以百姓为刍狗。天地之间，其犹橐龠乎？虚而不屈，动而愈出。多言数穷，不如守中。

【辩证本】

天地不仁，以万物为刍狗；圣人不仁，以百姓为刍狗。天地之间，其犹橐龠乎？虚而不屈，动而愈出。多闻数穷，不如守中。

【辩证本通解】

天地没有偏私之心，以万物为平等的，圣人也没有偏私之心，以百姓为平等的；天地之间，难道不像个风箱一样吗？保持它虚无、平静的状态，万事万物在这个空间里自然孕化，无穷无尽；一旦有所鼓动，打破平衡，鼓动得越厉害，动荡出现得越多。因此，过多地去探求，不如保持一颗清虚空灵的本心。

【逐句解读】

天地不仁，以万物为刍狗；圣人不仁，以百姓为刍狗

本章是容易被人们误解的一章，因为不仁，往往是被人们所厌恶的，而老子却说天地不仁、圣人不仁，是不是有一种让人不解的感觉？我们如果领悟了老子在后面章节所提到的仁义，也许会有所感悟。在《道德经》第十八章中说道：“大道废，有仁义；智慧出，有大伪。”在《道德经》第七十九章中说道：“天道无亲，恒与善人（天道本无亲疏，永助善人）。”从这里能够看出，人们平时所提倡的“仁”，是因为在天道废弃后，人们为了彰显仁义而提倡的一些行为标准，而作为天地，本就是遵循天道而运

行，因此就不会去追求所谓的仁，同样，圣人作为悟道的人，也是遵循天道而作为，因此也不会追求所谓的仁。天地和圣人为什么不去做所谓的仁？我们可以这样想，有仁，就有不仁，有了仁和不仁的概念，那么就有了分别心，如果天地有了分别心，天地就会喜爱他认为好的事物，不断地让他喜爱的事物昌盛发展，打压甚至舍弃那些他认为不好的事物，如此一来，天地万物就会失去平衡。所以天地和悟道的人，不会去根据自己的喜好来干涉事物的运转，他们会让万事万物按照自己的运行规律，按照道的规则自行运转。

我们也可以这样来理解，道是自然而存在的万物运行法则，而仁，是人们对某些行为的认可，从而做出的一些规定和提倡，里面加入了很多人为的因素，不再是自然而存在的法则，加入了很多的喜好厌恶的区别，有失自然的公平公正。

这里的天地不仁、圣人不仁，是说天地和圣人是没有分别心的，是没有偏私的心的。

【事　例】

为了更好地理解，我们来说一个小故事：在一片森林里，共同生活着很多动物，有小羊、小鹿、小兔子，也有老虎和狼，时常会有小羊、小鹿、小兔子被老虎或者狼吃掉。一些仁慈的人们看到这种血腥的画面，就动了恻隐之心，于是就将老虎和狼杀掉了，森林里顿时呈现出一片祥和，小羊、小鹿、小兔子不再提心吊胆了，每天沐浴在阳光雨露下悠闲地吃着青草、嫩叶，人们看到这种现象，幸福地笑了。而若干年后，人们发现森林里时常会出现死去的小羊、小鹿和兔子，并且小鹿、小羊的行动变得笨拙，再没有了以前的灵动，寿命也在缩短，同时因为老虎和狼的缺失，小鹿、小羊、兔子大量地繁殖，森林里的植被被大量地破坏，生活环境趋于恶劣，小动物们的生存环境受到了严重的破坏。这些现象的发生，正是仁慈的人们干预了本来运行正常的生物循环而造成的，人们认识到这一点后，从外地引进了老虎和狼，从此小动物们又因为逃命开始了奔跑，逐渐地进入了以前那种状态，森林里又开始了正常的运转了。通过这个小故事，我不知道是不是能让大家对“天地不仁，以万物为刍狗；圣人不仁，以百姓为刍狗”这句话有所感悟？这句话不是说天地和圣人没有仁爱的心，没有慈悲之怀，而是不怀亲疏之心，对万事万物都以一颗平等的心去对待，不是从自己的喜好出发，而是从是否符合大道出发，这里和《道德经》第四十九章里说的“圣人恒无心，以百姓之心为心”相呼应，圣人是不从自己的喜好来出发的，而是以是不是符合道，是不是符合万事万物的良好发展来作为评判标准的。

咱们理解了不仁，是没有分别心的意思，那么老子为什么用刍狗来形容万事万物和老百姓呢？如果真的理解了刍狗的意义，也许会叹服老子的用词之绝妙！在古代，人们祭祀的时候，往往需要杀掉牛、羊和狗，后来人们为了不杀掉这些生灵，就用稻草扎成狗的模样，用这种草扎成的狗来祭祀，这种草扎的狗就是刍狗，使用前和使用的时候，因为人们相信刍狗可以通神，被人们视为神圣，使用后，认为它已经没有了用处，所以或焚烧，或弃之，任人践踏。从这个刍狗的命运过程，我们也能联想到万事万物及人类的一生，人可能会有像刍狗被信仰时盛极一时的荣耀，同样，也会像被丢弃的刍狗一样任人践踏。而悟道的人，认为这样的起伏跌宕，都是因缘流转的正常规律，因此，他不会有丝毫的喜悦和悲伤，笑看风花雪月，静观天崩地裂。老子想用刍狗的盛极一时到任人践踏的命运，告诉我们时光流转，因缘聚合，一切都有其运行的规律，要有一颗平常的心，参悟世间看似不平的事，老子说：“反者道之动”，一切因果都有循环。因此，做最好的自己，看尘世流转，不悲不喜。

天地之间，其犹橐籥乎？虚而不屈，动而愈出。多闻数穷，不如守中

橐：古代的一种鼓风吹火器，皮囊做的，两头有口，一头连着管道鼓风。籥：管道。橐和籥组成一种鼓风工具。

老子在这里用了一个比喻，比喻天地间就像一个巨大的风箱一样。老子为什么做这样比喻呢？很多解读者都是解读到这里就没有了下文，我一直在思考，老子究竟想表达一个什么样的意思呢？他和后面的“多闻数穷，不如守中”有什么牵连？

一般的注解大意都是这样的：天地之间，岂不像个风箱一样吗？它空

虚而不枯竭，越鼓动风就越多，越是运用，开发产生的东西就越多，生生不息。

对于这句话，可以从一个不同角度，来理解一下：天地之间，难道不像个风箱一样吗？如果保持他虚无的状态，看似一片平静，一片祥和，但是万事万物却在这个空间里自然孕化，无穷无尽；倘若一旦有所鼓动，就会打破平衡，就会有狂风暴雨产生，鼓动得越厉害，这种动荡就会出现得越多。因此，过多地去探求，不断地去穷尽干预各种事态的发展，不如保持一颗清虚空灵的本心。

老子把天地比喻为橐龠，并不是鼓励领导者去不断地鼓动，而是要保持那种平静祥和的样子，正如太平盛世，君主政令很少，看似没有什么作为，但是社会一派祥和，人们都能安居乐业，看似虚而无为，社会却良好运作，永不枯竭，这正是老子说的“虚而不屈”。一旦领导者想要突出自己的丰功伟绩，政令频发，不断地打破固有的平衡，则会引起不断的动荡。打破的平衡越多，动荡就越多，这就是老子说的“动而愈出”，动的什么？动就是有为，就是不断地去干涉，出的什么？就是不断出现新的不平衡，不断出现不同的问题。不断出现问题，就不断干预；不断干预，就不断出现问题，如此进入一个恶性循环之中。因此，老子说：“多闻数穷，不如守中”，闻，有探究的意思，这里我们看一下这个汉字，闻，就是把耳朵放在门边去探听，比喻一个人本来静心在房内，心内一片清净，但是，突然听见外界有了响动，然后搅乱了自己清净的心，走到门口，把耳朵贴在门边，去探听外界的动静，形容没了那颗清净的心。数，在读“shuò”的时候有屡次的意思。所以“多闻数穷，不如守中”，我们可以理解为，不停地去探究，屡次地去穷尽、干涉各种事态的发展，不如保持一颗清虚空灵的本心。如此解读，我们就可以看出，这一章其实是一个整体，第一句，老子说“天地不仁，以万物为刍狗；圣人不仁，以百姓为刍狗”，就是一个论点，点明悟道的人是没有分别心的，万事万物是有其自然发展的规律，荣辱成败皆是过程，不要轻易地去干涉；而下一句“天地之间，其犹橐龠乎？虚而不屈，动而愈出”是老子用来比喻天地间、团队间、家庭里，就像一个风箱一样，领导者不要过多地干预，要让各种不同的个体，自然找到自己合适的位置，自然地运转，如果过多地去干预，往往会出现更多的问题。不过多地干预，不是不干预，有时候适当的引导还是要有的，这个度，要自己去把握。最后一句话“多闻数穷，不如守中”，就是老子通过前面的比喻，最后下的一个结论。

如果还是不能理解“天地不仁，以万物为刍狗；圣人不仁，以百姓为刍狗”这句话，则可以把天地缩小为自己的家庭，来想想一家之主对各个成员的那种平等的心，甚至还可以把天地、圣人理解为自己的灵魂和自己的思维，把万物理解为自己身上众多的器官，你对自己的每一个不同的器官是不是有偏爱？也许有，但不会有强烈的分别心。当《道德经》不好理解的时候，有时也可以把它无限地扩大，有时也可以把它无限地缩小，有时跳出来看看世间万物，有时运用到自身，从不同的角度去理解，也许会给我们带来不同的参悟。

第六章

【帛书甲本（第五十章）】

浴神□死是胃玄牝玄牝之門是胃□地之根縣縣呵若存用之不堇。

【帛书乙本】

浴神不死是胃玄牝玄牝之門是胃天地之根縣縣呵亓若存用之不堇。

【王弼本】

谷神不死，是谓玄牝。玄牝之门，是谓天地根。绵绵若存，用之不勤。

【辩证本】

谷神不死，是谓玄牝。玄牝之门，是谓天地根。绵绵若存，用之不堇。

【辩证本通解】

道就像幽深玄妙的空谷，永不枯竭，永不停歇，这正是孕育万物的门户，这个孕育万物的门户，就是万物诞生的根源。这个根源延绵不断，又无影无形，一直使用也没有完结的时候。

【逐句解读】

谷神不死，是谓玄牝。玄牝之门，是谓天地根。绵绵若存，用之不堇

帛书甲乙本均为“浴”，我们可以理解为有水的山谷，而“峪”为无水的山谷。

谷：用幽深的山谷形容道的虚无、幽深、博大。神：神奇、高超的。牝：母性。

堇（jǐn），在王弼本里是勤，而帛书甲本和帛书乙本都是“堇”，我们采用帛书甲、乙本。堇，假借为“仅”。少的，如：堇堇物之所有。（《史记·货殖列传》）豫章出黄金，然堇堇物之所有（那个叫豫章的地方产黄金，但产量很少）。

直译：道就像幽深玄妙的空谷，永不枯竭，永不停歇，这正是孕育万物的门户，这个孕育万物的门户，是万物诞生的根源。这个根源延绵不断，又无影无形，一直使用也没有完结的时候。

本章，老子再一次阐述了虚无的无上妙用，《道德经》是老子不断用天道做指引，从而引导我们从天道中参悟，进而指导我们的人生。那么从这一章，我们又能悟到什么？这一章，我们从道的虚空孕育万物，可以悟到，只有无上的虚空，才可以无尽地幻化出各种妙用，这种无上的虚空，运用到我们自己的身上，就是要保持我们的心一片空灵，能够达到物来则照，物去则空的境界，以一颗空灵的心，应对世间万象，幻化世间万象，随境而生，随境而去，不留恋，不纠缠，不妄想，随时感应当下、接受当下、处理当下、放下过往。对待万事万物，我们要有一颗“面对它、接受它、处理它、放下它”的心态。虚无空灵的心，并不是要我们摒弃一切凡

尘杂事，而是随时放下，不要总是纠缠过往，幻想未来，执迷不悟。一颗心，如果总是沉迷过去，或者幻想未来，那么这颗心就不是虚，要么是满满的过去，要么是满满的未来。而过去的，我们已经无能为力；未来的，我们还无法左右，我们能够做到的就是当下，所以，做好当下的每一件事，未来该来的自然而来，做好每一个当下，当下成为过去后，我们还有什么遗憾呢？

【事　例】

手机是我们都熟知而感兴趣的，那么我们为什么会那么感兴趣呢？试想一下，如果找到一幅我们认为世界上最美妙的图画，美妙到你爱不释手的地步，如果用这幅画固定到你的手机屏幕上，永远固定着，怎么都无法改变，那么你还会对手机那么感兴趣吗？还会时时刻刻关注着它吗？即使是最美妙的图画，一时吸引着你的目光，可是这种吸引能持续多久呢？这种无法改变的图画，就不是虚无的境界，而是有的境界，就像我们的心总是时时刻刻纠缠在过往，或者幻想着未来，放不下。放不下，那么心就是实的，就是满的。满的心，就无法承载更多的事物，就无法幻化出更多的美妙。而如果我们不把手机屏幕的画面固定，而是设计成现在的模样，平时我们看到的就是一片漆黑的屏幕，但是一旦运转，屏幕上又能随时幻化出各种图像、视频、声音，可以随时应对不同的任务和事物，当我们不需要了，它又回归了一片漆黑。这种漆黑，我们是不是可以理解为虚无？而正是这种虚无，才可以幻化出更多的美妙。而正是手机这种看似虚无的屏幕，却让我们爱不释手。

通过这个比喻，能够帮助我们更好地理解什么是虚无，什么是只有虚无才能产生万有，一个事物一旦固定了，那就不是虚无，只有不固定才能随时发挥它的妙用。儒家说“君子不器”，也是这个道理，有道的君子，不会做一个有形有相的器具那样，固定了自己的思想、作用。再大的作用也是有穷尽的时候，只有无形的、虚空的、随时而生、不拘泥于某种有形有相的，才是无法穷尽的。正如老子说：“绵绵若存，用之不堇。”你好像看不到它真实的存在，感觉不到它有形有相，但是却又永远没有穷尽的时候。

第七章

【帛书甲本（第五十一章）】

天長地久天地之所以能□且久者以其不自生也故能長生是以聲人芮其身而身先外其身而身存不以其無□輿故能成其私。

【帛书乙本（第五十一章）】

天長地久天地之所以能長且久者以亓不自生也故能長生是以聖人退亓身而身先外亓身而身存不以亓無私輿故能成亓私

【王弼本】

天长地久。天地所以能长且久者，以其不自生，故能长生。是以圣人后其身而身先，外其身而身存。非以其无私邪，故能成其私。

【辩证本】

天长地久。天地所以能长且久者，以其不自生，故能长生。是以圣人退其身而身先，外其身而身存。不以其无私欤？故能成其私。

【辩证本通解】

天地恒久绵长。天地之所以能够恒久地存在，是因为天地的运行总是遵循大道的法则，而不会按照自己的喜好去选择一条自己的生存方式而去任意地生长，从而能恒久生存。

所以圣人总是能领悟天道，在名利得失中退居他人身后，他反而成为大家信任的人，成为众人的领袖；圣人不从自己个人的私利出发，能够让自己游离于物外，更持久地保存了自身。所以，圣人不正是因为这种无私的行为，反而更好地成就了自己吗？

【逐句解读】

天长地久。天地所以能长且久者，以其不自生，故能长生

天地恒久绵长。天地之所以能够恒久地存在，是因为天地的运行总是遵循大道，自然运转，它不会脱离大道的规律，而按照自己的意志，去妄自运转，不会脱离大道的规则，按照自己的喜好去选择一条自己的生存方式而去任意地生长。这里我们可以想到第五章："天地不仁，以万物为刍狗"，也就是说天地没有喜好之心，没有偏私之意，完全按照道的规则去运行，不以自我为中心去滋生事态，从而能成就恒久。

这一章并不是太难解，只是其中的"自生"会有所争议，"自生"被更多地解释为不为自己而生，意思就是不去争抢名利、争抢生存空间，而我们在这里解释为不违背道的规则，去制定自己运行模式，能够按照天道，该生生，该灭灭，不破坏其自然循环的规律，这样才能保持长久。所以，这里的自生，我们可以理解为"不以自己的想法而生长"。

一个比较好理解的例子就是肿瘤的出现，它不按照规律生长，总想不断地成长，没有限制地汲取人身体的营养，从而不断地扩大自身，最后毁灭了身体，自己也随之死亡。同样，拔苗助长的故事，也是一种自生的行为，不按照规律做事，只按照自己的想法作为，最后破坏了事物的生长规律，导致了禾苗的死亡。通过这两个例子，能更好地理解自生的意思，它不仅仅包括那种总是为自己的名利去抢夺的意思，不仅仅是在结果出现的时候去自私地争取，而更包括在作为的过程中，就已经脱离了道的原则，按照自己的想法去妄为，从而早早地导致灭亡。

是以圣人退其身而身先，外其身而身存。不以其无私欤？故能成其私

而圣人总是能领悟天道，能够按照天地的法则去运行，他效法天地，不以自我为中心，不与人们争抢名利，而总是在个人得失中退居他人身后，正是因为他这样的品行，人们都推崇他、归附于他，因此他反而成为了大家信任的人，成为众人的领袖；圣人不从自己个人的私利出发，能够使自己超然物外，而正因为这种不以外物来左右自己的行事规则，从而能

够遵循天道而行，脱离了世间名利的纷争，因此却能够让自己游离于物外，更持久地保存了自身。所以，圣人不正是因为这种无私的行为而更好地成就了自己吗?

这一章容易被误解的是最后一句话：不以其无私欤?故能成其私。好像是圣人为了成就自己的私，所以才故意去无私。如果圣人有这个心思，那么就不能称其为圣人了，老子看来，圣人是无为的，就是做事不去追求结果，他只是按照道的规则去行事而已，至于得到什么结果，他是不在意的，而这个结果的形成，是自然而然到来的，这个结果的到来，他是没有悲喜之心的，只是在我们俗人看来，他却成就了自己而已，这个成就也只是我们俗人对圣人的一个评价而已。正如老子写下《道德经》以后，飘然而去，至于后世对他有什么评价，他是不知道，也不需要知道的。就是这种无私的行为，成就了他的伟大，而这个伟大他是不在意的，只是我们俗人在意而已。无私还是有私，在圣人心中应该是没有评判的，只是我们为了传承这些智慧，不得不给它下了一个定义而已。

这里应该明白一点的是，圣人的退其身、外其身，圣人的无私，都是自然的行为，他并不是为了身先、身存而故意去做的，不是为了成其私而故意去无私的，这些结果的发生，也都是道的运转自然而带来的结果，这个结果也都是我们世人看到的表象而进行的评判而已，而这个结果的到来，不是圣人追求的结果，圣人只会做自己该做的事情，不会在意结果。在《道德经》第二十九章中说：“为者败之，执者失之。”怀有个人目的去作为，往往会以失败而告终，努力地去把持某些名誉地位、财富，最终也会失去的。

第八章

【帛书甲本（第五十二章）】

上善治水水善利萬物而有静居眾之所惡故幾於道矣居善地心善潚予善

信正善治事善能動善時夫唯不静故無尤。

【帛书乙本（第五十二章）】

上善如水水善利萬物而有爭居眾人之所亞故幾於道矣居善地心善淵予善天言善信正善治事善能動善時夫唯不爭故無尤。

【王弼本】

上善若水。水善利万物而不争，处众人之所恶，故几于道。居善地，心善渊，与善仁，言善信，正善治，事善能，动善时。夫唯不争，故无尤。

【辩证本】

上善若水。水善利万物而有静，居众人之所恶，故几于道。居善地，心善渊，予善天，言善信，正善治，事善能，动善时。夫唯不争，故无尤。

【辩证本通解】

最遵循于道的行为就好像水：水善于滋养万物而又守得一片空静，能够安静地居在众人厌恶的地方，所以水的境界接近于道的境界。悟道者能够以宽厚的心而甘居其下，其胸怀像幽深空虚的深渊一样，施予的时候遵循天道而没有偏私，说出的话诚信可靠，政治上善于统帅和治理，处理事情通达无碍，所有行动符合于天时。因为悟道之人不和万事万物争取什么，自身就不会存在过错，从而也不会引起他人的怨恨。

【逐句解读】

上善若水。水善利万物而有静，居众人之所恶，故几于道

上善：上等的善。说到这个“上”字，老子为什么会说很多的“上”，而不是说“极”？我谈一下我对“上”字的一点理解：在《道德经》里，有不少“上”字，如“上善”“上德”等等，我一直思考这个“上”，究竟是什么意思，说是“极”，感觉不妥当。后来有所感悟，遂记录一下：

上的意思，就是永远比平常的、我们所看到的、感悟的还要更深一层，更高一层，你也许是一个德行极深的修道高人，但是“上善”“上德”还是在你上面，还有一个更高的层次，所以就不会有自满的心，故而继续让自己精进；如果你一个平庸的人，而“上善”“上德”，这些我们看似高不可攀的德行，其实就在你的上面不远处，我们能够看到，能够触碰到，我们经过修行就可以不断地接近，从而不至于让我们丧失了信心，所以不断地鼓励我们前行。

进一步说，老子是不提倡极致的，因为他深深懂得物极必反的道理，故他用“上”字，就是永远没有止境的意思，也许你的修行已经到达了非常极致的地步，但是你上面还有一个“上善”“上德”，就是这种德行，他永远都在你的上面，永远激励着你不断前进，这个“上”字，就是一个向顶端开放的境界，永远没有极点，当达到一个很高的境界了，抬头看看，还有一个“上”，所以就引导我们永远前进。

上善若水，这里的“善”，我们不理解为善良，而是遵循于道的。

这里，老子用“上善”来形容深邃的道。因为道无处不在，而又无影无踪，老子为了让我们便于理解，就在天地间找到的一个大家能感觉到的事物来形容道，那就是水，水最接近道的属性就是：水善于滋养万物，孕育万物，却又静静地处于天地之间，不会和任何东西有名利之争。水在给万物提供滋养，却总是处在人们不愿意去的低下之地，并且能够做到容纳污垢，清洗污垢，而这些处境却是人们所厌恶的。老子说，水的这种品行最接近于道的属性。

这里我们采取了帛书甲本里的“水善利万物而有静”，为什么没有采取王弼本的“水善利万物而不争”？因为“静”所涵盖的意义更深远，“静”本身就包含着“不争”的意义。而不争，虽然也表示了不去争取名利的意思，而有不争，就会有争，也就是说心中已经有这个争和不争的概念，只是不去争而已。而如果是“静”，就表示内心一片空静，压根就没有争和不争的概念，连争的概念都没有，何来争的心？而静的境界，就表示水的品行，总是这样默默地滋润着大地万物，而又静静地处在它本来的位置，没有丝毫的名利之心，空灵而寂静，不被外物纷扰，何来争还是不争之心？

居善地，心善渊，予善天，言善信，正善治，事善能，动善时。夫唯不争，故无尤

老子用水作比喻讲了天道后，进而从以下几个方面，来告诉我们应该遵循的天道规则。

居善地：这一句话有人解释为“居住在好的地方”，这种理解也许是另外一种角度吧。这里的“居”不做居住来理解，因为居有“当、占、处于”的意思，而“地”，也不做地方、处所来理解，而是理解为下方，处下的意思，因为在《荀子·礼论篇》里有一句是这样说的：“故天者，高之极也；地者，下之极也；无穷者，广之极也，圣人者，道之极也。”从这里可以看出，地者，下之极也，表示地为处于下方的。从这个意义上还可以这样来理解：一个悟道的人，平时会让自己的心像水一样处于空灵静虚，不去计较名利得失，心性随和而谦卑，不去争夺名利和上位。这里也许会有人说，悟道人是不是总是处于低位卑微的地方？其实，这里的处下，并不是地位就永远处下，而是心态的处下，是心的不争，有道的人会像水一样安静地做好每一件自己该做的事情，而心里不去挂念着那些结果，不去争夺那些名利。《道德经》第七章说：退其身而身先，正因为悟道人的仁厚品德，反而会被人们推崇为领袖，这个也是道之使然，是一种规律，但这种心态处下，地位反而上升的现象，并不是有道的领导者故意去追求的，而是自然而然形成的。另外《易经》里说：地势坤，君子以厚德载物。地仁厚、包容、慈爱。所以这一句也表示悟道的人有处下的态度，并且也有柔顺、慈爱、包容等含义。

另外，“居善地”还有一种含义，就是悟道的人，总是有那种随遇而安的心态，他总是会把自己所处的位置作为最好的地方去对待，无论他处在什么地方，他都会在他所处的地方，尽自己的能力，做好自己的事情。所以，“居善地”可以总结出三层意思：一是处下的心态；二是仁厚、包容、慈爱的心；三是随遇而安的心。

心善渊：悟道者的心胸像幽深空虚的深渊一样，能够容纳世间的荣耀和屈辱，像深渊里的水一样，波澜不惊，幽深而宁静。另外，悟道人的那种虚怀若谷的心，永远不自满，永远善于向别人学习，没有盈满的时候。

所以，“心善渊”有两层意思：一是空虚博大的胸怀，能够包容荣耀和屈辱；二是谦虚而好学，永不盈满。

我们看看帛书甲本为“心善潇”，潇即潇，从水，萧声。本义：水清而深的样子。而采用帛书甲本，更有深意，就是说悟道的人心胸无比地清明而又深邃。表示那种能够明察秋毫，而又无比包容的心态。只是我们都已经习惯了王弼本，故还是采用王弼本。

予善天：王弼本为“与善仁”，而帛书乙本为“予善天”，这里采取帛书乙本的“予善天”，为什么不采取王弼本的“与善仁”呢？因为天的施予是一视同仁的，没有偏私的，而仁是人们对某种行为的评判，添加了人为的因素，也就不可避免地含有偏私的心。在《道德经》里，老子是不赞美所谓的仁的，在《道德经》第十八章里，老子说：“大道废，有仁义。”只有当大道被废弃了，淳朴、公正的良好社会秩序消失了，仁义才被人们怀念、向往和推崇。在老子看来淳朴、清净、自然、公正的社会秩序才是理想的，而不断去推崇仁义，不断去彰显仁义的作为，正是大道废弃以后，不得已而为之的事，这不是他所理想的境界，而与善仁，在于推崇仁，这不符合《道德经》全文的意思，因此不采用与善仁。另外，看一下什么是仁？仁，从汉字上来分析一下，仁就是二人。那么什么是仁？就是我们在对待别人的时候，要有换位思考的理念，用我们的心去感悟对方的心，对方需要什么，希望得到什么，我们便给予什么，就是以对方的心为心，以对方的需求而给予，这就是我们从仁这个字能理解的意思。这种境界是很高的，能想对方所想，急对方所急，但是这个境界毕竟太狭隘了，因为我们的心所相对的只是对方，对方可能是一个人，一个团体，那么这种思维方式，就注定我们考虑的时候就有一定的局限性，你就不会考虑到全面，你所做出的给予，就会有偏差。我不知道大家能不能理解这一点，也就是说，如果我们仅仅从仁的角度去考虑，那么我们考虑的就有局限性，你可以考虑到对方为一个人、一个物、一个团体，甚至整个人类，但是从这个换位思考的理念出发，就有一个范围，不可能顾及到万事万物，而帛书乙本里的“予善天”就比“与善仁”的境界高出很多。天有什么特性呢？《道德经》第五章说：“天地不仁以万物为刍狗”，就是说天给予万物休养生息的时候是没有高低贵贱、亲近疏远之分的，是一视同仁的，并且给予以后呢，没有要求回报。作为一个有修养的人，在给予别人帮助的时候，要有天这样的品格，没有偏私，不索求，不期待回报，做好自己该做的，不干涉万事万物自然发展的规律，任由万物按自然生存。在这里，天是没有换位思考的，是没有偏私的，是公平的给予，是全方位的付出，他不偏袒任何一个个体、团体或物种，天的给予是那么宏大而无私。另外，在《道德经》第七十七章说："天之道，损有余而补不足。人之道则不然，损不足以奉有余。"在这里老子告诉我们，在给予的时候要效法天道，做到"损有余而补不足"，削减富余补益贫乏，从而取得均衡。另外，予善天更好地和"居善地"相互对应，因此，我们采取帛书乙本里的"予善天"。

予善天有两层意思：一是悟道的人在奉献、付出的时候遵循天道，没有偏私，不索求，不期待回报，做好自己该做的，不干涉万事万物自然发展的规律，任由万物的自然生存；二是能够做到"损有余而补不足"，推进社会更好地趋近于均衡发展。

言善信：作为一个有修养的人，特别是作为一个领导者，要对自己的每一句话负责。"说"字是由言和兑组成的，也就是说出来的话是用来兑现的，所以一个有道的人，必须是一个守信的人，信者，人之言也。这两个汉字也在时刻提醒我们：说出来的话是要兑现的，因此说出来的语言，是要能让人信服的。

正善治：正通政，领导者在为政时能够做到善于治理国家，治理团队，怎么做到善于治理？那么就是能做到上面说过的，居善地、心善渊、予善天、言善信，这四点老子讲的是一个的内心修养，正如儒家所说的内圣外王，那么，这四点为内圣，而后面讲的三点：正善治，事善能，动善时为外王。意思是，只有你内圣做好了，外王自然而形成。所以这里的正善治，就是一个有道的领导人，如果做到了上面的内圣，政治治理、企业治理、家庭领导，自然而然地就会达到一个不治而治的和谐状态。

事善能：这是老子对一个悟道人的外在的要求，一个有修养的人不仅要做到内圣，人格品质不仅要质朴豁达，在对外的能力上还要有自己的行为能力，要有造福万物的能力，而不是像有些人天天打坐，自己清静无为，那么他对万物又有什么作用呢？所以老子要求悟道的人，不仅要达到自我醒悟，更要做到有益于众生，对外界有所作为。

动善时：就是说有道的人，要能够遵循天道规律行事，而不是按照自己的主观意志去强制事物的发展规律，所以，他的行动，才能够符合于道的发展，符合于时日，因为能够适时采取行动，所以事情就会成功，社会就会昌盛。

夫唯不争，故无尤

尤：过失、怨恨的意思。因为有道之人不和万事万物争取什么，自身就不会存在过错，从而也不会引起他人的怨恨。

我们从予善天、正善治、事善能、动善时，可以看出老子的思想是非常积极的，而老子在这里说的不争，是告诉我们不要在名利上去争夺，一件事情只有积极地行动、谨慎地作为，才会达到成功。这个过程，老子是要求我们积极地去作为的。那么什么时候不争呢？是当一件事情成功以后，利益、名誉需要分配的时候，这个时候老子告诉我们不要去争，这正是下一章，就是《道德经》第九章老子要告诉我们的智慧：“功成身退，天之道。”

第九章

【帛书甲本（第五十三章）】

植而盈之不□□□□□□□之□可長葆之金玉盈室莫之守也貴富而驕自遺咎也功遂身芮天□□□

【帛书乙本（第五十三章）】

植而盈之不若亓已鍛而允之不可長葆也金玉盈室莫之能守也貴富而驕自遺咎也功遂身退天之道也

【王弼本】

持而盈之，不如其已；揣而锐之，不可长保。金玉满堂，莫之能守；

富贵而骄，自遗其咎。功成身退，天之道也。

【辩证本】

植而盈之，不若其已；锻而锐之，不可长葆。金玉盈室，莫之能守；富贵而骄，自遗其咎。功遂身退，天之道也。

【辩证本通解】

培植一个事物达到盈满的状态，不如适可而止。不断地锤击，一味地追求把武器锻造得无比尖锐，那么它就不会长久地保持。金银财宝装满所有的房间，却不能永久地守候。富贵而骄傲，是自取灾祸。功业成就时，懂得谦让，收获名利时，懂得退让，是符合于道的。

【逐句解读】

植而盈之，不若其已；锻而锐之，不可长葆；植，从楚简本、帛书本。

植：植养、培植的意思；使其壮大；锻，从帛书乙本。

锐，从河上公本；葆：保持、旺盛的意思。

植而盈之，不若其已

从帛书乙本可以看出，这句话都是采用的植而盈之，而非持而盈之。植有植养、培植、培养之意，而持有保持、把持、把握之意。我们可以想象一下，植养、培植、培养更生动，他有把一个事物从小孕育至大，进而培植到强盛的一个动态的过程，而保持、把持、把握，就没有培植来得生动，感觉突然间就出现那么一个盈满的状态，显得那么突兀。如果采用“持而盈之，不如其已”这句话，我们就会解释为：把持一个事物处于盈满的状态，不如及时停止。这里我们会不会有疑问，既然这个事物已经到了盈满的状态，也就是说这个事物已经到了顶峰，还怎么停止呢？我们只好努力地保持这种状态，尽量让它保持昌盛吧。你如果不保持，岂不是任由这个已经到达了昌盛的事物更快地走向衰败了吗？所以如果用王弼本的这个持字，这句话理解的时候就感觉有点吃力，还有点矛盾。但是，当我们看到帛书乙本里的“植而盈之，不若其已”就有一种顿悟的感觉，就是这一字之差，让我们有了不同的感觉和不同的领悟。这一句话可以这样理解：植养、培植一个事物、事件，而努力地让它去达到盈满的状态，达到极致的昌盛，不如适可而止。从这句话我们能看出，这是一个由小及大，从弱到强的动态的过程，而我们总是想要把这个事物做到尽善尽美，而很多时候，失败就是源于我们追求完美，因此老子告诉我们，不要去追求那种所谓的完美，不要追求极致，而是结合自身的情况，做到适可而止即可。你也许会说，完美不好吗？完美是我们所有人都向往的境界啊。其实，中华文化里是不提倡盈满的状态的，我们常说的最好的境界是“花看半开，酒饮微醺”，那种将满而未满的时刻才是最动人的时刻，一旦到达了顶点，就是将要走向衰败的时候。

【事　例】

这里分享两个小故事，也许更便于大家理解，过度地追求盈满的状态，最终将导致失败。

第一个故事是：从前，有一个人有一张射得又远又准的弓，但是那张弓看起来有些笨重，于是，为了美观，他叫工匠在弓上雕刻上了图画，雕刻完了，弓的外表看起来非常华丽。但是，他再次射箭，一拉弓断了。

第二个故事是：有一个人得到了一颗非常漂亮的珍珠，他非常喜爱，只是这个珍珠上有一个小小的斑点，他想如果能将这个小斑点磨掉就好了，于是他就磨这个斑点，谁知道这个斑点不在表面，而是一直向珍珠内部延伸，最后，这个人不但没有把斑点磨掉，反而将本来圆圆的珍珠弄出了一个洞，使本来漂亮的珍珠失去了原有的美丽。

通过这两个故事，可以得到更好的理解，老子告诉我们在做事的时候，不要一味地追求完美，老子在后面的章节里告诉我们：“大成若缺”，世间是没有完美的事物的，我们要做到适可而止，每个事物本身都有不尽如人意的地方，如果你一味地追求完美，一味地追求最强、最大，以至于最后你什么也没有得到。

那么这句话是不是还有其他含义呢？它还应该包括另外一层更深的含义，那就是说，如果我们的事业有幸做得非常好，在同行业内做到了第一，做到了极致，那么，在学习了这一句话后，我们从中领悟到的智慧就是，在我们内心深处不要有盈满的想法，不要培养这种盈满的、骄傲的心，只有这样，才能使我们的事业一直保持活力，永远向前。

要记住，满不是我们中华民族的智慧，我们要时刻保持一颗虚空的心，正如二十四节气中，小暑之后是大暑，小雪之后是大雪，小寒之后是大寒，而小满之后却不是大满，而是芒种。这里也体会到古代圣贤们在时刻告诫我们，大满不是我们需要的境界。

锻而锐之，不可长葆

这里采用的是帛书乙本里的“锻而允之，不可长葆”里的“锻”字，王弼本是“揣而锐之，不可长保”，这个“揣”字有很多读音：①chuāi，藏在衣服里，如“揣手”“揣在怀里”。②chuǎi，估量，如“揣测”“揣摩”。③chuài，挣揣（挣扎），动词，往怀里揣。④tuán、zhuī这两个读音（今已废除），只有读作zhuī的时候，它才有捶击的意思，并且只是为了解释“揣而锐之，不可长保”这一句话，我怀疑是不是后人为了解释这句话，强给这个字加上的一个意思。而如果我们采用帛书乙本里的“锻”字，就没有这样的困惑，因为“锻”的本意就是“把金属放在火里烧，然后用锤子打”。另外，为什么采用帛书乙本里的这个带草字头的葆？这是因为这个葆字不仅有保持的意思，还有旺盛、使之更加昌盛的意思。所以这句话字面意思就是：如果我们不断地锤击一个兵刃，一味地追求把一件武器锻造得无比尖锐，那么它就不会长久地保持。因为锻造尖锐，就需要把它的尖端打造得越细越好，而细就容易折断，所以就很难保持长久。另外还有一层意思我们也可以这样理解，一个被锻造得无比锋利的宝剑，就会被更多地使用，而多次使用，势必会导致早早地磨损和折断。

这个是字面的意思，生活中怎么运用呢？也就是说，我们不要过度地追求锻造一个人、一个团队的能力超强，过度地追求反而会容易把这个人、这个团队的精力早早地耗尽，走不到终点而轰然倒塌。

【事　例】

我们在网上可以查到的资料表明：根据一家保险公司对6000名已故运动员的资料统计，运动员的平均寿命只有50岁，其中，大多数是运动过量所造成。这些原本比我们常人身体更优秀的人，就是为了不断地让自己的体能发挥到极致，不断地锻造自己，从而过早地走向了衰老。

那么这句话对我们教育孩子是不是也有用处呢？有位先生的孩子进入了一个所谓的提分班，他深感自豪地说提分班要求的非常严，早上五点十五分前必须起床，然后十五分钟内必须洗漱完毕，并走进学习班，深夜十点半才能就寝，封闭式管理，两个星期才能回家休息一天，其余时间完全就被封闭在一栋楼房内。这些孩子就好像一柄柄被锻造的利剑一样，被最大限度地重压着，那么会不会有些孩子被早早地压垮？会不会早早地产生对学习的恐惧？单方面要求成绩，而忽视了其他综合素质的提高，总是不好的。还有一个真实的事例，一位学生，曾经学习在班内是第一名，特别刻苦，学习总是到深夜，但是就在临近中考前两个月，他病倒了，每天输液，中考时分数超录取线进入高中，进入高中后，他学习依然非常刻苦，但是就好像一部汽车，力气耗尽了一样，成绩怎么都上不去，最后也没有进入大学。从这位同学的身上，可得启示：我们要在该停止的时候停止，要懂得留一份继续前行的力量，而不是为了一时的绽放，耗尽所有，如美丽的流星一样，夺目之时也是消失之际。

从这句话我们还可以受到启发，得到另外的一个智慧，那就是做人做事不要事事争先，事事都锋芒毕露，要做到老子所说的“和其光，同其尘”，这个意思大家不要曲解成什么都不做，退居二线不出头的意思，而是态度要柔和，不要太锐利，不要咄咄逼人，不要为了彰显自己的才能，而逞口舌之快，这样太过尖锐的态度，势必让人敬而远之，人生道路会早早地走向衰败。

金玉盈室，莫之能守

用金银财宝装满所有的房间，却不一定能永久地守候。那么老子究竟想要告诉我们什么呢？我感觉老子想通过这样的一句话告诉我们不要太看重名利这些东西。因为世人总是容易看到实体的事物，而忽略无形的修养，比如我们经常会说的一句就是某某很成功，因为他有多少钱，身价多少，做官做到了什么级别等这些用实物衡量的名利。因此我们为了证实自己的成功，也就会努力地去争取这些名利，甚至不择手段地去得到这些财富，而忽略了自身的修养，以至于最后走到了犯罪的道路。

【事　例】

2014年10月，检察机关在某官员的一处房子里当场搜出2亿多元的现金，专案组协调中国银行某分行的十多名工作人员、五台点钞机分两批次赶赴现场参与清点，经过14个小时的连续工作，共清点出现金人民币1.348亿元、欧元819.55万元、美元382.49万元、港币189万元、英镑1.6万元，按当天的汇率中间价，起获的现金折合人民币2亿多元。由于长时间不间断工作，其中一台点钞机被当场烧坏。而这些财产来源不明，最后该官员被绳之以法。这正是对老子这句“金玉盈室，莫之能守”的一个良好的诠释，不要一味地追求名利，更要把握这些名利得到的途径。

不要总是把眼光盯在利益上，一个看利益高于一切的人，往往会失去利益，一个满眼散发出掠夺光芒的人，人们就会避而远之。通过《道德经》的学习，我们知道世界是由无和有形成的，而财富的生成也有无和有的规律的，财富就是我们能够看到的那个实体，就是那个有，老子说有生于无，也就是说这个金钱生成的背后有一定的规律，所以，不要总是盯着财富，而是做好你的事业，不要总是惦记别人给你多少报酬，而是努力提升帮助别人的能力，货币本质就是一般等价物，具有价值尺度。你或者你的事业能给别人带来多少帮助，有多少人认可你，你的财富就会拥有多少！很多时候我们把生活都过反了，我们取得财富是为了什么？是为了幸福和快乐，可是我们为了取得财富，却丧失了幸福。

老子这句话还告诉我们：不要炫富，要懂得“匹夫无罪，怀璧其罪”的道理。这就是我们老百姓说的一句通俗易懂的话：“财不露白”，一味地炫耀，会惹来祸患，最后“莫之能守”。

富贵而骄，自遗其咎

富贵是我们常人都非常向往而追求的，老子告诉我们，富贵但不能骄傲，因为富贵会让人滋养骄横之气，骄横之气就会使人狂妄，进而犯下错误，错误的积累就会让人失去民心，从而遗留下祸患，引来灾祸。这一句话的重点不在富贵，正是很多人把这句话的重点放在了富贵上，从而曲解了老子，好像老子就是要我们贫困的，其实不是，老子的重点在那一个骄字上，他并没有排斥富贵的意思，在《道德经》第八十章中说：“甘其食，美其服，安其居，乐其俗。”可以看出老子非常希望人们有富足美满的生活，他在这里只是告诉我们不要因为自己拥有了财富和地位，说话方式、行为方式就出现了骄横的态度。如果那样，老子说那是“自遗其咎”，这里老子说了一个“自”字，就是所有的祸端，都是自己招惹过来的，都是自己遗留的，这个遗留的遗字，用得也非常好，以后所有的种种，老子说，都是自己以前的行为留下的根源，这里正和佛家的因果同理，所有的结果，都是你以前的因带来的。这正如我们平时说的“祸福无门，唯人自召”含义一样。所以我们要时刻提醒自己，诸恶莫做，众善奉行，方便别人的时候，铺好自己以后的道路。

功遂身退，天之道也

这一句常被人误解，感觉老子要让人们在做成功一番事业以后，就隐退了，不再过问尘世，做一个归隐山林的隐士那样，所以有的人认为老子是消极的。其实，这句话至少有以下三重含义：

第一层含义是接着上一句的意思，我们可以领悟到，老子在告诉我们，不要做那种富贵而骄的事情，而是在功成名满富足的时候，懂得谦下。这个退，是告诉我们不要盛气凌人，不要狂妄骄横，而是要和光同尘，谦和处事，这样才能更好地与周围的人相处，才是符合天道的。

第二层意思是，当达到一定的功成，就要懂得适可而止的道理，懂得退让，这才是符合天道的。这个退我们可以理解为谦让，退后的意思，就是当事业有成、建立功勋以后，不和他人争抢名利，自己退后一步，功劳、名誉归于他人，自己不去争抢这些名利，而是默默地做该做的事情。所以这个退我们可以理解为退让的意思。结合前几句，我们可以看到老子告诉我们不要过分地追求盈满、强盛、财富，正是为最后这一句做了铺垫，因为我们在功成之后，进行名利分配时，总是想让自己在名利上取得盈满的状态，气势上达到极度的强盛，财富上获得更大的满足，因此老子告诫我们说：“植而盈之，不如其已；锻而锐之，不可长葆。金玉盈室，莫之能守；富贵而骄，自遗其咎”，告诉我们要做到“功遂身退”这样才是符合天道的。

第三层意思是，一个人在取得了一定成就的时候，要懂得谦下，懂得适时退出。这里的退，我们可以理解为隐退的意思，什么时候隐退呢？那就是自己的名声和功劳太强大的时候，就要适时地隐退了。有一句话是这样说的“功高震主者身危，名满天下者不赏”，当你的功劳和名声过分地强大，有可能给你带来祸患的时候，就要适时地隐退了，否则会带来祸端。

【事　例】

历史上有名的功高震主的故事很多，比较有名的就是韩信的故事。一天，刘邦问韩信：“你看我能带多少兵?”韩信答：“陛下不过能带十万之军。”刘邦又问：“那么你呢?”韩信怔了一下，突然狂傲的大笑：“我是多多益善啊!”韩信的绝世军功和才华本就遭到了刘邦的猜忌，而他的狂傲更是为他招来了杀身之祸，汉高祖十一年（公元前196年），吕后和萧何诱韩信至长乐宫，以谋反罪名杀之。

而与韩信同时代的张良，却是“功遂身退”的一个成功的历史人物。张良，字子房，战国时韩国人，历史上与萧何、韩信一起称为“汉初三杰”。张良虽体弱多病，却才气过人，投奔刘邦后，为其出谋划策，为汉王朝的建立立下了不可磨灭的功劳。刘邦登上帝位后，张良深悟“功遂身退”的道理，乃辞官而去，刘邦再三挽留，但张良去意已决，纳还冠盖，辞朝而去，至白云山处修道，直至六十多岁病故。

韩信和张良均为刘邦建立了不可磨灭的功勋，而结局完全不同，正是因为二人对“功遂身退”的领悟不同，带来了不同的结果。

第三层意思的隐退，也不是指有消极的心，而是在自己的功名太强盛，会因为自己的光芒影响了团队领导者的地位时，为了不影响团队的正常运作，为了大局的健康运营，自己甘居其下，放弃自己一时的利益。如果一个团队出现多个核心的时候，就会影响团队前进的方向，甚至使团队分裂，让团队出现动荡，走向万劫不复的深渊，因此，有道的人，就会适时地退出，放下自己个人的利益，为了成就更多人的安康，从而也更长久地保存了自己的有用之身，以备万一哪一天时局需要自己再出来为大家服务的时候，能再次出来为大家尽一份力。

第十章

【帛书甲本（第五十四章）】

□□□□□□□□□□□□□□能嬰兒乎脩除玄監能毋疵乎愛□□□□□□□□□□□□□□□□□□□□□□□□□□□生之畜之生而弗□□□□□□□□□德。

【帛书乙本（第五十四章）】

戴營魄抱一能毋離乎槫氣至柔能嬰兒乎脩除玄監能毋有疵乎愛民栝國能毋以知乎天門啟闔能為雌乎明白四達能毋以知乎生之畜之生而弗有長而弗宰也是胃玄德。

【王弼本】

载营魄抱一，能无离乎？专气致柔，能婴儿乎？涤除玄览，能无疵乎？爱国治民，能无知乎？天门开阖，能为雌乎？明白四达，能无为乎？生之畜之，生而不有，为而不恃，长而不宰，是谓玄德。

【辩证本】

载营魄抱一，能无离乎？槫气至柔，能婴儿乎？修除玄鉴，能无疵乎？爱民活国，能毋以智乎？天门启阖，能为雌乎？明白四达，能无为乎？生之畜之，生而不有，为而不恃，长而不宰，是谓玄德。

【辩证本通解】

我们的身体承载着形体和魂魄，我们能够让魂魄和形体合二为一、不相互分离吗？凝聚精气以至于身心柔顺，能达到婴儿的状态吗？治理、清除心灵的蒙垢，能够达到一尘无染、明心见性的境界吗？关爱人民，让国家昌盛，能不使用智巧权谋吗？在万物生成流转的众多世事中，在心门开阖的众多思绪之间，是否能保持静心寡欲，是否能做到守弱守静呢？如果像日月那样光芒万丈，能够使光明通达四方，是否还能做到无为呢？道生养、孕育万物，却不据为己有，有所施为而不居功。帮助万物生长，却不去主宰，这就是最根本的德。

【逐句解读】

载营魄抱一，能无离乎？

载：很多人解释为语气组词，其实这里应该解释为承载，人本身承载着血肉之躯和灵魂，本就是二者的载体。

营：《黄帝内经·灵枢》第十八篇为“营卫者，精气也，血者，神气也。”中医指血气之作用。

所以这一句我们可以解释为：一个人的身体承载着形体和魂魄，我们能够让魂魄和形体合二为一，不相互分离吗？

这一章更多地被作为养生悟道的章节来参悟，也是道家修炼的重要依据。

如果从自身的修养上来理解，我们可以理解为这一句老子是在告诉我们做到魂魄和形体凝练一体，不要做那种胡思乱想的事情，不要有太多的杂念，要清空欲望。

而在日常生活里，我们从中能得到什么样的智慧呢？“载营魄抱一”的“营”，可理解为是有形的躯体，而“魄”可视为无形的精神、意志、思维等。那么老子的这句话就是在提醒我们是不是能够时刻保持形神合一？不要总是处在魂不守舍的情景中。有人可能说，我天天都是形神合一啊，没有魂魄出窍的时候，可是我们在微信视频中会看到很多这样的情况，有些人在过马路的时候，脚步已经走在了路中央，而眼睛却一刻都没有离开手里的手机，突然一辆车飞驰而来，车祸就这样发生了，这就是魂不守舍酿成的大祸，你的形体在过马路，路上车水马龙，情况十分复杂，而你的精神却沉迷在你的手机里，在一个虚幻的世界中，如此形神分离，怎么会不出现祸端？

【事　例】

有人问唐代高僧大珠慧海禅师是怎么用功的，他答道："饥来吃饭困来眠。"对方说："大家都是这样的啊！那他们都跟你一样用功吗？"大珠禅师说："不同。他吃饭时不肯吃饭，百种需索；睡时不肯睡，千般计较。"

从佛家的这个小故事，给我们讲述了一个道理：做到形神合一，专心致志于当下的事情，不要手里做着现在的事情，而思绪已经飞到了十万八千里，这样对于我们做事是没有好处的。

智者只生活在现在，现在的每一秒钟才是最宝贵的。把握现在、运用现在、落实在现在，是最充实的人生。

已经过去的事情，骄傲没有必要，悔恨没有用处。知道错误马上改进，比什么都重要。如果停留在骄傲或悔恨的心境，就把现在放弃了。反之，计划未来是对的，但忧虑是不对的；制定目标是对的，而等待是不对的。有人说："百鸟在树，不如一鸟在手"，照顾好手上的这只鸟才合乎实际，树上再多的鸟都不一定属于你，何必太在意？言外之意就是做好当下你能做到的，这才是最明智的。羡慕别人所拥有的，不如珍惜属于自己的。

总之，这一句话就是告诉我们，要做到心不二用，不为过去迷恋、不为未来忧愁，做好现在的每一分每一秒，做好自己，不去比较旁人。

槫气至柔，能婴儿乎？

槫：采用于帛书乙本，有聚集、聚结的意思。至：有达到的意思，也有最、极的意思。所以这一句我们可以这样理解：凝聚精气以达到身心极致柔顺，能达到婴儿的状态吗？这一句更是养生者研究的至理名言。

那么这一句对我们平常的人有什么样的启发呢？老子说的这个气，可以理解为我们的元气、精力、心神。一个悟道的人是非常珍惜自己的元气、精力、心神的，不会放纵自己而损害元气、精力、心神，但是我们常人却经常做损害元气、精力、心神的事情。比如我们经常为了更多的利益，加班到凌晨两三点，比如为了一时的欢乐，打游戏彻夜不休，又比如为了一时的高低，同别人拼酒到昏迷。这样的例子太多了，所有的这些都是损耗自身元气、精力、心神的作为，损耗是发散，而不是聚集，就不是“榑气”，这样就会让我们过早地衰老，面色憔悴，面色憔悴的人怎么能像婴儿呢？所以老子在告诫我们要爱惜自己的这些精气，这些才是生命的精华。有一句话是这样说的：天有三宝，三光为宝，日月星；地有三宝，三柔为宝，水火风；人有三宝，三品为宝，精气神。所以，自身的元气、精力、心神是我们生命的基础，一旦消耗殆尽，将是走向衰亡的开始，因此，我们要珍惜，只有按照天地规律作息，不要过分损耗自己的精气神，才能更长久地保持生命处于旺盛的状态。

这一句也可以给我们的日常生活带来智慧的指引，本句同《道德经》第五十九章的开篇“治人事天，莫若啬”及第六十七章里的“吾有三宝：一曰慈；二曰俭；三曰不敢为天下先”里的“俭”，相呼应。“啬”“俭”“榑气”都是在提醒我们不要过分地损耗精力、物质、时间等等，要懂得凝聚有限的精力、物质、时间，全力为团队的建设而有所作为，而不是去消散自己的精力、物质、时间做一些表面虚华无用的事情。

“至柔，能婴儿乎？”可以这样理解：正是我们能够凝聚精气神，所以我们的身心时刻都处在一个精神旺盛，状态良好的境界里，看似安安静静，其实能够做到不动如山，动如火掠（不动的时候沉稳如山岳，动起来像烈火掠过，迅速而猛烈）。我们看看婴儿是一个什么样状态？婴儿是混元一体，思想和行动高度统一，刚想到做什么，他的小手小脚就会迅速地按照自己的思想行动，没有迟缓，没有犹豫，目标单纯，动作迅速，形神合一，所以老子总是喜欢用婴儿的状态来表示一个悟道人的状态。我认为这种状态并不仅仅是体态上的鹤发童颜、肢体柔软，更多的是思想上的柔，比如能够接受新生事物，能够不固执己见，思想不僵硬，没有过多的欲望，不迷恋过去，不担忧未来，用更多的精力做好当下的事情，这些都是婴儿所拥有的状态，肢体的强壮柔顺，只是一个方面而已。

那么这个“榑气”和“至柔”又有什么关系呢？“榑气”就是凝聚元气，不消散元气、不耗损元气的意思，那么用在团队建设中，就能够很好地理解二者之间的关系了。比如一个国家，不懂得“榑气”的重要性，今天同东边打一仗，明天又同西边打一仗，过度地消耗自己的国力，那么国家机器的运转就会变慢，当突然某个地方出现了危机，国君想要快速地调动有生力量去营救的时候，而国力都被消耗了，或者在远处无法运转，那么这个时候，我们可以看到这就不是如婴儿般的柔顺了，而是很被动、很僵硬的一个状态，那么就会很危险，而如果你懂得这种“槫气”的原则，懂得节省国力，懂得时刻都保持这种精力充盈的状态，一旦什么地方有危机了，你就能够迅速地做出调整，局面就会迅速稳定，这就是柔，就是动作非常的迅速、到位。柔并不是像婴儿那样细皮嫩肉的，而是能迅速地反应的一个机制。我们团队也是这样，你一味地向外扩散，不断地占领市场、不断地消耗，不懂得凝聚一定的力量，不懂得内部研发、创新，对外看似很强盛，而内部却是一片空洞，一旦出现一点问题，你没有足够的力量去应对，你的团队就会轰然倒塌。

总结一下：“槫气”就是凝聚力量，不要过分地损耗元气。柔，不是柔软、柔弱，而是能迅速的运转，迅速的反应的能力。

修除玄鉴，能无疵乎？

这里这句和王弼本也是有所不同的，王弼本里是：涤除玄览，能无疵乎？那么为什么不同呢？我们来看一下帛书乙本里的这句“脩（同修）除玄監（同鉴），能毋有疵乎？”而“修”有修建、修养、治理等意思，有从萌发就开始治理，防微杜渐的含义；并且又包含了以后不断地修正治理的意思，所以修字含义更广，涵盖了从始至终、由小变大，以至于以后不断修正的一个动态的过程。而涤，有洗涤的意思，好像就是一个镜子就在那里，我们经常地去洗涤，而这个镜子没有成长，没有修缮的过程。

鉴：镜子的意思，在帛书乙本里是監字，监视的监，查一下这个监字，从甲骨文到金文，都能够很清楚地看出来这个字是一个会意字，是一个人睁大眼睛往下看，下面是一个器皿，金文又在器皿上面加了一个小横，表示器皿里面有水。因为古代是没有镜子的，人们为了看到自己的容貌，所以就用一个容器盛上水，然后看自己的倒影。等到后来人们冶炼出了青铜，人们发现用青铜磨出光滑的表面，可以更清晰地映照出自己的影子，所以后来这个监字下面的器皿的皿字就被改成了金字。所以我们采用帛书乙本里的“修除玄監”，只是这个監字我们采用了鉴定的鉴。

疵：是毛病、缺点的意思，如瑕疵。

所以这一句我们可以翻译为：修建、治理、清除心灵的蒙垢，能够达到一尘无染、空明灵澈、明心见性的境界吗？

这一句和神秀大师所书写的那首偈子："身是菩提树，心如明镜台。时时勤拂拭，勿使惹尘埃"的意思完全相通。就是要时刻洗涤我们的心灵，让其保持清澈空灵的心性，不要被世俗的名利尘垢遮挡了内心本有的纯真、朴实的光华。

当然我们都知道，后来慧能大师又写了一个偈子："菩提本无树，明镜亦非台，本来无一物，何处惹尘埃。"大家也都知道这个偈子境界更高，但是作为我们常人，还没有达到一定高度的时候，神秀大师的这首偈子更好理解，就是要不断地清除我们心灵被蒙的灰尘，让心灵的智慧之光照耀我们的心头，正如佛家另外的一句话："扫地，扫地，扫心地"，这些话语，和老子这句"修除玄鉴，能毋疵乎？"是相通的。

爱民活国，能毋以智乎？

这一句和王弼本是不一样的，王弼本里是："爱国治民，能无知乎？"而帛书乙本是："愛民栝國能毋以知乎"，而这一句里的爱民活国的活字是木字旁加一个舌头的舌字，这个字有 guā、tiǎn、kuò 的读音，经过查证没有活的意思。在《道德经》第七十三章里有一句话说："勇於敢則殺，勇於不敢則栝。"这里面的活字同样也是木字旁加一个舌字。所以可以看出，这里的这个字和勇于不敢则活的活字是相同的，这个字应该是当时的活字。用活字比王弼本里的治字更切合老子的本意，因为如果用治，就是有治理的意思，治理就需要有为地去作为、去干涉，这就和老子的无为相违背，而活是和死相对的，有使生命旺盛的意思，有使国家昌盛的含义，这个是老子希望国家达到的一个景象，而不是治理的一个手段，所以我认为用活国更确切，故采用帛书乙本。

那么，这一句可以这样解读：关爱人民，让国家昌盛，能不使用智巧权谋吗？这里的智不是智慧的意思，而是智谋的意思，而领导者用这个智谋不是为了天下苍生，而是为了自己在利益上如何多占一些，多获取一些，所以老子告诫上位者不要使用权谋，因为上位者管理的资源一般来说是比下位者能够运用的资源多，如果上位者动用各种权谋同属下争夺财富，他是有很多有利条件和手段的，下属一般是争不过他的，这样下属就会被更多的压榨，他们心中就会有很多的不满，不满积累过多，就会产生怨气，怨气不断地积累，就会形成不稳定因素，进而影响团队的健康运行。因此老子告诫上位者要怀着一颗真正慈爱的心去施惠于民众，像《道德经》第八章所说的那样“予善天”，要无私地施惠于下属，不索取回报，不采用任何的智谋，这里我们可以看到有一个从小及大的关系，那就是，只有领导者真诚地施惠于下属，那么下属就像一个个团队的细胞一样，每一个细胞都健康地成长，那么，整个团队也就会昌盛。

老子的这句“爱民活国，能毋以智乎？”和《道德经》第六十五章中的“故以智治国，国之贼；不以智治国，国之福”遥相呼应，表示的都是一个意思，就是告诫领导者不要使用智谋同人民争利。

【事　例】

一个新上任的地方官去拜访前任官员，问前任怎么做能发财？前任给他说：“你猜”，现任不好意思问，就回去了，回去后他百思不得其解。就拿上礼物再去问前任，前任说：“你再猜。”现任没办法，又回去了，回去后还是无解。只好又带着礼物再次来找前任，前任又说：“你再猜猜。”现任无奈回去，一路苦苦思索前任什么意思？嘀咕着：“猜，猜什么猜？”嘀咕来嘀咕去，突然他灵光一闪：“猜，拆，哈哈，原来前任让我搞拆迁啊”，于是第二天就出台文件，地方大拆除，公路大修补，一切都开始动工了。

天门启阖，能为雌乎？

天门：在这里是一个有分歧的地方，很多人解释为囟门，指代人的感觉器官，所以“天门启阖，能为雌乎”被解释为“感官与外界接触，能守静吗”，我认为“天门启阖，能为雌乎”中的“天门”不应是指人的“感官”，而是与“众妙之门”“玄牝之门”的门字具有同样的意思，都是言道。道具有创生万物的功能，它是万物产生的根源，所以天门开阖间就有万物生成运转。另外这个天门，我认为还有心门、心灵的意思，因为在《庄子・天运》篇里有：“其心以为不然者，天门弗开矣。”隋唐杰出的道家学者成玄英解释为：“天门，谓心也；一云大道也。”（内心里认为不是这样，那么心灵的门户就永远不可能打开）

所以这一句可以解释为：在万物生成流转的众多世事中，在心门开阖的众多思绪之间，是否能保持静心寡欲，是否能做到守弱守静呢？

这一句我们也是沿用的帛书乙本里的“天门启阖”，而不是“天门开合”，因为启，有开的意思，同时启还有开始的意思，就是有从无到有，从一点细微的萌动开始，到最后天门打开的一个生动的过程。启，就是一个户，加一个口，圣贤们造这个字非常形象地告诉了我们这个字的意思，户就是单扇门的意思，口就是开了一个小口，就是一个门慢慢开启了一个小口，一直到打开的过程。那么天门启阖呢，就是有一个人思想开始萌动，到完全绽放，然后又闭合的一个过程，如果表示世间事物呢，也有这样一个从无到有，然后从小到大，最后消散的这样一个过程。所以这一句，老子就是说在你一个思想的萌发，到成熟，到闭合，这样一个循环的过程，以及一个事物这样一个从无到有，再从有到无的这样一个循环过程中，我们是不是能够做到守雌。雌，有守弱，守静，不主动、配合，处于顺从的这样的一个状态，这个状态往往和我们平时的思想观念是相违背的，我们平时接受的思想观念是要强，强大自我，而老子告诉我们要守雌，这是什么意思呢？这是老子的为人处世之道、用人之道，在《道德经》第六十八章有一句是这样的：“善用人者为之下。”在这一句，老子再次表明，善于发挥他人长处的人，他本身就要善于守雌。守雌包括以下几个方面：

第一，在利益分配的时候，不要去争夺，而是要放下自己的欲望。这样才有利于团队的团结，利于团队的健康发展。

第二，守雌就是不要事事总是认为自己高人一等，事事都要听从你的指挥，要懂得术业有专攻，要懂得听取别人的意见，在不同的事情面前，懂得配合专业更强的人，不要以为自己是团队领导，自己是一家之长，什么都得听你的，这样会打消别人的积极性，不利于团队的健康发展。

第三，要给事物一个发展的时间，要静观其变，不要什么事情发生了，不经过调查，就十分冒失地去处理，有时候你看似不好的事情，随着时间的推移，也许会成就更好的后果。

第四，不要以先入为主的观点看待某一种事情的发生，很多时候，你看到的事情，你感觉到的事情，并不是你心目中所想的那样，比如曾经一个孩子在他爸爸新车上用钉子划痕迹的故事，他爸爸看到孩子用钉子在他车上划，就暴打了小孩一顿，可是回头看看，孩子在车上写的是：“爸爸，我爱你。”虽然孩子的方式不对，可是孩子的心是那么的纯真，而你没有弄清事情，就暴打孩子，给孩子那颗爱你的心造成多么大的一个伤害啊！

第五，守雌还有善于使用比自己强的人，甘居其下。一个人不敢面对强大，总是去接触那种比自己弱小的人，从而彰显自我，这样的人就不会有大的成就。

【事　例】

某个地方新上任一个官员，一天他需要一个讲话稿，他的秘书就尽心尽力地为他写了一篇很好的稿子，他看了好长时间，然后冷淡地把稿子留下了。这个秘书是丈二和尚摸不着头脑，自己如此的尽力，领导为什么不高兴呢？他和朋友聊起来这个事情，朋友就给他支了一招，后来领导又要讲话，这个秘书在写稿子的时候就不再那么尽心了，并且故意写错几个字，然后呈给领导，领导看了一下，很快就找到了几个错误，就给秘书指点，秘书更改以后送给领导，领导很高兴地接过了稿子。从这个故事来看，就可以看出，这个领导人就不善于守雌，就是时时刻刻都想着自己是领导者，自己必须比别人高明，他的这种行为，严重地打击了属下的积极性，本来优质的产品，为了突出他指导的作用，故意生产出次品，严重影响了团队的健康发展。

作为一个家长，我们在教育孩子的时候，也是这样，不要总是认为自己是大人，什么都比孩子懂得多，而时代在发展，孩子比我们更聪明，我们要善于向孩子学习，我们在请教孩子的同时，自己增长了知识，孩子通过教我们，自己又复习了一边，同时也建立了自己的自信心，我们何乐而不为呢？而总是有很多家长，认为自己就应该比孩子强，要方方面面都强过孩子，你什么都压过了孩子，孩子依赖你习惯了，就丧失了自主能力，你什么都比他强，你遮掩了孩子的光辉，孩子慢慢地就没有了生活的兴趣，请记住这样一句话："每个人都喜欢生活在被尊重的环境里。"孩子也是一样，你尊重他、看重他，他内心的动力，会创造出让你惊讶的成绩。

所以，为了团队的健康发展，为了孩子的健康成长，我们要时刻用老子这句话："天门启阖，能为雌乎？"来提醒我们，在所有的世事流转过程中，在所有的思想碰撞中，我们是不是善于守静，善于接受别人，善于容纳别人，善于配合别人，善于鼓励别人，为了整体的发展，是不是善于放弃自己膨胀的私心，善于收敛自己的光芒，善于柔和自己的言行。

明白四达，能无为乎？

明，从这个字我们就可以很清楚地看到，明代表着光亮，更确切地说，代表的是光源，因为在古代，人们能够看到最常见光源就是太阳和月亮，所以古人造字的时候就把日月合起来，代表光亮的来源。而白的意思就是明亮的意思。四达就是通达四方的意思，那么这一句我们就可以这样来理解：一个人如果像日月那样光芒万丈，能够使光明通达四方，但是，你是否还能做到无为呢？

这里我们展开想象的翅膀，想象出一个很强大的人，他的能力超强，可以恩泽四方，使万民臣服，像太阳一样光芒四射，老子说，如果你是这样的一个人物，你能够做到无为吗？那么这里的无为是什么意思呢？那就是不去强加干涉他人的正常作为，不要总是将自己的思想、自己的理想强加于他人，这里也很好地提醒了我们做团队领导的人、做家长的人，不要认为自己是一个能力超强的人，不要认为自己在恩泽他人，从而去干涉他人，而是要像老子在下一句说的："生之畜之。生而弗有。为而不恃，长而弗宰也。是谓玄德。"就是说，像道一样生养了万物却不据为己有，有所施为而不居功。帮助万物生长，却不去主宰，这就是最根本的德。

作为一个家长，我们如果能学到老子的智慧，那么对孩子的教育是有所帮助的。比如我们很多家长总有这个观念，孩子是我生的，是我养的，就必须听我的，这个思想给孩子带来了很大的痛苦，孩子也有自己的人格，有自己的梦想，有自己的思维方式，一个人生来具足，为什么必须要强迫他做你认为是对的事情呢？毕竟你不是他，你认为对的，不一定就适合他，你的梦想，并不一定就是他的梦想，而我们家长总是认为，孩子就是自己的私有财产，他吃我的、喝我的，却不听我的，就感觉很生气，其实这是自私的表现，就是想把孩子据为己有的一种看似爱，却十分自私的行为。有一个名词叫"非爱行为"：就是以爱的名义对自己最亲近的人进行一种强制性的控制，让他按照自己的意愿去做。这就是一种非爱性的掠夺，往往发生在夫妻之间、恋人之间、母子（女）之间、父子（女）之间，也就是世界上最亲近的人之间。

比如家长对孩子有以下几类"非爱行为"：

一是带附加条件的爱。很多时候，也许家长并没有意识到，对孩子过高、过多的要求就是一种“非爱行为”。

二是没有原则的爱。最常见的是家长无限制满足孩子物质上的需求，无限制地溺爱孩子。

三是强制或限制的爱。家长往往打着爱的旗号，要么替代包办孩子的生活，要么强求孩子达到自己的标准。

那么我们该怎么对待我们孩子呢?

英国心理学女博士希尔维亚·克莱尔说：“世上的所有的爱是以聚合为最终为目的的，只有一种爱是以分离为目的，那就是父母对子女的爱。所以父母真正成功的爱，就是越早让孩子作为一个独立的个体从你的生命中分离出去，你的教育就越成功。”

雄鹰在自己的孩子可以飞翔而不去飞翔的时候，就会带着孩子到悬崖边把小鹰推下悬崖，小鹰在生命受到威胁的时候，学会了展翅高飞。这个连动物都知道的道理，而我们作为具有高等智慧的人类，却忘掉了这些，总是希望孩子不要脱离自己的目光、按照自己规划的路线前进、希望孩子能够完成自己没有完成的梦想……其实，这不是爱，这是隐藏于你内心深处的自私，你是想让孩子成为你想要的样子，而不是长成他想成为的样子。

生之畜之。生而弗有。为而不恃，长而弗宰也。是谓玄德

道生养、孕育万物，但是道生养了万物却不据为己有，有所施为而不居功。帮助万物生长，却不去主宰，这就是最根本的德。这一句和《道德经》第五十一章里最后的一句基本相同，并且这一句放在五十一章更合适，故在这里不再赘述。

第十一章

【帛书甲本（第五十五章）】

卅□□□□□其無□□之用□然埴為器當其無有埴器□□□□□□當

其無有□之用也故有之以為利無之以為用。

【帛书乙本（第五十五章）】

卅楅同一轂當亓無有車之用也然埴而為器當亓無有埴器之用也戶牖當亓無有室之用也故有之以為利無之以為用。

【王弼本】

三十辐共一毂，当其无，有车之用；埏埴以为器，当其无，有器之用；凿户牖以为室，当其无，有室之用。故有之以为利，无之以为用。

【辩证本】

三十辐共一毂，当其无，有车之用；埏埴以为器，当其无，有器之用；凿户牖以为室，当其无，有室之用。故有之以为利，无之以为用。

【辩证本通解】

三十根辐条连接在车轮的花毂上，因为花毂的中间是空的，人们才有车可以使用；用水和泥并揉捏成器皿，因为器皿中间的中空，人们才有器皿可以使用；开凿门户来建造房间，正因为房间中间是空虚的，所以它才能起到房间的作用。因此，正是因为有形的物体为我们带来便利；而无的存在，给人们提供了作用。

【逐句解读】

三十辐共一毂，当其无，有车之用

辐：在这里就是车条的意思，古代的车是木头做的，可能当时的规格就是一个车轮上有三十根木头的车条，我们可以想象现在的自行车车轮上的车条，这些车条都集中在车轮中间的花毂上。我们可以想象一个几何名词，叫辐射线，辐射线的形状是什么样呢？就是无数的射线围绕同一圆心向四周发射。这个名字应该就是从车轮的这个结构来命名的，像车轮的辐条一样从中间向四周放射的样子。

毂：古代的车是木头做的，毂就是车轮中心的圆木，周围与车辐

（辐，车条）的一端相接，中有圆孔，中间的圆孔是用来连接、约束车轴用的。大家可以想象一下自行车车轮中间，所有车条都集中安装的那个部位，中间有圆孔，车轴在圆孔中旋转，这个部件就叫毂，现在也叫花毂。

所以，这句话的字面意思很好理解：三十根辐条连接在车轮的花毂上，因为花毂的中间是空的，车轴才可以同花毂连接，如此车才可以行走，人们才有车可以使用。

埏埴以为器，当其无，有器之用

埏 shān：用水和土；埴：黏土。埏埴：用水和泥来制作陶器。所以，这句话的意思就是：用水和泥并揉捏成器皿，因为器皿中间的中空，人们才有器皿可以使用。

凿户牖以为室，当其无，有室之用

户，就是单扇门的意思；牖，就是窗户的意思。所以，这句话的意思就是：开凿门户来建造房间，正因为房间中间是空虚的，所以它才能起到房间的作用。

故有之以为利，无之以为用

因此，正是因为有形的物体便于我们认知，便于把控，可以为我们带来便利；而正是无的存在，正是这些空虚的部位给人们提供了作用。

这一章从字面意思上很好理解，但是老子就是为了告诉我们这样浅显的常识吗？是不是有更深层的含义呢？我们从这三个简单的例子，能得到什么样的智慧呢？

第一，老子告诉我们有和无是辩证统一的关系，这一章老子没有偏废有和无的任何一方，只是我们常人更注重有的存在，而忽略了无，因此老子连着举了三个例子提醒我们在很多时候用的就是无，只是忽略了无的存在。在本章的结尾，老子说“故有之以为利，无之以为用”，很好地阐明了自己的观点，有和无同等重要，有和无是一个事物同时存在的两个方面，正如一个杯子，是杯子的实体部分便于我们把持，而正是杯子空虚的部位才可以让我们不断地盛放各种饮料，老子告诉我们有和无是不可偏废的，而我们常人往往太重视了有，而忽略了无，太追求有的部位，而废弃了看似无的部位。比如一个人一生是由有形的物质和无形的灵魂构成的，而我们追求更多的是有形的物质，有名有相的实物，而忽略了内心的空灵和知足。而给我们人生带来更恒久幸福的正是人们内心的清静和知足，为什么那么多名利双收的人走向了颓废，乃至自杀的道路，不是他们有形的物质不富足，而是他们荒芜了他们内心的修养，以至于那些有形物质的获取，只能短暂地为他们带来刺激，而带不来恒久的幸福。

为什么我们很多人会主动地开始学习经典？那是人们在人生路上，慢慢感觉到了灵魂也需要滋养，慢慢懂得了无和有，有着同样的重要性。因此，人们开始慢慢调整自己的观念。在人生的道路上，我们更可以看懂老子这句“故有之以为利，无之以为用”，有形的物质，是为了便于我们在人生的道路上延续我们的生命，为了我们更体面地存在；而只有心的空灵、知足，内心的清静、坦荡，才是人生幸福的源泉。

第二，这一章对我们的团队管理、家庭教育，同样也有启发。如果一个团队太注重追求有形的物质，比如一味地注重利润，而忽略了无形事物的建设。比如成员的使命感建设，那么，整个团队人人只为了一时的利益而聚集在一起，一旦有点风吹草动，将会树倒猢狲散，整个团队，不应该叫团队，可以叫团伙，整个团伙就顷刻瓦解。而如果一个团队不仅注重有形物质的追求，同时注重无形事物的建设，比如让每一个成员都有强大的使命感和团队归属感、荣誉感，那么即使这个团队遭受了大的冲击，而人心是凝聚的，使命是明确的，那么这个团队就有重新站起来的可能。

第三，从这一章我们还可以获取这样的智慧：世界万事万物，都由有和无构成，而无是万事万物相连接的关键所在，正是有了无，不同的物体才有了连接的可能。听到这句话，大家可能有点晕的感觉吧？为什么说无是万事万物相连接的关键？当感悟到这个道理的时候，我想到的是我们平时看到的铁链子，那一个铁环一个铁环相套的模样，是什么让每一个铁环相连成为一个整体？还不是每个铁环里的那个无？再想想我们使用的杯子，是什么让我们用同一个杯子，却可以享受不同的饮料？一会儿喝白开水，一会儿喝果汁，一会儿喝啤酒，用的都是同一个杯子，而连接着各种各样的饮品，正是杯子中间的那个无，成为我们用来对接各种饮品的关键。如果没有铁环中的空，那么每个铁疙瘩如何连接得那么牢固？如果没有杯子中间的无，我们如何用来和那么多饮品去对接？所以，世界万物之所以能构成一个和谐的整体，正是这无穷无尽的“无”在各个“有”之间的连接作用。

通过这个智慧，对于我们的人生又有什么意义呢？通过这个智慧，可以提醒我们要让自己时刻成为一个虚空的人，成为内心有一片空无的人，也只有这种内心的虚空，才可以接纳更多的人和事，才好同别人对接，才好和别人配合，才会和周围的万物构成一个和谐的社会。如果一个人整天感觉自己满满的，不能容纳别人一点，那么他怎么和别人对接，就像一个实心的铁疙瘩，你一点空隙都没有，别人怎么和你融为一体呢？你不接纳别人，别人就无法和你和谐相处，你的人际关系就会很紧张，人生就不会幸福。这里是告诉我们的心要保持虚空的状态，时刻准备接受别人，容纳别人。

保持内心的虚空，还有另外的一层的意思，那就是和上一章的“修除玄鉴，能无疵乎”是同一个意思，那就是让我们的心保持一片虚空，不要总是充满满满的过去，或者满满的未来，只有保持一片虚空，才能好时刻做好迎接新境遇的准备。

综上所述，我们悟到这样的道理：一要保持虚空的心，不要总是认为自己多么地强大，不愿意接受和配合别人；二要懂得放下，只有放下过去，我们才能更好地掌握未来。如果你两手满满的，不舍得放下手中的过去，如何把握今后的时光？

通过对这一章的参悟，可以看出，这一章是第十章的进一步举例描述，比如有和无的辩证统一，就是“载营魄抱一，能无离乎？”表示有形的和无形的要辩证统一。保持内心的空虚和“修除玄鉴，能无疵乎”是相通的。

第十二章

【帛书甲本（第五十六章）】

五色使人目明馳騁田臘使人□□□難得之貨使人之行方五味使人之口

爽五音使人之耳聾是以聲人之治也為腹不□□故去罷耳此。

【帛书乙本（第五十六章）】

五色使人目盲馳騁田臘使人心發狂難得之貨使人之行仿五味使人之口爽五音使人之耳□是以聖人之治也為腹而不為目故去彼而取此。

【王弼本】

五色令人目盲，五音令人耳聋，五味令人口爽，驰骋畋猎令人心发狂，难得之货令人行妨。是以圣人为腹不为目，故去彼取此。

【辩证本】

五色令人目盲，五音令人耳聋，五味令人口爽，驰骋畋猎令人心发狂，难得之货令人行妨。是以圣人之治也，为腹而不为目，故去彼而取此。

【辩证本通解】

过多的色彩，使人们眼花缭乱，太多太美妙的声音，扰乱了人们的听觉，过多的味觉刺激，使人们口舌的味觉产生了麻木；过分的放纵，不断地驰骋于天地间，猎取各种各样的猎物，使人心激荡澎湃，不可遏制；看似珍贵的东西，扰乱了我们的心性，损害我们的德行。因此，有道的领导者在治理团队或国家的时候，更注重于务实，而不为那些表面的奢华，故舍弃虚华而珍视本质。

【逐句解读】

五色令人目盲

五色：指青、黄、赤、白、黑。这里指色彩多样。目盲：不是真正的失明，而是比喻眼花缭乱。所以，本句我们解释为：过多的色彩，使人们眼花缭乱，搅乱了人的视觉，迷乱了人的心志。

【事　例】

在早些时候，衣服的颜色还是比较少的，没有现在这么多的款式和色彩，人们去买衣服也没有太多的选择，所以很快就买到了一件衣服，高高兴兴地穿了好几年，而现在呢？款式多了、色彩多了、选择多了，而人们，特别是女人出去挑衣服，跑到脚脖浮肿，却说找不到一件自己想要的衣服，不是衣服少了，而是太多的种类，迷乱了她的心，总是顾此失彼，不知道如何选择了。

以前人们的行动范围很小，但是生活却非常得稳定而投入，现在人们瞬间可以接触到天南海北的人，比如微信的摇一摇功能，正是这种瞬息万变的生活迷离了我们的心，所以现在的家庭也越来越不稳定，到头来，大家都说真爱没有了。其实，正如仓央嘉措的诗里说：“你爱或者不爱我，爱就在那里，不增不减。”爱是没有变的，爱的真、爱的纯、爱的恒久、爱的美丽……还是一如既往的，变的只是我们的眼睛，我们的选择，我们的心。随着选择的增多，人们感觉自己可以不再停留在某一个人，某一个地方了，所以心就不安分起来了，关系也就不稳定了，心也就乱了。

不是说我们的社会进步了、选择多了不好，而是正如老子告诫我们的，在面对更多选择的时候，不要扰乱了我们清净的心，要懂得把我们的心沉淀下来，问一问我们究竟想要什么，最需要、最根本的要求是什么，而不是随波逐流，不要把我们的心随着眼睛触及到的，就漂浮不定，记得，找到自己的根本，就像本章最后结束的时候，老子告诉我们的，要“为腹不为目”。

另外，我们为什么会目盲？是因为我们的眼睛没有了焦点，太多的选择，让我们不再珍惜所拥有的，认为丢掉这一个，还有更多，认为放弃眼前的这课树，也许会拥有整个森林，正是这样不珍惜所拥有的，而去环视四周所有的选项，以至于迷失了自我，到最后也许什么都得不到，成为一个真正目盲的人。

五音令人耳聋

五音：指宫、商、角、徵、羽。这里指多种多样的音乐声。耳聋：比喻听觉不灵敏，分不清五音。这一句的意思就是：太多太美妙的声音，反而会扰乱我们的听觉，无法辨别哪一种才是我们所喜欢的声音了。

从这一句我们还可以悟到一个智慧，那就是我们人生在世，会听到各种不同的言论，我们要懂得守住自己的本心，不要总是跟随着别人的言论走，今天他说东，你就往东，明天另外的人说西，你就往西，以至于丧失了自我。作为一个团队的领导者，你可能会听到不同的声音，这些声音里面有真实的，也有虚假的，有逆耳的忠言，也有顺耳的谄媚，那么，你就要让自己的心清净下来，从不同的声音里，辨别出哪些是真的，哪些是对整个团队健康发展更有利的，不要被那些虚假的语言掩盖了真相，迷失了自己最初的本心。

【事　例】

战国时代，互相攻伐，为了使大家真正能遵守信约，国与国之间通常都将太子交给对方作为人质。《战国策》“魏策”有这样一段记载：魏国大臣庞葱，将要陪魏太子到赵国去作人质，临行前对魏王说：“现在有一个人来说街市上出现了老虎，大王可相信吗？”魏王道：“我不相信。”庞葱说：“如果有第二个人说街市上出现了老虎，大王可相信吗？”魏王道：“我有些将信将疑了。”庞葱又说：“如果有第三个人说街市上出现了老虎，大王相信吗？”魏王道：“我当然会相信。”庞葱就说：“街市上不会有老虎，这是很明显的事，可是经过三个人一说，好像真的有了老虎了。现在赵国国都邯郸离魏国国都大梁，比这里的街市远了许多，议论我的人又不止三个。希望大王明察才好。”魏王道：“一切我自己知道。”庞葱陪太子回国，魏王果然没有再召见他了。这个故事就是告诉我们，有时谣言可以掩盖真相的。所以，判断一件事情的真伪，必须经过细心考察和思考，不能道听途说。正如毛主席说的“没有调查，就没有发言权”一样，我们要懂得在不同的声音里找到那个真实的声音。

五味令人口爽

五味：酸、苦、甘、辛、咸，这里指多种多样的美味。口爽：味觉失灵，生了口病。古代以“爽”为口病的专用名词。爽，在这里不能解释为舒服，而是应该解释为：差错，失误、丧失；失去，现代使用最多的就是爽约。所以这一句我们可以解释为：过多的味觉刺激，使我们口舌的味觉产生了麻木，以至于无法品尝那种清淡、细致的美味。这里我们经常遇到的就是，很多朋友一到饭店吃饭就喊：“老板，有辣椒吗？”因为他经常用这种辛辣食品刺激，以至于不吃辣椒，就感觉没有什么味道了。一种食物最上层的味道，是回归它本初的味道，也就是吃鱼有鱼味，吃虾有虾味，而不是千篇一律的都用这种强烈的刺激来欺骗自己的口舌。

驰骋畋猎令人心发狂

驰骋：纵横奔走，比喻纵情放荡。畋猎：打猎获取动物。畋，音 tian，打猎的意思。心发狂：心情放荡而不可制止。所以，本句我们可以解释为：过分地放纵，不断地驰骋于天地间，猎取各种各样的猎物，就会使人的心激荡澎湃，心血飞扬，而不可遏制。

老子在这里告诉我们，不要一味地追求那种纵横千里的豪气，不要总是追求叱咤风云的豪迈，不要让激昂的斗志迷乱了沉静的心，要懂得收敛心神，因为慧从静中生！只有让自己的心回归沉静，才能看清脚下的路。没有哪一种轰轰烈烈能够走向永恒，只有平平淡淡才可以伴随一生。

比如现在的孩子，没有现实的驰骋畋猎，却有网游里的刺杀纵横、攻城略地、强取豪夺。很多孩子都沉迷其中，甚至扭曲了心性，更有甚者，把现实生活同游戏生活等同，以至于走向了犯罪的道路，有些孩子甚至认为，自己就是游戏中的人，可以有很多的命，死了还可以起死回生。这正是老子所说的："驰骋畋猎令人心发狂"，太沉迷于这种刺激的游戏中，以至于迷失了心性，这正是老子告诫我们的，不能无节制地沉迷在游戏中。很多成年人可能很庆幸自己不会打游戏，所以不必要听老子的这句话，这一句话指的不仅仅是打猎，而是各种各样的游戏，比如我们成年人爱打麻将、钓鱼、打扑克……所有的这些，其实都是游戏，而老子是在告诉我们不能太沉迷其中。在现实生活中很多血的教训，都在为老子这句话做活生生的注解，比如有些老板认为自己很有钱了，就开始赌博，甚至出去豪赌，以至于自己的企业最后破产；还有的人整天在你输我赢的竞技中拼斗，在大起大落中沉浮，以至于血气激荡，在某一次起落中激动时心脑血管崩裂，而顷刻丧命。

难得之货令人行妨

难得之货，就是那种我们平时不好获得的，所以人们认为非常珍贵的东西，比如玉石、珍玩、古画等。行：行，德行、行为、操行。妨：妨害、伤害、损害。这句话可以理解为：正是那些我们认为非常珍贵的东西，扰乱了我们的心性，进而会损害自己的德行。

很多时候，如果在没有这些珍宝出现的时候，人们能够和睦相处，无欲无求，而一旦有了这些珍宝的出现，人们的贪念就会萌发，以前沉静的心就会起了波澜，本来还保持着不错的德行，因为一个难得的珍宝，所有的手段都使尽了，有的人为了一步向上的台阶，背地里运用各种手段，谋划各种局，所有的操行都抛到了九霄云外。

当然这些都是对我们常人说的，也许那种修行特高的人，在我们常人看着是难得之货，而悟道的人却没有这个概念，只是把万物都看得很淡，因此不会动心性吧。

是以圣人之治也，为腹而不为目，故去彼而取此

这一句和王弼本有一点是不一样的，王弼本是“是以圣人为腹不为目，故去彼取此”，而帛书甲乙本，都有圣人之治，所以我们可以很明显地看到，《道德经》不仅仅是引导圣人做好自己的修养，更希望有道的领导者用自己的修养来影响普通的民众使他们也要做好自己修养，不仅仅是圣人自己达到一定的境界就够了，而是带动更多的人，如果每一个人都领悟了《道德经》的智慧，这应该是老子内心的愿望吧。这一句话里有一句是“为腹不为目”，那么这一句，我们可以这样理解，首先，为腹，就是人们为了生命的延续而必需的物质需求，那么什么是必需的物质需求呢?比如我们平时吃饭，吃饱就是必需的物质需求，吃好就是超越了这种必需的物质需求；穿衣，保暖就是必需的物质需求，要求更亮丽一些，就超越了这种必需的物质需求。所以，满足人们的温饱，就是最低的、最基本的物质需求。另外，腹就是我们的肚子，而肚子的需求是有限度的，当你吃饱了，就再也吃不下，因为肚子的空间就那么多，也就是肚子的欲望是有限的，而目，就是眼睛，眼睛能够看到的却可以延伸到无穷无尽，所以眼睛的欲望是无穷无尽的。比如，我们看到了一件衣服很漂亮，当时感觉挺满足了，但是过了一会儿，又看到一件更漂亮的，我们又想要这件更漂亮的，而后又看到更好看的，以及更多的珍宝，所有这些能够看到的，我们都希望据为己有，这样，我们的欲望就无穷无尽，有了无穷无尽的欲望，人们就会为了自己的欲望无穷无尽地去索取，以至于穷其一生也满足不了自己眼睛的欲望。这里的目并不仅仅表示眼睛，而是表示我们所有感官的刺激，就像前面老子所说的五色、五味、五音等等这些所有的诱惑。如果

我们沉迷于这些诱惑之中而不能自拔，那么我们哪还有心思去思考人生、社会、宇宙的意义和真理。如果一味追求五色、五音和五味，必然放弃对精神世界的探索和追求。

历史上很多大家都是穷困潦倒者，他们仅仅简单地维持温饱，把所有的精力都用来探索精神世界。比如老子，一生没有什么荣华富贵，但是其《道德经》，却字字珠玑；庄子靠织草鞋为生，时不时要出去借粮食吃，但他的著作却影响了很多人。

本章还可以得到这样的智慧：有道之人更注重实际，而不去追求那种表面的奢华，不去追求名利的张扬。为腹，就是注重一些务实、不虚华的事情，让人们得到真正的温暖和关爱；而为目，就是只做给别人看的样子，是一些虚华的摆设，是一些靓丽的政绩工程而已，是为了博得别人、上司的眼球而已，除了劳民伤财，而人们却得不到任何的实际利益。所以，通过学习这一章，我们要懂得，不论对于我们个人的生活，还是作为团队带头人、各级领导，务必做务实的事情，以解决人们最真实的需要为根本，而不是做那种表面风光，背后被人们唾弃的事情。

第十三章

【帛书甲本帛书（第五十七章）】

龍辱若驚貴大患若身苛胃龍辱若驚龍之為下得之若驚失□若驚是胃龍辱若驚何胃貴大患若身吾所以有大患者為吾有身也及吾無身有何患故貴為身於為天下若可以託天下矣愛以身為天下女何以寄天下

【帛书乙本帛书（第五十七章）】

弄辱若驚貴大患若身何胃弄辱若驚弄之為下也得之若驚失之若驚是胃弄辱若驚何胃貴大患若身吾所以有大患者為吾有身也及吾無身有何患故貴為身於為天下若可以橐天下□愛以身為天下女可以寄天下矣

【王弼本】

宠辱若惊，贵大患若身。何谓宠辱若惊？宠为下，得之若惊，失之若惊，是谓宠辱若惊。何谓贵大患若身？吾所以有大患者，为吾有身，及吾无身，吾有何患？故贵以身为天下，若可寄天下；爱以身为天下，若可托天下。

【辩证本】

宠辱若惊，贵大患若身。何谓宠辱若惊？宠为下，得之若惊，失之若惊，是谓宠辱若惊。何谓贵大患若身？吾所以有大患者，为吾有身，及吾无身，吾有何患？故贵为身于为天下，若可托天下；爱以身为天下，若可寄天下。

【辩证本通解】

受到宠幸或受到屈辱，心情就会感到震动。看重大的忧患得失，就如同看重自己本身一样重要。什么是宠辱若惊呢？因为当感觉自己得到了宠幸或屈辱，就说明自己是处在下位者，就会在得到时心绪感到震动，失去时心绪也会感到震动，这就是宠辱若惊。人们为什么看重大的忧患得失，就像看重自己的身体一样呢？我们之所以会有大的忧患顾虑，正是因为我们有自身的这个观念，如果没有了这个自身的观念，我们还有什么可以忧患顾虑的呢？因此，如果一个人能以天下的忧患得失为自身的忧患得失，那么天下的重任就可以托付于他；如果一个人能够爱护天下万物如同爱护自身一样，那么天下万物就可以寄托于他。

【逐句解读】

解读本章，我们不能拘泥于文字表面的意思，而是要从文字里提炼出老子实际要表达的思想。本章老子不是在说宠和辱，而是在说自身和众生的关系，是在引导我们放下自我，成就众生的理念。通过下面的分析，我们就会明了老子深层的智慧。

宠辱若惊

这一句的字面意思，可以这样来翻译：受到宠幸或受到屈辱，心情就会感到震动。表示由于别人对自己的态度，引起了自己内心的波澜。惊有震动的意思，表示心情有大的起伏，并不完全表示害怕、惊恐的意思。

贵大患若身

贵，看重，珍视。看重大的忧患得失，就如同看重自己本身一样重要。表示看重身外之物的得失就像看重自己的身体一样那样在意，说明自己还无法消除自我意识，太在意自我的利益得失。

从以上这两句，老子就很明确地阐述了我们日常生活中的现象，那就是，一时的荣辱得失，就会引起我们内心的震动，看待得失就如同看待我们自身一样。那么为什么有这样的现象呢？老子下面会告诉我们原因。

何谓宠辱若惊？宠为下，得之若惊，失之若惊，是谓宠辱若惊

什么是宠辱若惊呢？因为当感觉自己得到了宠幸或屈辱，就说明自己是处在下位者，就会在得到时心绪感到震动，失去时心绪也会感到震动，这就是宠辱若惊。从这个字面意思，还是不能更深地感觉到老子在说什么，再进一步理解，为什么自己感到了被宠幸或者被屈辱，自己就处在下位了呢？因为所有的宠幸或者屈辱都是来自外界对自己评价和态度，如果这些评价和态度，触动了你的心，影响了你的心境，让你感到了惊喜或者惊恐，让你心起波澜，那么你就已经处在了下的位置，这个位置不是辈分的高低，也不是官位的高低，而是你心境层阶的高低，即使你是一个万人之上的君主，当有人赞美你两句，你都感到兴奋，那么这个时候，你就已经处在了下的位置，因为，你的心已经被别人影响，甚至被控制了。当你被一个宝石扰乱心境的时候，你也处在了下的位置，因为，你的心此时就处在这个宝石的下方，它的存在已经主导了你的心。所以，老子说宠为下，就是说你如果太在意了这个宠辱得失，你的层次就已经处在了下位。从这里可以看出，老子是不希望我们太看重这种外来的宠辱的，这里的宠辱，它不仅仅表示宠幸和屈辱，而是表示一切外来的得失，包括财富、名誉、地位等这些名利。当所有的这些名利得失，能够引起你心的波澜时，你就已经处在了下方，迷失了自我。

何谓贵大患若身？吾所以有大患者，为吾有身，及吾无身，吾有何患？

人们为什么看重大的忧患得失，就像看重自己的身体一样呢？我们之所以会有大的忧患顾虑，正是因为我们有自身的这个观念，如果没有了这个自身的观念，我们还有什么可以忧患顾虑的呢？

这里的身，很多人解释为自己的身体，就是自己的肉体，我认为，仅仅表示肉体，是有一定的局限的，扩展一下，这里应该表示的是自私、自我、自身的概念。正因为有了自我的概念，才有了自我同其他万事万物的区别，所以才有了自我的范围，有了宠辱得失的概念。

从这一句，可以看出本章的核心内容，老子在告诉我们，我们为什么会宠辱若惊，为什么会贵大患若身，正是因为我们的自我观念太强了，如果我们没有了自我观念，那么就不会有心的震动，就会真正地保持心的清净。

【事　例】

楚王在云梦泽打猎，不小心把自己心爱的弓丢失了。左右的侍从立刻要去寻找。楚王制止道："楚人失之，楚人得之。不必找了。"孔子听说此事后评论说："为什么要把'楚人'与'人'区别开来呢？不妨说：'人失之，人得之。'这样就符合仁义了！"老子听说了孔子的评论后说道："为什么要把'人'与'天地'区别开来呢？不妨说：'失之，得之。'这样就符合天道了！"

从这个小故事里，我们就可以看出来心境的不同层次，侍从的境界是有强烈的自我意识，楚王的弓箭丢了，那就是从我本身能控制的范围内消失了，我就要赶快找回来。而楚王作为一国之君，他就认为普天之下，皆是王土，四海之内，皆是王臣，所以，虽然弓箭丢了，还在我的国家内，还属于我的范围，这里楚王就把自我的范围扩大到了整个国家了，而孔子是把整个人类看作一个整体，没有了国界，认为所有的人类都是一个整体。而老子直接将万物视为一个整体，连弓的概念都没有了，老子虽然在说"失之，得之。"在他心目中，连得失都没有，因为，弓本来来源于大自然，丢失了，又回归大自然。

从这里可以看出，随着人自我概念的范围不同，对得失的定义也是不同的。因此老子说的“及吾无身，吾有何患?”就是说如果我没有了自我的概念，达到了忘我的境界，我本身就同天地万物融为了一体，那么什么是我的？什么又不是我的？那么什么又是得失呢？没有了得失的概念，我又有什么可忧患顾虑的呢？我又有什么宠辱呢？没有了宠辱的概念和感觉，我又有什么可以惊的呢？我的心又为什么会起波澜呢？

故贵为身于为天下，若可托天下；爱以身为天下，若可寄天下

因此，如果一个人达到了无我的状态，以天下的忧患得失为自身的忧患得失，那么天下的重任就可以托付于他；如果一个人能够爱护天下万物如同爱护自身一样，那么天下万物就可以寄托于他。

这一句也是说，如果一个人没有了自我的概念，能够把自我荣辱得失融入天下万物之间，那么这个人就可以托付起万物苍生，只有这样的人，才可以顾全大局，一举一动，都会考虑整个天下，而不是仅仅为了自己的一己之私。如果一个人，把整个天下，整个宇宙都看成了一个整体，无所不包、无所不容，那么，此处得，别处就必然失，因此他就没有了得失之念，因为万物本就是一个平衡，得失之间，只是万物的流转而已，哪有得与失？所以，这样的人就会心存万物，就会懂得持续发展，他不仅仅心存人类，还能心存万物苍生，所以，只有这样的人才可以承担起天下之重任。

第十四章

【帛书甲本（第五十八章）】

視之而弗見名之曰微聽之而弗聞名之曰希揞之而弗得名之曰夷三者不可至計故混□□□□者其上不攸其下不忽尋尋呵不可名也復歸於無物是胃無狀之狀無物之□□□□□□□□□□□□□而不見其首執今之道以御今之

有以知古始是胃□□

【帛书乙本（第五十八章）】

视之而弗見□之曰微聽之而弗聞命之曰希播之而弗得命之曰夷三者不可至計故混而為一一者亓上不謬亓下不忽尋尋呵不可命也復歸於無物是胃無狀之狀無物之象是胃忽望隋而不見亓後迎而不見亓首執今之道以御今之有以知古始是胃道紀

【王弼本】

视之不见名曰夷，听之不闻名曰希，搏之不得名曰微。此三者，不可致诘，故混而为一。其上不皦，其下不昧。绳绳不可名，复归于无物。是谓无状之状，无物之象，是谓惚恍。迎之不见其首，随之不见其后。执古之道，以御今之有。能知古始，是谓道纪。

【辩证本】

视之不见名曰微，听之不闻名曰希，播（mín）之不得名曰夷。此三者，不可至计，故混而为一。一者，其上不攸，其下不忽。寻寻不可名，复归于无物。是谓无状之状，无物之象，是谓忽望。迎而不见其首，随而不见其后。执今之道，以御今之有。以知古始，是谓道纪。

【辩证本通解】

用眼看不见命名为微，用耳听不到命名为希，用手抚摸不到命名为夷。微、希、夷这三种现象，不可以具体地描绘，故把这种无名无形、混沌而不可分的现象称之为一。一，从上面感觉不到它的流淌、运行，从下面感觉不到它的尽头。探求了又探求，还是无法确切地给这种现象一个明确的名字，只好又以无物之相来称谓它。这种没有形状的样子，没有实质物质的现象，姑且称之为“忽望”，从后边，你看不到它的尾，从前面，你又看不到它的头。根据现在的道，驾驭现在万事万物的规律，我们大概可以感知遥远的古代开始时的样子，这就是所谓的道开始的痕迹。

【逐句解读】

视之不见名曰微，听之不闻名曰希，捪（mín）之不得名曰夷

捪（mín），是用手抚摸、拂拭的意思，采用的是帛书甲乙本。用眼看不见命名为微，用耳听不到命名为希，用手抚摸不到命名为夷。在这里老子再一次给我们阐述了道的无名无形，无法用我们的感官去感知，只有用我们的心去参悟的这样的属性。

此三者，不可至计，故混而为一

这一句可以理解为：因为道的微、希、夷这三种现象，看不见、听不到、摸不着，所以不可以具体地描绘，故把这道的这种无名无形、混沌而不可分的现象称之为一。至计：至者，极也，善也；计：计算、测量、核算的意思。王弼本为致诘，诘是问、推问的意思，没有计字涵盖的宽广，故采用帛书甲乙本。

一者，其上不攸，其下不忽

这一句我们可以理解为：一，从上面感觉不到它的流淌、运行，从下面感觉不到它的尽头。这里的上下，并不完全表示方位，而是指从各个方位去感知，我们既感觉不到道具体的运行方式，但是又找不到它的尽头，表示道无名无形，却永远在我们左右。攸（yōu）：《康熙字典》，行水也，水流的样子。忽：《尔雅·释诂》尽也。《注》忽然尽貌。又灭也。《诗·大雅》是绝是忽。《传》忽，灭也。这里采用了帛书甲本。

寻寻不可名，复归于无物

帛书甲本、乙本均为寻寻不可名，故采用帛书。寻：寻找、探究。探求了又探求，还是无法确切地给这种现象一个明确的名字，只好又以无物之相来称谓它。

是谓无状之状，无物之象，是谓忽望

这种没有形状的样子，没有实质物质的现象，姑且称之为忽望——虚无而无边无际。忽：《康熙字典》解释，忽，又忽荒，空無著也。《賈誼·服賦》寥廓忽荒兮，與道翱翔；望：望字的一开始的时候，像一人站立地上张大其目或向前方或向后方远望之形，所以，望就是向遥远的地方看，形容边际。神覆宇宙而无望。（《吕氏春秋·下贤》）这里我们就可以很明

显地看出有边际的意思。所以，我们可以看出，帛书乙本里的“忽望”比王弼本的惚恍更贴切，故采用帛书乙本。

迎而不见其首，随而不见其后

这种幽深而辽阔的大道，从前面，你又看不到它的头，从后边，你看不到它的尾。寓意找不到它开始的时候，也看不到它何时停止。自古至今，它就恒久永存在这里，看不到它的根源，也无法探知它的归宿。

执今之道，以御今之有。以知古始，是谓道纪

纪，《康熙字典》解释为“绪也”，“绪”《说文解字》注为“丝端也”，故“道纪”可理解为“道开始的痕迹”。

因为无法准确地探知道的过去和未来，那么根据现在的道，驾驭现在万事万物的规律，我们大概可以感知遥远的古代开始时的样子，这就是所谓的道开始的痕迹。王弼本里是“执古之道，以御今之有”，而帛书甲乙本都是“执今之道，以御今之有”。我们认为帛书甲乙本更贴切，古代的道已经过去，它经过时间的流转，已经来到了现在，也就是我们现在感知的道，就是今天的道，也只有今天的道才能孕育今天的万物，我们通过感知今天大道作用于万物的规律，从而往更古老的以前和更遥远的将来来推知道的一些亘古不变的规律，由此我们可以得知道运行的端倪。

本章老子阐述了“一”的概念，为以后介绍的“道生一，一生二”做了铺垫。一，看不到、听不见、摸不着，从上下前后均无法感知，却又驾驭着万物，它微妙而又浩瀚无边。

第十五章

【帛书甲本（第五十九章）】

□□□□□□□□□□□深不可志夫唯不可志故強為之容曰與呵其若冬□□□□□□畏四□□呵其若客涣呵其若淩澤□呵其若楃春□□□□□□□若浴濁而情之余清女以重之余生葆此道者不欲盈夫唯不欲□□以能

□□□成

【帛书乙本（第五十九章）】

古之善為道者微眇玄達深不可志夫唯不可志故強為之容曰與呵亓若冬涉水猶呵亓若畏四鄰嚴呵亓若客涣呵亓若淩澤沌呵亓若楃春呵亓若濁莊呵亓若浴濁而静之徐清女以重之徐生葆此道□□欲盈是以能敝而不成

【王弼本】

古之善为士者，微妙玄通，深不可识。夫唯不可识，故强为之容：豫兮若冬涉川，犹兮若畏四邻，俨兮其若客，涣兮若冰之将释，敦兮其若朴，旷兮其若谷，浑兮其若浊。孰能浊以静之徐清？孰能安以久动之徐生？保此道者不欲盈，夫唯不盈，故能蔽而新成。

【辩证本】

古之善为道者，微妙玄通，深不可识。夫唯不可识，故强为之容：與兮若冬涉川，猷（yóu）兮若畏四邻。俨兮其若客，涣兮若冰之将释，敦兮其若朴，旷兮其若谷，浑兮其若浊。浊而静之徐清，如以动之徐生。葆此道者不欲盈，夫唯不欲盈，故能蔽而不呈。

【辩证本通解】

古代善于遵循大道的人，幽深精妙、深奥通达，其玄妙的德行让人无法形容。正因为玄妙得让人无法形容，所以勉强为他们描述。遵循大道的人，与人交往的时候，非常谨慎小心，如同冬天渡过冰冷的河水一样；当计划一件事情的时候，也非常小心，以免妨害了四周的人的利益；对待别人总是那么恭敬，像在别人家做客那样；化解事情的时候，像冰一样在不知不觉中慢慢地融化。悟道者忠厚老实，就像没有加工过的天然木料；胸怀很宽广，就像辽阔的山谷。能够做到和光同尘，浑厚而朴实，什么可以让浊水逐渐变为澄清？静之。什么可以让安静的事物慢慢产生发展？动之。遵守道的人没有欲望去追求完美的外在形式，因为没有欲望追求最大、最强的声望，因而他不去有意地呈现自己。

【逐句解读】

古之善为道者，微妙玄通，深不可识。夫唯不可识，故强为之容

为：动词，指实行、修习。士：指精通于道的人，所以这里善为道和善为士意思相通，故采用帛书乙本的善为道者。

微妙：幽深精妙。玄通：深奥通达。

帛书甲乙本为“深不可志”，深不可志的志，在《说文解字》里解释为志古文識（识），识：认知、辨别。与王弼本同义，这里我们采用王弼本。

本句可以理解为：古代善于遵循大道的人，幽深精妙、深奥通达，其玄妙的德行让人无法形容。正因为玄妙得让人无法形容，所以勉强为他们描述。

與（yǔ）兮若冬涉川，猷（yóu）兮若畏四邻

这一句话有很多解释版本，一般采用王弼本的“豫兮若冬涉川，犹兮若畏四邻”，有人把“豫”解释为大象，因为“豫”在《说文解字》里有：象之大者。把“犹”解释为母猴子，因为犹在古代是一种猴子的名字。所以就被解释为善为道者像大象冬天过河一样谨慎，像母猴子一样充满着警觉。但是我们看一下帛书甲乙本，均是“與”，“與”在古代和“与”是相通的，“与”的一个最基本的意思是“交往，友好”的意思。然后再看这个“犹”字，王弼本是“犹”被很多人解释为母猴子，因为母猴子生性多疑，好像害怕四邻的攻击。但是我们看帛书乙本，这个字是“猷”，“猷”最基本的含义是：计划；谋划。所以这一句我们采用帛书乙本：與兮若冬涉水，猷兮若畏四邻。因此，这句话可以这样理解：遵循大道的人，与人交往的时候，非常谨慎小心，唯恐有一点的闪失，如同冬天渡过冰冷的河水一样。当计划一件事情的时候，有道的人，也非常小心，以免妨害了四周人的利益，给别人带来损失。

这里我们为什么不采用害怕四邻的攻击呢？因为有道之人畏因，众人畏果。为什么会有人攻击？原因是因为你妨害了别人，而有道的人为了避

免被攻击的事情发生，所以在开始的时候就避免这个结果，所以他畏惧四邻，不是畏惧被攻击，而是畏惧引起被攻击的原因，那么就是唯恐自己的举动妨害了别人，这才是有道人应该想到的。

俨兮其若客

俨：恭敬，庄重的样子。悟道之人，在平时生活中，对待别人总是那么恭敬，处事总是那么庄重，总是像在别人家做客的客人那样时刻都遵循着礼节。

涣兮若冰之将释

涣：散开。悟道者使事情化解的时候，就像冰一样在不知不觉中慢慢融化。那么这个消散的事情是什么呢？它包含了有道者需要处理的很多事情，比如矛盾、威胁、仇怨、自己思想的推广、事情的筹划等，有道者都能够在常人不能感知的情况下，提前去规划，在不知不觉中把事情圆满地化解或促成，不像有些人雷声大、雨点小，弄得满城风雨，到头来一场空，而有道者，总是在你没有感知的情况下，一切都能够顺理成章地前行，这里就暗合了《道德经》第二十七章的“善行无辙迹”的思想。

敦兮其若朴，旷兮其若谷，浑兮其若浊

朴，没有细加工的木料，比喻不加修饰；浑：天然的，淳朴的。悟道者很忠厚老实，没有机巧之心，就像一块没有经过任何加工过的天然木料。他们的胸怀很宽广，就像辽阔的山谷一样，有气度、有胸襟。悟道的人并不是那种不食人间烟火高高在上的人，而是能够做到和光同尘，言谈举止同普通人没有什么差别，浑厚而朴实，混同在人世间，如同常人一样，有道的人，就如同老子在《道德经》第七十章所说的那样：“是以圣人被褐怀玉。”

浊而静之徐清，如以动之徐生

帛书乙本为“濁而靜之徐清，女以重之徐生”，女，《康熙字典·博雅》云：如也，如假为女，动假为重。故可以理解为：如以动之徐生。和王弼本意思相同：什么可以让浊水逐渐变为澄清？静之。什么可以让安静的事物慢慢产生发展？动之。这里也论证了一个事物转换的过程，即澄清由浑浊产生，心静即可；发展可以从安静中产生，思考、运动即可。这里我们也可以看出一个事物发展的规律：当一件事情、一个时空内太过繁杂，无法理出来头绪的时候，那么，就留下一点时间和空间，让事情自然发展一段时间，也许过一段时间，事情就会慢慢地被解决了。

【事 例】

有一个小品是这样的：有两个人不小心碰了一下，然后发生了口角，进而发生争吵，后来报了警，警察来了，怎么劝他们都不和解，然后警察就把他们带到了派出所，关进一个房间，然后警察就忙别的事情了。一开始那两个人还是争吵，而警察就是不给他们处理，他们两个后来都各自反思到自己的错误，并且主动向对方道了歉，彼此达成了和解。这时候，警察来了，教育了他们几句，俩人各自都心平气和地走了。从这个事情可以看出，有时候事情就需要静一静，自然就澄清了。

另外，这个静更大程度说的是心静，在纷繁复杂的事态中，我们做到了心静，就能找到事情的脉络，就能看清事物的根本，进而把事物料理得井井有条。

"如以动之徐生"说的就是如果一个团队整天太沉静了，失去了朝气的时候，我们就应想办法找点新鲜的事物，刺激一下，让这个团队重新获得活力，比如立一个新的项目、定一个新的目标、调换一下岗位等，一个团队太杂乱不好，太沉默了也不一定好，静和动是要互相调和的，不能走向了极端，所以从这两句可以看出老子也是讲中庸的，不能太嘈杂，也不能太死气沉沉。

葆此道者不欲盈，夫唯不欲盈，故能蔽而不呈

葆：遵守、保持。蔽：遮、挡、隐藏，我们可以理解为不去彰显。这里王弼本是：保此道者不欲盈，夫唯不盈，故能蔽而新成。而帛书甲乙本是"葆此道者，不欲盈，是以能敝而不成"。郭店楚简本是"保此道者不谷尚呈（尚，有推崇的意思）"，这里采用帛书甲乙本和郭店楚简本的综合，把帛书甲乙本里成功的成，改为郭店楚简本里呈现的"呈"。所以这一句可以这样来理解：遵守道的人没有欲望去追求完美的外在形式，不去追求最大、最高、最强的声望，因为他懂得物极必反，势不可用尽，用尽必破。因为内心没有欲望去追求最大、最强的声望，因而他能够回避名利，从而不去有意地呈现自己。这里我们解释的是采用楚简本的呈现的"呈"。如果认为帛书本的"成"，则也可以这样理解：悟道的人因为不去

追求盈满的状态，因此他不去彰显自己（蔽，有隐藏的意思，可以理解为不去彰显），不去追求常人所期望的成功。

第十六章

【帛书甲本（第六十章）】

至虚極也守情表也萬物旁作吾以觀其復也天物雲雲各復歸於其□□□□是胃復命復命常也知常明也不知常妄妄作兇知常容容乃公公乃王王乃天天乃道□□□沕身不殆

【帛书乙本（第六十章）】

至虚極也守静督也萬物旁作吾以觀亓復也天物雲=各復歸於亓根曰静=是胃復命復命常也知常明也不知常芒芒作凶知常容容乃公公乃王□□天天乃道道乃沒身不殆

【王弼本】

致虚极，守静笃。万物并作，吾以观复。夫物芸芸，各复归其根。归根曰静，是谓复命。复命曰常，知常曰明。不知常，妄作，凶。知常容，容乃公，公乃王，王乃天，天乃道，道乃久，没身不殆。

【辩证本】

致虚极，守静笃。万物并作，吾以观复。夫物芸芸，各复归其根。归根曰静，是谓复命。复命常也，知常明也。不知常妄，妄作，凶。知常容，容乃公，公乃王，王乃天，天乃道，道乃久，没身不殆。

【辩证本通解】

达到无我的状态到极致，守候空静到至纯，可以感知到万事万物的生发运作，可以感知到每个事物的发展都是循环往复的。万事万物芸芸而生，最后又回归到其最本初的状态。回到根本的状态，叫作静，又被称为回到生命的本初，这种现象是亘古不变的常理，明了这种常理是智慧的。不懂得万事万物循环发展规律的人，就会产生荒诞、不符合常理的理念，这种理念就会支配他去做不符合常理的事情，就会导致其灾难祸患的发生。知道了循环往复这种恒定的常理，那么人就会豁然开朗，可以容纳万事万物，从而成为一个公平公正的人，这种做事公正的行为就是王者之道，这就符合于天道，所做的事情符合于天道，就会恒久绵长，因为符合于天道，因此终身都不会有危险和失败。

【逐句解读】

致虚极，守静笃

笃：厚实，结实，纯。让自己达到无我的状态到极致，守候空静到至纯。也就是说，让我们抛开自我的观念，让自己的心达到极其空灵的状态，好像就是让自己跳出来天地万物的范围，来俯瞰万物的运行发展规律。

万物并作，吾以观复

让自己达到无我的状态，达到空静的状态，然后就可以感知到万事万物的生发运作，从万事万物的运作中，可以感知到每个事物的发展都是循环往复的。这个复，我们可以理解为一件事物的发展是循环往复的，比如生命从无到有，再到发展、昌盛，最后走向消散。一件丰功伟绩，从无到建立，最后被历史长河洗刷得干干净净，这样的事物本身就是循环往复的现象；另外，这个“复”，我们还可以理解为返回，返回到自己的身上的意思，也就是我们常说的“爱出者爱返，福往者福来”的意思。你给别人善念，别人就反馈你善念；你行凶作恶，到头来，所有的祸患都会返回到你的本身。这样理解，就和佛家的因果是相通的。

夫物芸芸，各复归其根

夫物芸芸，夫可以理解为语气助词，物可以理解为万物。万事万物芸芸而生，各自运作，经过产生、发展，最后又回归到其最本初的状态。这一句可以从两个方面来理解：一是，一个事物回归到它初始的状态，比如一个生命从无产生，经过孕育、生长、发展，达到一个灿烂的状态，然后开始回落、衰退，直至消亡，最后又回归到无的状态；二是，你所发出的心念、行为，最后都会回归到最初的那个发出者本身，所以人的幸福和苦难，往往不在于外界，而在于自身的那颗心，在于我们的所做所为。

你也许会说，我看到很多恶人做了很多恶事，可是他们却掠夺了很多财富啊，他们怎么没有得到恶果，感觉还是蛮幸福的啊！其实，这不是善恶不报，只是你把幸福的感觉弄错了。幸福不是用金钱和地位来衡量的，幸福不是靠外表的光鲜来炫耀的，你炫耀什么，就是缺少什么！一个人如果总是天天用光鲜的外表来彰显自己过得很幸福的样子，而他内心并没有你想的那样的平静，他内心的空虚和苦涩只是深深地隐藏在虚华的外表之下，内心的煎熬，只有自己深夜独自品尝。而那些坦坦荡荡的人，也许是清贫的，但是他们的内心是富足的、安详的、和谐的。他无论躺在什么地方都是可以安稳睡眠的。这里我并不是说财富不好，并不是说不去创造财富，而是说“君子爱财，取之有道”，要做到坦坦荡荡，和表面的浮华相比，还是内心的质朴更重要。

因此，有时候不要被外表迷惑，正如金刚经里说的：“凡所有相，皆是虚妄”，有相的彰显，很多得时候是在掩饰内心的苍白。在这里，我想说，幸福并不是用财富、地位、名誉来衡量的，因为，这些衡量的标准都来源于外界的评判，而幸福源于你内心的富足、安然、坦荡。你富足也好，清贫也罢，只要内心是平和的，是充满了阳光的，没有揪心的伤痛，没有自责的愧疚，你就是幸福。幸福是一个人自己内心的富足感，而不是依赖于外界的评判。

所以，要记住：你发出所有的善念、善行，也许你没有看到有形的回报，而最大的善报，就是上天让你成为一个好人！我们每一个人都喜欢一个好的东西，比如好的车、好的房子，一块没有瑕疵的宝玉……这些所有的身外之物，哪能比得上我们自己珍贵之万一？那么，我们为什么不把自己打造成一个美好的自己？所有外物的回馈，都不如我们成就一个美好的自己来得尊贵！

另外，我们还要理解“夫物芸芸，各复归其根”，这句话是老子告诉我们的自然运行的规律，而不是我们知道了这个规律，就为了追求这个结果而故意怀着目的去作为，怀有需要回报的目的去作为的，就是有为，有为就不符合于大道。例如，你帮助别人，不是发自内心的，而是为了得到别人给你回报，那么你的发心就不是善的。老子说："下德不失德是以无德"，你的所作所为，有强烈的让别人回馈的欲望，那么已经失去了善，所以很多人说，我做了很多善事，为什么没有给我回报，怀有强烈目的的所谓善行，已经失去了本初的善念。正如梁武帝问达摩祖师说："朕一生造寺度僧，布施设斋，有何功德?"达摩言："实无功德。"他怀着强烈的需求回报的心，所做的所谓善事，都是为了索取回报，都是为了自身而已。

归根曰静，是谓复命

万事万物这种循环往复，最后又回到根本的状态，叫作静，又被称为回到生命的本初。

复命常也，知常明也

万物总是这样循环运作，最终又回归到本初状态，这种现象是亘古不变的常理，懂得了这种常理是明智的、智慧的、觉悟的。

不知常妄，妄作，凶

妄：胡乱，荒诞不合理的；非分的，不实的。这一句，我们采用了帛书甲本，比王弼本多了一个妄字，王弼本是"不知常，妄作，凶"，帛书甲本里是两个妄字，我们采用了帛书甲本，可以理解为："不知常妄"，即不懂得万事万物循环发展的自然规律的人，他的内心就会产生荒诞、不符合常理的理念。老子告诉我们，先有了妄的这个念头，然后这种理念就会支配他去做不符合常理的事情，这就是"妄作"，做不符合常理事情，就会导致其灾难祸患的发生，这就是"凶"。

比如我们的身体，过了中年以后，身体机能开始下降，这本来是符合于道的，但是很多人还是不服老，总是想永葆青春，永葆青少年时的强壮，于是就去吃所谓的各种保健品，所以很多骗子就是看中了中老年人这样的心理，用各种花言巧语来欺骗老年人，老年人用辛辛苦苦挣的钱换来很多所谓的保健品，里面含有很多的国家禁止添加的药物，这种药物会严重地损害我们的肝脏和肾脏。这种想永葆青春的想法，和当年秦始皇想长生不老的念头是一样的，这不符合天道，就是妄，正是这种妄，导致我们去吃各种保健品，这就是妄作，吃过很多违禁药品以后，损伤了自己的肝、肾，最后导致早早地生病、去世，这就是凶。因此，我们要懂得天道的循环往复，很多时候不是我们病了，而是我们老了，该顺应的时候必须顺应，这就是天道。

知常容，容乃公，公乃王，王乃天，天乃道，道乃久，没身不殆

没身：终身。殆：危险。如果知道了万事万物循环往复这种恒定的常理，那么人就会豁然开朗，胸襟将包罗万象，整个宇宙的发展规律都了如指掌的人，怎么会是一个只看小是小非的人？肯定是一个可以容纳万事万物的人。这就是知常容，知道了这个常理，就会是一个可以容纳万物的人，做事就会舍弃自我的私利，从而成为一个公平公正的人，做事就会公平公正。这种做事公正的行为就是王者之道，而这种王者之道就符合于天道。而如果一个人做所有的事情都符合于天道，那么就会恒久绵长，因为他的所作所为总是符合于天道，因此终身都不会有危险和失败。

第十七章

【帛书甲本（第六十一章）】

大上下知有之其次親譽之其次畏之其下母之信不足案有不信□□其貴言也成功遂事而百省胃我自然

【帛书乙本（第六十一章）】

大上下知又□亓□親譽之亓次畏之亓下母之信不足安有不信猷呵亓貴言也成功遂事而百姓胃我自然

【王弼本】

太上，下知有之；其次，亲而誉之；其次畏之；其次侮之。信不足焉，有不信焉。悠兮其贵言，功成事遂，百姓皆谓我自然。

【辩证本】

太上，下知有之；其次，亲而誉之；其次畏之；其次侮之。信不足焉，有不信焉。猷兮其贵言，功成事遂，百姓皆谓我自然。

【辩证本通解】

最高明的统治者，民众只知道有这个人而已；下一等的领导者，人们感觉到他可亲可敬；再一等的领导者，人们会对他有所畏惧；再下一等的领导者，人们很轻慢他，甚至诅咒他。因为领导者自己的诚信缺失，故人们对他不信任。以道来领导天下者，以言为贵。无为而治，老百姓取得成功，百姓会说，这是自然而然的事情啊。

【逐句解读】

太上，下知有之

帛书甲乙本，均为“大上”，大，古代通太，太，有极端、最的意思，故采用太上。上，位置在高处的，可理解为上位者、领导者。最高明的领导者，他的子民只知道有这么一个人而已。

那么这句话背后有什么更深的含义呢？也就是说，作为一个团队的领导者，他的下属只是知道有这么个人，他喜好什么、性格如何等这些关于他个人的事情，很多人都不知道。换句话说，他作为团队最高领导者的存在，好像可有可无的样子，而老子说，这样的领导者才是最高明的领导者。

最高明的领导者，不是什么都不做，而是要带领下属共同建立这个团队运行的法则，这个是关键，是建立一个系统、一套法则。这个法则并不是最高领导者个人的意志，而是要符合天道，符合绝大多数人和众生的利益，然后进行职位和责任的分工，各司其职，最高领导者就是要维护团队这个系统的健康运行，他负责领导机构的正常运转，在规则之内，不会去干涉人们正常的工作和生活，他不会为了显示自己是这个团队最高领导者，而时时刻刻都表现出自我的重要性。他是能够让人们各司其职，各自做好各自的事情，允许每个有才能的人，在各自的岗位上绽放出自己的光彩，只有这样，团队里的每个人才能发挥出自己最大的潜能。

其次，亲而誉之

再下一等的领导者，他的子民会感觉到他可亲可敬，所以会赞誉他。这样的领导者不是很好的领导者吗？当然，这样的领导者，也不是多见的，也是很高层次的领导者，那么老子为什么不说这样的领导者是最高境界的领导者呢？下面我们来分析一下这种领导者会出现什么样的问题。

第一，这种领导者，往往是靠个人魅力来领导团队，他的举止会无形中成为团队前进的方向，俗话说“金无足赤，人无完人”，所以一个人的能力往往不能优于一个优秀的团队，因此，如果一个团队，过分地崇仰某一个人，而不是去集广大民众的智慧，建立一套符合团队健康发展的规则，那么在前进的路上，就有可能因为个人的意志而走偏，给团队带来损失。有一句话是这样说的“利可共而不可独，谋可寡而不可众”，也就是说谋划、计划一件事情的时候不要与众人一起谋划，这样会影响判断、会犹豫不前，这是说在关键时刻领导者的决断，需要大智慧、需要果断的判断、需要有主见，而我们这里说的是，在团队建立之初，要集广大人民的智慧，而建立一套完善的规则，从而避免这种一言堂的局面。

第二，这种人们都非常爱戴的领导者，还有一个弊病就是，当他离开的时候，会让团队出现领导真空，人总有离去的时候，一旦他离开了人世，而他在世的时候建立的威望却还会延续，他的接手人很难在短时间内建立和他一样的威望，下一任领导者就需要付出很多的努力去消除上一届领导者的影响力，如果下一届领导者的作为同上一届有所偏差，就会遭到人们的质疑甚至抵抗，而有时候是要与时俱进的，这种抵抗，会严重影响团队的健康发展。

第三，这种领导者，会遮掩其他人的光辉，就像太阳遮掩了星空一样，他的出现，直接秒杀了所有的人，每个人都有被重视的渴望，如果这个团队都是赞誉一个领导者，就会让其他人丧失了积极性，从而影响团队的健康发展。

那么这种领导人该怎么做？就是要建立一套适合于团队健康、持久发展的规则，健全一套完整的运行领导机构，收敛个人的光芒，积极调动更多人的主动性，让自己达到“太上，下知有之”的境界，到了这种境界，即使他有时候不在，团队也不能因为他个人的原因，而使团队轰然倒塌。从这里，我们可以看出，这种领导和上一层次领导最主要的区别是，这一层次的领导主要靠的是个人的能力，而上一层次的领导，靠的一套完整的系统，一套符合于天道的规则，不是靠的自己一个人的能力，而是整个团队的意志和能力，不会因为缺失谁让团队搁浅，而是在系统的完好运行下，即使某个关键的位置发生了空缺，也会及时地被补上，系统仍然完美地去运行。

其次畏之

再下一等的领导者，他的下属会对他有所畏惧。这样的领导者让人感觉不到可亲可敬，而是很威严，处罚也很严厉，所以人们都畏惧他，不和他亲近。

这类领导者比较普遍，他总是靠强大的惩罚手段去显示自己的存在，这种领导处在“法”的层面，制定各种的处罚规定，总是用强制的手段威吓下属，下属害怕触犯他的规定，所以就按部就班地工作，而没有丝毫的创新。不断的绩效考核，每天四次签到的管制，严格的处罚规定，让整个团队冷冰冰的，没有了人间的温暖，这样的团队，不注重团队文化的建设，只看重利润的增长，不顾及人间温情的和谐，只看重效率的高下，使人们沦为只为工作的机器人，丧失了心中的那份快乐、幸福，甚至忘记了人生的意义。

【事　例】

网上曾报过，某个企业接连有人跳楼，以至于最后出现了一个某某某第几跳的说法，据说一共跳了13个人，而这十三个人最小的18岁，最大的24岁，都是那么鲜活的、年轻的生命。那么他们为什么跳楼呢？从网上搜索答案，无外乎就是压力大，一个网友自称是这个企业的资深员工，他讲了一个事例是这样的：曾经，一个生产线员工手部有一个肿瘤，需要切除，该员工已不能做复杂的动作了，医生在病例上明明白白写着，需要休息14天，但是由于年底出货量大、人力紧缺、产线线长，组长就是不批假，非要拖到春节放假前一个星期，加上年假7天，正好14天，让该员工在大年三十初一吊着手去医院换药？从这个小的事例上，我们可以看出这种管理真的泯灭了人性，就像这个员工说的："防止一个人跳楼，只需要一个原因，只需要同事、主管和公司多一点点的关心，一两句话的关怀，5分钟的谈心……可是这个企业没有做到。"

这样的领导者领导的团队是没有活力的，人们看到他，会回避他，不愿在他的视野中出现，因为害怕哪儿做不到，被他惩罚，这样的领导者，在看待下属的时候，不是发现下属的闪光点，而是专门寻找别人的不足，然后进行批评、惩罚，以此来显示自己作为领导者的优越性，来显示自己比别人强，这种人内心的深处，不是为了通过批评有利于别人的成长，不是为了有利于团队的发展，而是为了彰显自我。另外，我们也可以想一想，我们的孩子为什么有时候不愿意同我们在一起？应该也有这样的原因，我们不去发现他可以鼓励的地方，而是努力地去找他的不足，然后严厉指责，而孩子和员工的心是一样的，都需要鼓励和尊重。所以这种总是用别人的不足来衬托自己伟大的领导人是不得人心的，团队成员没有任何的向心力，只是迫于生计，不得不在这里工作，成员们没有对团队的丝毫留恋和感恩，所以当这个团队出现了一点风吹草动，团队成员就会分崩离析，甚至为团队的倒塌推波助澜。

其次侮之

侮：本义轻慢，不敬重。再下一等的领导者，他的下属对他不再敬重了，并且很轻慢他，甚至诅咒他。

这样的领导者已经将自己的私利做到了极致，总是会做那种与民争利的事情，想把一切财富、名誉都统统揽在自己的名下，因为这种独断专行、一心为己的强烈的私欲，让下属达到了无法生存的地步，就像《道德经》在第七十五章说的"民之饥，以其上食税之多，是以饥"，正是因为领导者过分地掠夺下位者的财富，所以让下位者无法生活，到了生死的边缘。当人们到达了生死边缘的时候，就会不再害怕上位者的威吓，达到"民不畏威则大威至"的处境，这时候，人们对领导者产生了强烈的抵抗心，出现了这种轻慢、不敬重，就是“侮之”的地步。到了这时候，这个团队，已经到了崩溃的边缘，不需要外力，内部就会出现动荡，最后走向灭亡。

从老子总结的这四个领导层次上，我们可以看作是四种不同的领导，同时，我们也可以理解为是同一个人作为领导的四个阶段：在建业的初期，一个人的威望还没有建立起来的时候，往往需要很多人的帮助，这个人的骄傲之心还没有滋生起来，他还是很谦卑的，做什么事情还是同大家商议的，会制订出符合团队整体利益的制度，整个团队能够团结一致，朝一个目标共同前进，这个领导者这时是隐身于这个团队的背后，没有能力过分地彰显自我，也没有傲气去彰显，这个阶段就是老子说的：“太上，下知有之”的阶段。团队有了一定的成绩以后，逐渐地稳住了根基，这个领导人内心对团队的成员还是很感激的，“爱出者爱返”，他对别人感恩，别人就会对他“亲而誉之”。当团队因为初步稳定，外出征战的事情少了，各位能征善战的人的作用就慢慢地显现不出来了，而首领的领导作用反而慢慢地彰显了，这时候，首领的光芒也就慢慢地显现出来，首领逐渐地获得了这些地位，使利益进行再分配，然后他就会慢慢膨胀自我，感觉自己掌握了别人的命运，人们为了自己的利益，就开始对他谄媚、阿谀奉承，时间久了，他就慢慢地感觉自己在团队里才是最重要的，于是自我开始膨胀，开始用各种升迁手段左右别人的人生。这个时候，人们对这样的领导人就产生了畏惧的心里，这时候他的领导层次就降到了第三个层次：“其次畏之”；领导者独断专行的次数多了，慢慢地他就会认为这个团队就是他自己建立的，任意封官许愿和分配财富，手段越来越随意，所以那些善于钻营的人为了获取更多的利益，就对他去谄媚，去投其所好，这个领导人对团队的地位、利益分配就慢慢地丧失了以前的那种公平，逐渐遭到了多数人的反对、抵抗，于是人们对这个领导人发出的指令，就不会再心甘情愿地执行，这样这个领导者就又下降了一个层次“其次侮之”。

所以，可以看出，老子把不同领导者不同的表现罗列出来，就是在告诫我们，一定要警惕这种随着时间的推移，而不断变化的心，告诫我们记住都熟知的那句话：“不忘初心，方得始终”，保持那颗曾经淳朴的心，保持那颗一心为了他人、为了团队的心，那么这个团队，才会恒久绵长。

信不足焉，有不信焉

因为领导者自己的诚信缺失，故下属就会对他产生不信任。这一句可以理解为是“其次侮之”的原因。正是因为有些领导者不兑现自己的承诺，丧失了公信力，所以人们就不再相信他，从而轻慢他、侮辱他。

猷兮其贵言

王弼本为：悠兮其贵言。帛书乙本为“猷呵亓貴言”。猷的本意是计谋，打算，谋划。《康熙字典》里解释为：猷者，以道而謀也。所以我们不采用王弼本里悠然自得的悠，而采用“猷”，这一句我们可以这样来解释：以道来领导天下者，以言为贵。意思是有道的领导者不轻易发号施令。不会根据自己一时的喜好，频繁地更改政令，让人民无所适从。他会对自己说出的每一句话负责，非常看重自己做出的承诺。

功成事遂，百姓皆谓我自然

无为而治，不刻意治理百姓，让百姓自然而然地生活，老百姓感觉不到领导者的存在。这样老百姓取得成功、办成事情，百姓会说，这是我们自然而然的事情啊。这才是做领导者的最高境界。

【事　例】

这里有一个事例，能够很好地说明“功成事遂，百姓皆谓我自然”的境界，以及“太上，下知有之”的领导境界。这个故事就是著名的《击壤歌》。传说在尧帝的时代，“帝尧之世，天下大和，百姓无事”，老百姓过着安定舒适的日子，一位八九十岁的老人，一边悠闲地做着“击壤”的游戏，一边唱出了这首歌：“吾日出而作，日入而息，凿井而饮，耕田而食，帝何德于我哉?”

击壤：古代一种投掷游戏。“壤”为前广后锐的木板，长1尺4寸，阔3寸，形如屐。游戏时先侧一壤于地，在距三四十步处以手中壤击之，中者为胜。为尧时老年人盛行的娱乐活动。

之所以人们能够过着安居乐业的生活，是因为国家太平，国家太平正是因为领导者遵循天道，使得国家没有动乱、没有灾祸，只是我们常人没有想到而已，因而会说，我们做我们自己的事情，我们成功了，领导者对我们有什么恩德呢？所以老子说，我们成功的时候，会说这是我自然应该达到的啊。正像击壤歌里的老人说，我自然生活，尧帝对我有什么恩德呢？这种能被人们忘却，不断给人们平和安详的领导，老子说这才是最高明的领导！

如果你也认为你的成功都是自己自然而然应该得到的，那么请你想一想那些动乱的国家，那些为了生存不得不离开故土的难民们。没有祥和的环境、没有安定的家园，你觉得你的努力就那么容易成功吗？所以，我们要珍惜和平，要感恩祖国的护佑、感恩领导人日理万机为人们的操劳、感恩我们的战士日夜的守候、感恩辛苦的警察守候着我们每一个甜美的梦……我们要学会感恩。感恩，铭记了别人，幸福了自己。

第十八章

【帛书甲本（第六十二章）】

故大道廢案有仁義知慧出案有大僞六親不和案有畜兹邦家昏亂案有貞臣

【帛书乙本（第六十二章）】

故大道廢安有仁義知慧出安有□□六親不和安又孝兹國家昏亂安有貞臣

【王弼本】

大道废，有仁义；智慧出，有大伪；六亲不和，有孝慈；国家昏乱，有忠臣。

【辩证本】

大道废，有仁义；智慧出，有大伪；六亲不和，有孝慈；国家昏乱，有忠臣。

【辩证本通解】

当大道被废弃了，仁义就会彰显出来，会被宣扬和提倡。智巧之心萌生，就会产生更大的虚伪；因为出现了亲人间的不和，从而开始推崇、弘扬孝慈。当国家处在动乱不堪的时候，才会显现出谁是忠臣。

【逐句解读】

大道废，有仁义

当大道被废弃了，仁义就会彰显出来，就会被宣扬和提倡。

为了更好地理解这句话，我们可以这样想一下：如果普天下所有的人都是遵循大道行事的人，都是非常的质朴，做任何事情都能顾全所有的人和事，那么普天下就是大道昌盛，而大道昌盛的时候，每个人都是遵循大道的人，每个人看起来都是一样的，所以就不用去宣扬仁义，每个人的品行都符合大道，所以仁义之人也不会突出彰显。

【事　例】

如一个容器内有很多明亮的珠子，每个珠子都是明亮、美好的，那么就无法彰显某一个珠子，也不用去赞美某一个珠子，因为我们感觉每个珠子就应该那样明亮和美好。如果有一天，大多数珠子都暗淡了，甚至没有了丝毫的光亮，而只有极少数的珠子还是光亮的，那么这极少数的珠子，因为光亮就会被彰显出来，而因为光亮的美好，人们就会赞叹这种光亮的珠子，从而希望所有的珠子都向光亮的珠子学习，进而刻意地宣扬光亮的珠子。这个道理就是，当所有的珠子都光亮的时候，就是大道昌盛的时候的，每个人都是光亮的，所以不分彼此，无所谓短长，当大道被废弃了，更多的珠子没有了耀眼的光辉，所以，还保持着光亮的珠子，就是那种仁德的人就被彰显了出来，就会被刻意地宣扬，成为追捧和学习的榜样。

智慧出，有大伪

智慧是我们都去追求的，而为什么老子在这里说“智慧出，有大伪”呢？那么我们来分析一下这里的智慧，是不是我们平时说的智慧呢？

《道德经》通篇出现了八个智字：

常使民无知无欲，使夫智者不敢为也。

智慧出，有大伪。

绝圣弃智，民利百倍

虽智大迷，是谓要妙。

知人者智，自知者明。

民之难治，以其智多。故以智治国，国之贼；不以智治国，国之福。

从这八个智字，不难看出，这里的智和平时说的智慧是有所区别的。现在说的智慧是高于聪明的存在，是通达了大道的智慧，平时说的智慧接近于老子所说的道。而《道德经》里的这几个智字，就是平时说的“聪明”，聪明是没有接近于道的机巧之心，甚至可以说是违背了大道，聪明停留在术的层面，是一种不能通观全局的机巧之心。我们可以这样来理解，什么是含有机巧之心的聪明呢？那就是这种聪明的出发点是从自己的利益出发，无论他运用多么高明的遮掩手段，最后归根结底还是为了达成自己的某些目的，这就是含有机巧之心的聪明。而智慧的出发点是整个苍生，是以有利于万物为根本目的的，所以，聪明和智慧最根本的区别，不在于他的表现形式多么的华丽，而在于他从出发的那一刻，就注定了他的根本定位。

理解了智在这里的含义，就能更好地理解“智慧出，有大伪”的含义。这里的意思就是说，当大道被废弃了，人们背离了大道以后，就会萌生出机巧之心，而这种机巧之心不是为了天下万物，而是为了自己的一己之私，但是因为这种人善于运用技巧，善于掩盖自己自私的行为，从而不断地伪装自己，好像是一个充满了仁义道德的人，其实却是一个充满了狡诈的虚伪之人。

【事　例】

比如王莽在没有被重用之前，为人皆依《礼经》行事，至孝至仁，侍奉母亲和寡嫂都很细心，扶养他死去的哥哥留下的儿子，把他当成自己的儿子一样对待，又广交朋友，孝敬叔伯，他的大伯王凤有病，他细心照料。由于王莽的个人修养好，仁孝名声在望，社会上崇敬他的人很多，其中包括那个说“犯强汉者，虽远必诛”的大将陈汤都很崇敬王莽。王莽的二儿子王获杀了一个奴隶，王莽令其自杀偿命，获得了大义灭亲的名声。王莽的名声之高，甚至被看作是“周公再世”。

王莽就是通过这种名声的积累，后来一步步取得众人和皇上的信任，在仕途上一路飙升，他一路潜伏、一路上升，三十八岁就做了大司马。后来王莽把自己的女儿许配给了汉平帝，成了国丈。王莽怕汉平帝的母亲卫姬进长安后被尊为太后，不准她入京同儿子住在一起，并借机杀尽平帝舅家，以防与他争权。为了把持朝政，王莽又用一杯毒酒毒死了汉平帝。

汉平帝死了之后，王莽选了年龄最小的亲王为帝，没有名字，因为太小了，所以叫子婴。

最后王莽认为时机成熟，于是建新朝，年号“始建国”，正式登上帝位。

王莽统治的末期，天下大乱，后来王莽死于乱军之中，卒年69岁。

王莽是一个很有争议的人物，这里我们只是用这个事例，来让大家明白“智慧出，有大伪”的意思，至于王莽的功过，还是留待他人评说。

六亲不和，有孝慈

明白了大道废，有仁义，这句话就比较好理解了，之所以有孝慈被彰显出来，孝慈被人们推崇和提倡，正是因为出现了亲人之间的不和，从而才去推崇、弘扬，引导大家去孝慈。

六亲历代说法不一，大致有以下几种：①指父子、兄弟、从父兄弟、从祖兄弟、从曾祖兄弟、同族兄弟；②指父子、兄弟、姑姊、甥舅、婚媾、姻亚；③指父、母、兄、弟、妻子、子女；④指父子、兄弟、夫妇；⑤指外祖父母、父母、姊、妹、妻兄弟之子、从母之子、女之子。

国家昏乱，有忠臣

这句话承接上面几句，就是当国家处在动乱不堪的时候，就会显现出忠臣。

本章老子表达的核心意思，就是当一些良好的品德被刻意弘扬的时候，正是这种品德缺失的时候，比如我们小时候，没有人去提倡治理环境，因为那时候到处都是蓝天白云。这里老子给领导者，以及我们自己敲响了警钟，不要等到我们感到缺失了什么，才去大力地提倡，而是应该在良好运转的情况下，就保持这种良好的状态，就像咱们的身体，不是等到疾病到来才去保养。这种思想符合老子说的“善行无辙迹”“天下难事，必作于易，天下大事，必作于细”“合抱之木生于毫末”等这些防微杜渐的思想。老了再一次告诫我们，不要等到我们感觉仁义、孝慈等良好品德已经失去了，然后再去提倡、弘扬，而是应该在大道昌盛的时候，就应该保持这种良好的风气。一个团队要时刻去弘扬正能量，而不是等到正能量已经消耗殆尽的时候，你才去提倡。

同样，作为一个家庭，不要等已经出现了裂痕再去弥补，不要等孩子的思想出现了滑坡的时候才想到去引导，而应时时刻刻都要注意孩子的品德修养，如果等他走得太远，你再去呼唤他，他已经听不到你的声音了。

第十九章

【帛书甲本（第六十三章）】

絕聲棄知民利百負絕仁棄義民復畜茲絕巧棄利盜賊無有此三言也以為文未足故令之有所屬見素抱□□□□□□□□□□

【帛书乙本（第六十三章）】

絕聖棄知而民利百倍絕仁棄義而民復孝茲絕巧棄利盜賊無有此三言也以為文未足故令之有所屬見素抱樸少□而寡欲絕學無憂

【王弼本】

绝圣弃智，民利百倍；绝仁弃义，民复孝慈；绝巧弃利，盗贼无有。此三者以为文不足，故令有所属：见素抱朴，少私寡欲，绝学无忧。

【辩证本】

绝圣弃智，民利百倍；绝仁弃义，民复孝慈；绝巧弃利，盗贼无有。

此三者以为文不足，故令有所属：见素抱朴，少私寡欲，绝学无忧。

【辩证本通解】

不为了成就自己的名声刻意而为，不运用智巧同人们争夺利益，人们自然会获得更多的利益。不去追求表面的仁义，人们会自然回归到孝慈。摒弃机巧贪利之心，盗贼自然没有。这三种原则，仅仅用文字来传承和述说，是不够的，而是要付诸行动，让这些法则在行动中有所归属。对外保持朴素的本质，对内保持淳朴的思想；减少私利和欲望；不去追求名利的、机巧的学术，不羡慕、攀比别人的生活，从而达到一个没有忧愁的状态。

【逐句解读】

这一章，看起来和我们平时的思维模式相背离，因为老子让我们摒弃的这些，都是我们平时所提倡并追求的，比如圣、智、仁、义、巧、利，所有的这些都是我们希望自己能做到的。为什么老子这里多次强调要摒弃这些？其实老子摒弃这些最根本的目的是要达到一个这样的效果：民利百倍、民复孝慈、盗贼无有。

绝圣弃智，民利百倍

首先要明白，《道德经》是人们的一个行为指南，所以老子说的这句话是在提醒我们做到绝圣弃智，这个绝圣，是说不要为了让自己成为万世铭记的所谓圣人，而通过舍弃根本，甚至生命去成就所谓的名声。比如历史上有很多好大喜功的皇帝，为了彪炳史册，为了自己达到自己所认为的圣人的境界，就会耗费国力，给国家带来损伤。例如贞观十九年，李世民拒绝褚遂良、张亮、李大亮等大臣的谏言，一心兴师东征高丽，结果惨败而归。这场战争劳民伤财，削弱了唐朝国力。

也许你会说，我们不是应该树立一个伟大的目标，应该有成为圣人的理想吗？王阳明先生不就是在十二岁立下成为圣人的理想，后来就成为圣人了吗？而这里的绝圣，不是不让我们没有远大的抱负，正如马云说：“梦想还是要有的，万一实现了呢？”只是这里的绝圣，我认为是不要为了成为圣人而有为。老子说的有为，有一层意思就是刻意地为了达成某个结果而作为，而不去为了完成某个事情的本身而去作为，只是刻意地追求让自己成为什么而去作为。想一想老子、孔子、庄子等这些圣人，他们平时为人处世难道就是为了让自己成为人们永远铭记的圣人而去故意作为的吗？他们在日常生活中用圣人的行为规范要求自己，按照圣人的境界去点滴做事，至于后来成为我们敬仰的圣人，是我们后人因为他们生前的所作所为，自然对他们敬仰，他们自然成为圣人，而不是他们自己怀有这种强烈的目的性，刻意的作为，比如老子，在他写下五千言后，飘然而去，他老人家根本就不知道后来被我们尊为了圣人，但是却自然成为圣人。这个绝圣的意思，就是按照天道和能给万物带来利益的方式去做该做的事情，而不是为了成就自己的名声去做违背天道、违背众生的事情。

什么是弃智呢？这里的“智”可以理解为两层意思：

第一层意思是为了显得自己智力超群，做事情不按常规出牌，而是故意另辟蹊径，致使自己的国家或团队遭受惨败，损失惨重。

【事　例】

比如马谡失街亭：马谡放弃现成的城池不守，却把人马驻扎在山上，张郃率领魏军赶到街亭，看到这个情况，马上吩咐手下将士，在山下筑好营垒，把马谡扎营的那座山围困起来。

马谡几次命令兵士冲下山去，但是由于张郃坚守住营垒，蜀军没法攻破，反而被魏军乱箭射死了不少人。

蜀军在山上断了水，连饭都做不成，时间一长，自己先乱了起来。张郃看准时机，发起总攻。蜀军兵士纷纷逃散，马谡要禁也禁不了，最后，只好自己杀出重围，往西逃跑。

关于战争，我们总是有一种心理，感觉好的将领，就应该能够做到以奇用兵，能够做到险胜，能够做到以少胜多，认为那样才能突出将领的军事才能，其实真正交战，以少胜多的战例还是比较少的，所以偶尔有一次以少胜多的战例，就会被我们不断地称赞，以至于以为作战就应该这样。而我们可以看看孙子兵法，孙子说：“主孰有道？将孰有能？天地孰得？法令孰行？兵众孰强？士卒孰练？赏罚孰明？吾以此知胜负矣。”孙子告诉我们，在交战前，是要先进行多方面的比较，然后才可以确定胜负的，我们可以看出，孙子是提倡自己要强大，而在万不得已的时候才去战斗，并不提倡险而用兵。

第二层意思，我认为老子是想告诫我们，尤其是领导者，不要使用那些所谓的聪明才智，同民争利，以至于把老百姓逼到生死的边缘，达到后来老子说的“民不畏死，奈何以死惧之”“民不畏威，则大威至”的地步。

那么这一句话，对我们日常生活又有什么指导意义呢？老子是告诫我们，做事不要带有强烈的目的性，就是要有绝圣的这个念头，比如，我们做好事，就是当时情景到来，应景而生地去做了好事，而不是为了成就自己的名声故意去做。比如人们说的那个笑话，为了显示自己是尊老爱幼的，把本来好不容易走过马路的老太太，强行搀扶到马路另一边，不要为了成就自己表面的名相，而忽略了做事的实质。弃智，在日常生活中，就是不要运用各种聪明才智同他人争利，每个人心里都有一杆秤，今天你用手段掩盖了自己占便宜的行为，但是总有一天别人会醒悟，别人醒悟的那一刻，就是别人把你从心中移走的那一刻。林肯先生说过：“你可欺骗所有人于一时，或欺骗部分人于永远，但你不可能永远欺骗所有的人。”所以，不要试图用机巧的心来走世间的大道，总有崴着脚的时候。

最后，我们为这一句做一个总结：老子告诉我们，不要为了成就自己的名声而违背天道，背弃万物众生的利益而做事，不要为了彰显自己的聪明而故意标新立异，不要运用智巧之心同他人争夺利益，这样人们自然获得更多的利益。

绝仁弃义，民复孝慈

绝仁弃义，这句话不是让人不去做那种仁义之事，而是说不要去追求仁义的名声，这里和《道德经》第三章中的“不尚贤，使民不争”是遥相呼应的，不要刻意地去标榜所谓的仁义，刻意地标榜，人们就会追求表面的浮华，形式的东西太多，实际作为就会减少。老子要摒弃的，就是追求表面的仁义，老子说“善行无辙迹”，就是说你要不着痕迹地做你该做的，不要去追求虚妄的名利，因为你无声无息的作为，人们会看到的，也会效仿的，如此淳朴之风日盛，人民自然回归到孝慈的状态。

绝巧弃利，盗贼无有

摒弃机巧之心，抛弃一心为利的思想，如果天下都回归了质朴，那么盗贼自然就没有了。这一句和《道德经》第三章中的“不贵难得之货，使民不为盗；不见可欲，使民心不乱”相呼应，就是让人们不要太看重利益，不要总是用物质的多寡来评判一个人是否成功，看当今社会，只要一个人开豪车、住豪宅，就会被人看作是成功者，却不去问这些钱财从何而来。如果一个官员，做得两袖清风，衣着简朴，却会被人耻笑不会做官。如此一来必然世风日下，机巧之心萌生，人们只看利而不为德，就会盗贼横生。这里的盗贼，并不是完全是我们日常说的盗窃之贼，应该包括那些为了一己之私，损害他人、损害国家的所有的邪恶之人，如贪官污吏、奸商恶霸等。

此三者以为文不足，故令有所属

此三者就是说绝圣弃智、绝仁弃义、绝巧弃利，这三种行为或者三种原则，仅仅用文字来传承和述说，是不够的，而是要付诸实际的行动，让这些法则在行动中有所归属。

见素抱朴，少私寡欲，绝学无忧

素：不复加巧饰也，纯。朴：没有经过加工的木料，喻不加修饰。这句话是老子通过以上辩证后，得出的一个结论：对外呈现非常朴素的本质，不加任何修饰，内心保持自己最淳朴的思想和作为；减少自己的私利和欲望；不去追求那些名利、教条、机巧的所谓学术，不要总是羡慕别人的生活，而是把目光收回到自己本身，如此就会达到一个没有忧愁的状态。

绝学无忧

这一句话不太好理解，因为这句话和我们平时的观念不同。我们平时的观念是学习的东西越多越好，因为只有通过学习才能成就更好的自我。而这里老子说绝学，难道老子不让我们学习吗？我们不要这样认为，智慧的开启，还是离不开引导的，没有前人的指引，我们就很难开悟，《道德经》里很多话语也是引用的前人的话语。老子之所以能够写下这一本传世之作，同他大量的阅读是分不开的，所以肯定是要学习的，因为知识是没有对错的，对错在于运用知识的那个人。

对于这一句话，可以从以下三个方面来理解：

第一，从学习的出发点来分析，我们也许就能更好地理解这句话。在理解这句话之前，先学习一下《道德经》第四十八章开篇的一句话："为学日益，为道日损。"为学日益，我们学的是什么？益的是什么？我们学的往往是生活的技能，是征服世界的手段，增加的是扩张的本领，是傲视群雄的心志。随着本领的增加、手段的增强、心志的远大、扩张的必然是自己的欲望。因此，为学日益，益的最终是追求名利的欲望。为道日损，损的是为了自身名利的欲望。通过"为学日益，为道日损"这句话的学习，可以这样理解，老子并不反对我们学习，而是告诫我们，不要随着本领的增加，欲望的心随之增加，如此一来，欲望越多烦恼越多，所以不如做一个没有欲望的淳朴的人。

第二，这里的学对应的是绝巧弃利中的巧，不要学习那种机巧之心、机巧之器，没有了机巧，没有了比较，内心自然就会祥和，从而就少了忧虑、忧愁。我们平时所学的很多东西都是术的层面的东西，都是一些技巧，比如一些成功的秘籍，告诉你如何同别人谈判、如何运用技巧同别人争抢利益，这些都是术的层面。而如果我们心中理解了道，并按照道的规则去行事，用无我利他的心去交往，我们的朋友就会越来越多，事情就会越来越顺，也就是说，我们不必今天学这个，明天学那个，只要感悟了道，遵行了道，一切都会慢慢地通达。如果天天学习表面的东西，今天改变，明天再改变，每次改变的都是表面的做法，而内心不改变，所有的改变就都不是心甘情愿的，因为违心所以痛苦，所以充满了忧虑，因此老子告诉我们，不必无休止地去学表面的技巧，只有感悟大道，从内心深处做改变，外部的言行自然就会改变。

第三，这里的学我们可以理解为不去学习别人的样子。现在很流行的一句话是，"不要羡慕别人，自己也是风景"，就是告诫那些喜欢比较的人，不要总是把目光看向别人，而是应该把目光收回来，多欣赏自己。世上有万千不同的人，就会有万千不同的生活方式，就会有万千的诱惑，如果我们不懂得收回目光，永远向外探索，那么穷其一生，你也达不到你想要的目标。记得有一句话是这样说的："所有的痛苦，都是因为求之不得。”因此你总是羡慕别人，总是想学别人那样生活，你的忧愁就会不断地增加、不断地更新，而不会减少。如果我们想要有一个幸福的人生，我们该怎么办？所以老子告诉我们一个幸福的密码——“绝学无忧”，就是关闭向外的目光，不要总是渴求自己变成别人的样子，而是把目光回收，立足当下，成就最好的自己，在自己力所能及的范围内，打造完善的自己，学会欣赏自己，而不是学习他人，变成他人，你所有的忧愁，都会迎刃而解。

最后对“绝学无忧”这四个字做一下总结：①杜绝因为知识的增加，使欲望随之增加；②杜绝只是学习技巧，学习如何对付别人；③杜绝只盯着别人，而忽视了自己，这样你的人生就会少很多忧愁。

第二十章

【帛书甲本（第六十四章）】

唯與訶其相去幾何美與惡其相去何若人之□□亦不□□□□□□□□□□□眾人熙熙若鄉於大牢而春登臺我泊焉未佻若□□□□累呵如□□□□□皆有餘我獨遺我禺人之心也蠢蠢呵□□□□□□昏呵鬻人蔡蔡我獨昏昏呵沕呵其若□望呵其若無所止□□□□□□□□以悝吾欲獨異於人而貴食母

【帛书乙本（第六十四章）】

唯與呵亓相去幾何美與亞亓相去何若人之所畏亦不可以不畏人朢呵亓未央才眾人熙熙若鄉於大牢而春登臺我博焉未垗若嬰兒未咳纍呵佁無所歸眾人皆又余我愚人之心也春春呵鬻人昭昭我獨若昏呵鬻人察察我獨閔閔呵沕呵亓若海朢呵若無所止眾人皆有以我獨頑以悝吾欲獨異於人而貴食母

【王弼本】

唯之与阿，相去几何？善之与恶，相去若何？人之所畏，不可不畏。

荒兮其未央哉！众人熙熙，如享太牢，如春登台。我独泊兮其未兆，如婴儿之未孩。儽儽兮，若无所归。众人皆有余，而我独若遗。我愚人之心也哉！沌沌兮，俗人昭昭，我独若昏。俗人察察，我独闷闷。澹兮其若海，飂兮若无止。众人皆有以，而我独顽似鄙。我独异于人，而贵食母。

【辩证本】

唯之与呵，相去几何？善之与恶，相去何若？人之所畏，亦不可不畏人。望兮其未央哉！众人熙熙，如享太牢，如春登台。我独泊兮其未兆，如婴儿之未咳。儽儽（léi）兮，若无所归。众人皆有余，而我独遗。我愚人之心也哉！沌沌兮，俗人昭昭，我独若昏。俗人察察，我独闷闷。沕兮其若海，望兮若无止。众人皆有以，而我独顽似悝。我独异于人，而贵食母。

【辩证本通解】

谦卑的应答声和大声发怒的呵斥声，有什么区别呢？善与恶，又有什么区别呢？如果领导者让下属有所畏惧，那么领导者也不可能不畏惧下属。浩瀚的宇宙一望无际，看不到尽头，人们为了追逐名利有所收获的时候，就好像成为了被人们供养的神灵一样高兴，好像春天登上浩大盛典高台上一样忘乎所以。而悟道的人，非常淡泊，不着任何的名利痕迹，那没有名利的心，如还不会笑的婴儿一样纯净。悟道的人，以众生忧苦，总是很劳累的样子，好像永远没有自己可以安歇的归属。常人的生活都是富足的、盈余的，而悟道的人的生活往往是有所欠缺的、清贫的。悟道人的心好像愚钝一样，混混沌沌的样子。常人是那么光鲜亮丽，功名利禄都收获颇丰的样子，而悟道的人却是暗而无光的模样；常人世事利害都能分别辨析得非常清晰，而悟道的人看着总是浑浑噩噩的样子。在深远如大海的红尘之中，在一望无际的茫茫宇宙之间，众人都怀有自己的目的，而悟道的人却好像非常的愚钝、素朴。唯有悟道的人有异于常人，因为常人追求事物的结果，而悟道的人追求的是事物的根源。

【逐句解读】

唯之与呵，相去几何

唯：谦卑的应答声。如《论语》里有一句是这样的：“子曰：参乎！吾道一以贯之。曾子曰：“唯”。这里的唯就是恭敬的应答。呵：怒责，大声发怒地呵斥。帛书乙本为呵，王弼本为阿，采用帛书乙本。谦卑的应答声和大声发怒的呵斥声，有什么区别呢？这里是说别人对自己的态度，是恭敬，还是怠慢，又有什么区别呢？这里可以引申为别人对自己的评价是好是坏，又有什么区别呢？言外之意就是不要太在意别人对自己的评说，只管自己按照道行事就可以了。

善之与恶，相去何若

所谓的善与恶，又有什么区别呢？所谓的善和恶，有时候只是立场不同而已，所以没有绝对的善恶。狮子杀死斑马喂自己的小狮子，狮子是善良还是残忍？自然早已超出了人类划定的道德范畴，真正的大道就是自然，美和恶在自然看来没什么区别。

以上两句提醒我们，不要太在意虚妄的表象，不要为了追求别人的称赞而违背了大道，不要为了一时的所谓的善而酿成了大错。

【事　例】

这里有个故事，便于理解善和恶的转换：曾经有一个丞相下乡返程的路上，一个醉汉横卧在路上，挡住了丞相的道路，丞相为了博得亲民的赞誉，绕道而行，这个人感觉丞相都让他三分，以至于越来越狂妄，后来成为一个恶霸，犯下杀身大祸，在行刑的时候，这个人还说是丞相的一时善良害了他一生。如果当时丞相呵斥了他，也许他不会无法无天。当然这个故事里，醉汉才是最应该对自己负责的人，但是丞相知道后，也为自己的一时善举有所懊悔。这也就是说，有时我们看着是善的事情，最后演变不一定是善的结果，当那个醉汉违背了礼节，如果丞相不是为了与人为善的虚名，按照礼节去教育他，他也许就会好好做人，安详至老。

人之所畏，不可不畏人

这一句在王弼本是“人之所畏，不可不畏”，这样比较好解释。人代表的是普通的人民群众，意思是说，人民群众所担心害怕的事情，作为领导人，应该设身处地地体会人民群众的心理，应该以百姓心为心，他们所害怕发生的事情，也正是作为领导人应该害怕的事情，所以就应该领导人民避免这种灾祸的发生。

而帛书乙本是“人之所畏，亦不可以不畏人”，那么我们怎么解释这一句话呢？这里我们可以联想到《道德经》第十七章的“太上，下知有之；其次，亲之誉之；其次，畏之”，这里面第三等的领导者，是用高压管制，让人民害怕。那么，这种领导为什么要实行高压统治呢？就是因为他过分地追求自己的利益和地位，因为过分地追求自我，害怕遭到反对，所以就采取高压统治，哪里有压迫，哪里就有反抗。如果一个团队是靠高压来统治的，那么势必会遭到下属的反抗，从而导致统治的瓦解，所以这里老子提醒领导者，如果让下属有所畏惧，那么领导者也不可能不畏惧下属。我们可以这样理解，如果一个领导者总是用高压政策管制下属，其实是他内心的恐惧，这样的领导者应该回归本心，找到自己畏惧的原因，从而纠正自己的所作所为，通过改变自己，让自己的作为符合广大人民的利益，这样自然就不会畏惧人民的抵抗，人民不抵抗，自然就不会进行高压政策，从而进入一个良性循环的状态。

望兮其未央哉

王弼本是：“荒兮其未央哉。”帛书乙本中的望字，寓意一个人踮起脚尖，往远处眺望。央是尽头的意思。这里可以理解为有道的领导者的心胸是一望无际、看不到尽头的。心胸如此宽大，所以这样的领导者不会和下属有什么利益的纷争。

这一句话，我们不要总是牵强地去理解为得道的人，可以理解为老子对浩瀚宇宙的一种感慨之意。为什么如此说，承接前几句，唯之与呵，相去几何？善之与恶，相去何若？人之所畏，亦不可不畏人。这几句可以看出老子在辩证地分析赞誉和批评、善良与丑恶，互相畏惧双方的辩证互化关系，随后老子感叹一句：浩瀚的宇宙一望无际，看不到尽头，那些没有悟道的人却在这里为了一时的善恶美丑、荣誉得失耗费心神，相互倾轧。

众人熙熙，如享太牢，如春登台

太牢：古代祭祀的地方，以牛、羊、猪三牲具备为太牢，以示尊崇之意。熙：光明。这里一般解释为普通老百姓熙熙攘攘，像分享祭祀后的贡品那样高兴，像春天登上了高台游山玩水一样快乐。

下面从两个方面来理解：

第一种理解，是说那些没有悟道的领导者，自己走到了某个位置以后，自以为自己的形象非常高大光明（熙：光明），人们对他略加称赞或吹捧，他就认为自己好像是被人们祭祀供养的神一样，像春天登上浩大盛典高台上被人瞻仰一样。形容一般的领导人，很享受并迷恋自己的“光辉形象”，高高在上，享受人们供奉的惬意快乐。

第二种理解，不单指领导者，而是指所有的人，在“望兮其未央哉”的浩瀚的宇宙间熙熙攘攘，正如那句“天下熙熙，皆为利来；天下攘攘，皆为利往”。为了追逐名利，一旦有所收获的时候，人们对我们略加称赞或吹捧，自己就好像成为了那种被人们供养的神灵一样高兴，好像春天登上浩大盛典高台上被人瞻仰一样忘乎所以。

这里老子提醒我们不要太沉醉在这些虚妄的表象里，所有的一切同浩瀚的宇宙相比，都是过眼烟云，要做到沉静自己的心，不要迷失了本真。

我独泊兮其未兆，如婴儿之未咳

我这里代指悟道的人，不是老子标榜自己。那些悟道的人，总是非常地淡泊，不去追求浮华的名利，没有任何的名利痕迹（兆：事物发生前的征候或迹象），那种没有名利的心，好像还不会笑的婴儿一样纯净。（咳：hái，小儿笑也，小儿还小的时候，形容非常小、非常纯净的时候）

儽儽兮，若无所归

儽（léi）：疲惫、颓丧的样子。和平时取得了“成功”的人被前呼后拥，光鲜明亮的形象不同，那些悟道的人，是以众生的忧苦为心，所以我们总是看到他劳累的样子，好像永远没有自己可以安歇的归属。

正如《道德经》第四十九章所说的，“圣人恒无心，以百姓之心为心”，也就是说，有道之人总是没有自己的私心，而是以天下百姓共同的心愿作为自己的心愿，从而确定努力、前进的方向。所以他自己没有安稳的归属，总是以天下为公，鞠躬尽瘁。例如敬爱的周总理，你看不到他休息的时候，看到的总是那劳累的身影，永远走在为人民操劳的路上。所以说，有道之人不是无为，是更积极地为，只是他们的为，不是为了自己的私欲而为，不是为了完成自己的某个归属而为。

众人皆有余，而我独遗

余，饱足的意思；遗，读做 yí 的时候，有缺失的意思，如果读“wèi”，意思是给予、馈赠。

这一句帛书甲本里有“我独遗”，而乙本里是没有的，王弼本里是“而我独若遗”那么我们应该采取哪一个读音呢？下面分析一下：

如果采用王弼本，我感觉应该读 yí：①读做 yí 的时候更押韵，“众人皆有余，而我独若遗”是不是更押韵？②我们看这句话是说：常人的生活都是富足的、盈余的，而悟道的人的生活往往是有所欠缺的、清贫的。富足、盈余和缺失、欠缺是一对相反的意思，对仗工整，并且王弼在这里加了个“若”字，若的意思是看着好像是欠缺的，也就是物质上的，表象上是欠缺的，没有常人的物质丰富，地位不高，看似很缺失、很不成功，但是他们的精神是丰富的，所以说“若遗”，是常人对悟道人的评价和看法，悟道的人自己并不觉得自己缺少什么。③如果采用王弼本，就只能读 yí，为什么呢？就是因为在遗的前面加了个“若”字，如果读 wèi，就是给予、赠予的意思，再加个若字，就有了好像的意思，说悟道的人“好像”不断地为他人做奉献，“好像”不断地给予别人，这样解释是不是不太好呢？所以，如果采用王弼本，只能读 yí。

如果我们采用帛书甲本，因为甲本是“而我独遗”，因为没有了“若”字，则两种意思都能解得通，所以可以读 yí，作为欠缺、缺失来解释，也可以读 wèi，意思是给予、馈赠、赠予。

那么我把对这两种不同读音的解读给大家总结一下。如果我们读“yí”，解释是：普通人，通过不断地争取，都非常富足，而悟道的人却不像普通人那样富足，在财富、地位和名声上好像总是欠缺的。大家可以看一看悟道的人，比如老子、孔子、孟子、庄子、释迦摩尼……这些悟道的人，有几个是富可敌国的人？而那些没有悟道的贪官污吏却盛极一时，比如赵高、和珅、蔡京等。

如果我们读“wèi”，意思是给予、馈赠、赠予，那么我们可以这样来理解：常人通过不断地捞取，让自己获得了富足的财富、地位和一时的名声，而悟道的人，不同他人争功夺利，而是不断地付出，不断地给予别人、馈赠别人。

我愚人之心也哉！沌沌兮

悟道人的心好像愚钝一样，混混沌沌的样子。这一句，好像是对上一句的感慨：别人在世上都是争争抢抢的，名誉、地位、财富都如此的丰盛，而我像个愚钝的人一样，什么都没有，还不断地付出。

俗人昭昭，我独若昏。俗人察察，我独闷闷

昭昭：明亮的样子，明白事理。察察：分别辨析得非常清晰的样子。闷闷：浑浑噩噩的样子。常人是那么光鲜亮丽，功名利禄都收获颇丰的样子，而悟道的人却是暗而无光的模样；常人世事利害都能分别辨析得非常清晰，而悟道的人看着总是浑浑噩噩的样子。这里主要是阐述从表象上看悟道的人和一般人的区别，一般的人分别心很重，表面总是做到风光靓丽，而悟道的人没有强烈的分别心（分别心就是面对事物，我们总是去归类、去判断好与坏、美与丑等），有一种视万物为一体的混沌心，表面非常质朴。

沕兮其若海，望兮若无止

沕：（wù），《康熙字典》解释为深微貌。这个解释更符合大海的特征，故采取帛书乙本。深远的像大海一样，永远望不到边际。那么这一句又是形容什么的呢？有很多人说，是形容悟道人的心非常宽广，我感觉这一句应该是对应了“望兮其未央哉”，说的是宇宙之间，或者也可以理解为茫茫红尘，是老子的一句感慨，也可以是为了承接下文“众人皆有以，而我独顽似悝”，就是在深远如大海的红尘之中，在一望无际的茫茫宇宙之间，悟道人和别人的不同。有什么不同呢？看下一句：

众人皆有以，而我独顽以悝

王弼本是“而我独顽似鄙”，鄙，有粗俗的意思，而帛书乙本是“而我独顽以悝”。悝，忧伤，从行为、表情方面都有那种不受世俗教条约束的感觉，所以我们采用帛书乙本。把上一句“沕兮其若海，望兮若无止”解释为老子发出的感慨，那么承接上一句，我们可以这样来理解：在浩瀚的宇宙间，在茫茫的红尘中，众人都怀有自己的目的，而悟道的人却好像非常的愚钝、不受世间名利约束的样子。

我独异于人，而贵食母

食，我们以追求、运用来理解。母，指事物的根源，指大道。得道的人为什么总是和普通的人不一样呢？因为悟道的人不在乎表象的名利，而是去追求最根源的、最终极的大道。不追求自己能够得到什么结果，而是探究形成结果的原因，因此会做好应该做的事情，并不在意自己所获得的成果。

第二十一章

【帛书甲本（第六十五章）】

孔德之容唯道是從道之物唯望唯忽□□□呵中有象呵望呵忽呵中有物呵幽呵鳴呵中有請也其請甚真其中□□自今及古其名不去以順衆父吾何以知衆父之然以此

【帛书乙本（第六十五章）】

孔德之容唯道是從道之物唯朢唯忽忽呵朢呵中又象呵朢呵忽呵中有物呵幼呵冥呵亓中有請呵亓請甚真亓中有信自今及古亓名不去以順衆父吾何以知衆父之然也以此

【王弼本】

孔德之容，惟道是从。道之为物，惟恍惟惚。惚兮恍兮，其中有象；恍兮惚兮，其中有物。窈兮冥兮，其中有精；其精甚真，其中有信。自古及今，其名不去，以阅众甫。吾何以知众甫之状哉？以此。

【辩证本】

孔德之容，惟道是从。道之为物，惟望惟忽。忽兮望兮，其中有象；望兮忽兮，其中有物。幽兮冥兮，其中有精；其精甚真，其中有信。自今及古，其名不去，以顺众甫。吾何以知众甫之然哉？以此。

【辩证本通解】

美好的、通达的德的表现，就是遵循大道而运行。道是什么样子呢？道是那样辽阔而又空无。空无而又辽阔的道，其中却孕育出有形有象的物质；辽阔而又空无的道，其中却孕育出了万事万物。幽远而深奥的道蕴含着万事万物中最纯粹的精华，这种精华是万事万物的本真，这种本真包含着万事万物传承后世的亘古不变的信息。从现在推及到古代，推及到以前，道就伴随着万事万物，没有离开过，并且以道的原理调和万事万物的开始、生存、发展。我怎么知道万物的发展规律呢？就是遵循了道的这个原理啊。

【逐句解读】

孔德之容，惟道是从

孔在《说文解字》解释为：（孔）通也，通者达也，嘉美之也。这句话很多人把孔解释为大，大德也有广大之德，美好之德的意思，所以这里遵循《说文解字》的解释，“孔”有嘉美的意思，有通达的意思，即美好的、通达的德的表现，就是遵循大道而运行。这里就是给德下了一个定义。什么是德？德就是遵循大道来运行的行为方式，德是道在世间的具体表现，道是万事万物运行的那个无名无形的规律。

那么究竟什么是道？什么是德？可以这样来理解：道好像就是我们制定的那个法则，比如一个团队经过集体讨论，制订的一些规章制度，如果规章制度不被执行，也就是没有被流转，它就是一纸空文，没有任何作用。而什么是德呢？德就是这个规章制度开始在整个团队中运行流转的这个状态，就是人们按照这个规章制度去运作的状态。只是老子告诉我们这个大道，不是靠某些人去运作的，而是由德自然而然去运作的，我们只能被动地接受、顺从。

由此可见，为什么我们总是说道德，因为道和德是无法分开的，如果分开就没有了意义，道是法则，离开了德的运行，它就永远躺在那里，不能对万物起任何作用。而德是道运行的状态，是将法则运用于万物的整个过程。如果没有道，没有法则做基础，德运行什么呢？就好像一个领导告诉我们，我们今天一定好好执行，你没有制订出需要执行的规章制度，那么团队去执行什么呢？没有道的法则，那么所有的流转运行都是空洞的，没有意义的。

同理，你在天地间的行为规范符合了道的法则，那么你就是有德，悟道，就是感悟天道的运行法则，然后让自己的想法和行为能够顺应大道而已。

道之为物，惟望惟忽

望：有辽阔的边际的意思，《说文解字》解释（望）出亡在外，望其远也。忽：《康熙字典》解释，忽，又忽荒，空無著也。《賈誼·服賦》寥廓忽荒兮，與道翱翔。所以这一句可以这样理解：道是什么样子呢？道是那样的辽阔而又空无。

忽兮望兮，其中有象；望兮忽兮，其中有物

空无而又辽阔的道，经过德的运行，其中，孕育出有形有象的物质；辽阔而又空无的道，经过德的不断运行，其中，孕育出了万事万物。

我们理解的整个宇宙的形成，是从虚无到出现奇点（无限大的物质密度、无限大的压力、无限弯曲的时空，奇点是没有固定形状的、没有体积的不可思议的存在。作为一个宇宙的发生之初，它应该具有所有形成宇宙中所有物质的势能，而这种势能正是我们所言的能量，我们可以想象，能量是一种无形的东西的，所以奇点是无形的；在某一点上宇宙奇点的这一势能平衡被打破，于是偶然的，能量便不断转换为物质，而经过若干年而形成了我们的宇宙：物质与能量的共生体），然后奇点经过孕育、爆炸，形成了我们现今的宇宙。

我们可以想象一个种子的形成，一开始是什么都没有的，你会说是从花粉开始的，而在上一年冬天，花都是没有的，哪来的花粉？咱把一棵树想象成我们广袤的宇宙空间，一开始是没有构成花这个物资的，经过树木按照道的运行，慢慢凝结出构成花的第一个细胞（道生一），然后分裂出第二个、第三个，最后花儿出来了，花儿又分化出雄性的精子和卵细胞（一生二），二者结合，形成受精卵（二生三），受精卵继续发育，慢慢形成了一粒种子，种子在适宜的条件下生根发芽，生成一个完整的生命个体，进而孕育出成千上万个种子，然后万物生成（三生万物）。

幽兮冥兮，其中有精；其精甚真，其中有信

幽远而深奥的道啊，其中蕴含着万事万物中最纯粹的精华，这种精华是万事万物的本真，这种本真包含着万事万物传承后世的亘古不变的信息。

这里的精、真、信，就是道经过德的运行，根植于万事万物最深层的、不可改变的、永远传承下来的根本法则。虽然万事万物表象形体千姿百态，但是其中都有最根本的法则被传承下来，比如任何事物都有产生、发展和消亡的不可更改的规律，比如不同物种从古到今经过亿万年的传承依然保持不变的物种遗传基因等。

自今及古，其名不去，以顺众甫

自今及古：从现在推及到古代，推及到以前，道就伴随着万事万物，没有离开过，并且以道的原理调和万事万物的开始、生存、发展。（甫：甲骨文是一个田字上面一个禾苗的样子，寓意着万物的开始、生发，还有一个意思是中国古代对男子的美称，众甫，引申为众人，继而引申为众生，即万事万物。顺：顺从；顺应）

吾何以知众甫之然哉？以此

我怎么知道万物的发展规律呢？就是遵循了道的这个原理啊。

甫的甲骨文：

第二十二章

【帛书甲本（第六十七章）】

曲則金枉則定洼則盈敝則新少則得多則惑是以聲人執一以為天下牧不□視故明不自見故章不自伐故有功弗矜故能長夫唯不爭故莫能與之爭古

□□□□□□□語才誠全歸之

【帛书乙本（第六十七章）】

曲則全汪則正洼則盈敝則新少則得多則惑是以聖人執一以為天下牧不自視故章不自見也故明不自伐故有功弗矜故能長夫唯不爭故莫能與之爭古之所胃曲全者幾語才誠全歸之

【王弼本】

曲则全，枉则直，洼则盈，敝则新，少则得，多则惑。是以圣人抱一为天下式。不自见故明，不自是故彰，不自伐故有功，不自矜故长。夫唯不争，故天下莫能与之争。古之所谓曲则全者，岂虚言哉！诚全而归之。

【辩证本】

曲则全，枉则正，洼则盈，敝则新。少则得，多则惑。是以圣人执一以为天下牧。不自见故明，不自视故彰，不自伐故有功，不自矜故长。夫唯不争，故天下莫能与之争。古之所谓曲则全者，岂虚言哉！诚全而归之。

【辩证本通解】

柔弱而成就大局；绕开锋芒而成就完美；放低自我成就丰盈人生；摒弃旧念、破除故我成就新的人生；放弃繁杂，心有所专得到理想结果；拥有太多，则扰乱心性，让人迷惑；所以有道的领导者秉持道的原则来治理天下：不固执自己的见地，而是能够通达四方；不把目光局限在自身，最后却彰显于世间；不自我争斗、不主动争斗，从而立下恒久的功勋；不自我夸耀，能够谦虚行事，进而奠定恒久绵长的事业。只有不同他人争，别人也不能同你相争。古人所说的这种以柔弱而成就大局的事情，难道是不真实的言论吗？很多的事情的就是按照这样的原则，达到了全的境界啊。

【逐句解读】

曲则全

本句被很多人认为是委曲求全，从而被赋予了消极的意味，其实这里我们要领会到老子的那种大局意识，那种积极向上的精神。我们曲的是什么，保全的是什么？我们曲的是行为方式，保全的是志气所指，保全的是最终梦想的达成。我们应该明白，《道德经》是指导一个国家、团队及一个人一生的成长法则，是站在战略的角度出发的一本经典，不是术的层面上。很多时候，作为一个团队、一个国家会受到不同的委屈，智慧的领导者会忍辱负重，表面上委曲求全，实际上积蓄力量。

【事　例】

如商纣王将周文王囚禁在监狱达 7 年之久，并对他施以惨无人道的迫害和凌辱。纣王曾将周文王的长子伯邑考杀害，并将其尸体做成人肉饼，强令周文王吃下去。周文王忍辱负重，传承了伟大的经典《周易》，奠定了伟大的朝代——周朝。

曲则全，不是消极避世，而是避其锋芒，积蓄力量，如嫩芽避开瓦砾，曲折破土，沐浴雨露，傲然参天，拥抱骄阳。

枉则正

正，本身也有定的含义，正者，方直不曲谓之正，正本身就包含了直，并且比直含义更圆融，故取帛书乙本中的“正”字，方直不曲、合于法则的诸多含义。枉：弯曲，弯屈，引申为行为不合正道或违法曲断。那么这一句又是什么意思呢？为什么说弯曲的反而会成为正的？首先，这个和“曲则全”的道理相同，就是在战术的层面上和在局部，要绕开锋芒，最终成就战略上的、全局的完美。其次，很多时候，看着不是直达目标的作为，反而最终成就了目标：比如有些商人急功近利，搞出很多经营花样，甚至出卖人品，在产品质量上动手脚，在度量仪器上缺斤短两，短时间内达到获取暴利的目的，看似直达目的，但是最终害人害己，生意无法长久生存，甚至自己获得牢狱之灾。而有些企业家，以产品质量为根本，以客户满意为要求，短时间看利润不高，但是口碑逐渐好起来，事业却能长久，最终成就自己的企业，利润自然达成。

通过“曲则全，枉则正”这两句话，我们可以先体会一下《道德经》在第七十八章所说的那句“正言若反”的含义。

洼则盈

这一句字面意思是：当地处洼地时，池水才能充盈。那么对于指导我们的人生又有什么意义呢？“地低为海，人低为王”，这一句是提醒人们要从“洼则盈”这一句话里，领会到人低为王这样的境界，只有不自满、不自大、不抬高自己，人生才会有所收获，才能成就一个丰盈的人生。

这里和《道德经》第六十八章的那句“善用人者为之下”有相通之处，一个人如果有宽容的心、有谦卑的态度，能看到自己不足的地方，能够虚心地请教别人，能够放下虚荣真诚地请求别人的帮助，那么就会获得别人真心的帮助。

敝则新

这句话字面意思是一个事物破旧了才会产生出新的事物，俗话说的“破的不去，新的不来”。

这句话，可以从两个方面来理解：

第一，一个事物发展到一定阶段时，就会遵循新旧更替的自然规律。那么我们知道这样的规律，对我们的人生又有什么样的启示呢？新旧更替是自然存在的法则，是不可避免的趋势，应用一颗平常心来对待曾经随着时空的流转自然消失的美好，不纠结于过往；另外还可以从这个法则中知道，旧的事物过去了，自然会有新的事物代替，世界本就是这样在新旧更替中循环发展的。所以，我们要从对过去的留恋中走出来，看到现在以及未来的希望，也正是过去的破碎了，才有了新希望的萌发。所有的过去，都是为了更好明天的开始。“敝则新”告诉我们，没有消沉、没有后悔，有的是对新生事物的憧憬和向往，是再次积蓄力量奋勇前进！

第二，当一个制度、一个规则、一个梦想不能适应时代发展的时候，我们要勇于破除旧的制度，打破旧的樊笼，成就新的制度，开始新的征程。请记住这样一句话：“一个蛋从外打破是一顿美餐，从内打破是一个生命”，所以，过去无论多么美好，一旦成为我们的羁绊，就要勇于打破，而不是迷恋于过往，不舍得敲破曾经的梦，如果被人从外部敲破，那么，你也许就会成为别人的猎物。比如一个企业，无论你曾经多么的美好，但是随着时间的流转，你的制度、规划、创新等，如果不再适应时局的变化，就会被抛弃。

【事　例】

曾经的柯达胶卷记录了美国几代人的美好时光，盛极时，每天生产的胶卷长度可以从地球到月球打个来回，胶卷销售量占到美国市场的80%，占其他多个国家的70%，然而却在2012年1月19日正式宣布破产。在数码相机的冲击下，柯达没有快速自我更新，那么就被外界打破，曾经如此辉煌，不创新依然不能继续它的传奇。

少则得

少的什么？得的什么？可以从两个方面来理解这句话：

第一，少的是外在的名利富贵，得到的是内在修养的提高，自取甚少，获得则多。一个团队领导人，在功成后，退居后位，不取名利，自会得到众人爱戴，事业会从一个台阶走向一个新的台阶。

第二，不要苛求自己拥有太多的目标，认准一个方向，坚持不懈地努力前进，才能得到最后的成功，这样理解，就和下一句“多则惑”相呼应了。

这个道理很容易明白，一个人如果今天想做这个事情，刚刚开端，看着那个事情自己更喜欢，或者能取得更大的利益，就放弃原先的，开始新的目标，过几天，世事流转，又看到另一个目标更高大，又放弃原先的，开始新的目标，如此一来，他虽然整天忙忙碌碌的，到最后却是无所作为。所以，请记住：一个成功的人，不是一年做了多少事，而是一件事情坚持做了多少年！

所以我们在选择做一件事情的时候，可以这样思考：①这个事业是我们喜爱并且擅长的吗？②这个事业是不是有益于他人？③这个事业我愿意坚持十年以上吗？④这个事业是不是符合社会发展的趋势？

多则惑

过多的名利，则会扰乱心性，让人迷惑其中，过多的选择，会让人难以取舍，忘记了最初出发的目的。

是以圣人执一以为天下牧

王弼本中“是以圣人抱一为天下式”的“式”，而帛书乙本为：“是以圣人执一以为天下牧”，牧为治理的意思，比法的意思更贴切、更生动，故取帛书乙本。《道德经》里说：道生一，一生二。一即是道生万物之初始混沌状态。本句意思是：所以有道的领导者秉持道的原则来治理天下。那么什么是道的原则呢？那就是《道德经》里阐述的很多道的原理，如下面几个法则：

不自见故明

见，这里可以理解为见地，不自见，就是不固执地坚持自己的见地，而是能够通达四方，均衡更多人的智慧，只有这样，才能让自己更加智慧而通透，让自己的见解、决策更加通达无碍。

如果把见通现，不自见，解释为不自我标榜、不自我炫耀，自己脚踏实地地去做该做的事情而不去炫耀，自己的价值自然而然地会被人们发现和推崇。以上理解虽也有一定的道理，但是就和“不自视故彰”的意思有所重复，所以采取上边的解释比较好。

不自视故彰

王弼本为“不自是故彰”，“不自是”解释为不自以为是。帛书乙本为“不自视故彰”，视有看待，比照的意思，一个人不要总是看到自己的优点，看不到别人的长处，丧失了学习、进步的动力，就会慢慢的沉沦。因此，不要把目光总是局限在自我或者自己的小团队内部，而是要放开眼界，学习先进，做到合作共赢，有利于众生，大家共同的发展，共同走向繁荣，这样的团队或者个人，因为符合于大道，得到更多人的崇仰和追随，反而会自然而然地彰显于世间。

【事　例】

我国的“一带一路”倡议的就是希望通过我国国内成功的经验、技术以及发展模式，能为“丝绸之路”沿线国家带来新的发展机遇和思考，带动广大发展中国家一起发展，走共同富裕的道路。正是因为这样的倡议符合于大道，从而被越来越多的国家所认可。

不自伐故有功

伐，被多数人解释为夸，就是不自己夸耀自己，故有功。如果这样解释，就和下一句“不自矜故长”有所重复，故我们做另外的解释。

伐，最普遍的意思为征讨、战争，那么是不是可以从另外的角度来理解，就是说一个团队内，不自我制造矛盾，不自我去消耗、争斗，形成一个团结向上的整体，从而可以建立不朽的功勋。

我们还可以从另外一个层面来理解，那就是一个团队，不主动地去发动征讨、战争，如此国力就会持续强盛，从而立下恒久的功勋。

不自矜故长

矜有自尊、自大、自夸的意思，就是一个人能够做到不以为自己是高贵的，能够低调为人，不自我夸耀，能够谦虚行事，这样才能让自己和自己团队的事业恒久绵长。

当然这个长，我们还可以读作 zhǎng，所以也可以理解官长、领导者的意思，也就是说一个人能够做到不自我夸耀，能够谦虚行事，能同周围的人和物和谐相处，人们就会推崇他成为团队的首领。

夫唯不争，故天下莫能与之争

这句话是对上述论述做了一个总结，那就是作为一个悟道的人，不要同他人争夺名利、财富、地位，脚踏实地地做好自己该做的事情，自我实力的充裕，能力的自然彰显，这些外在的名利，不用去争取，会自然而然地归属于你。正是因为悟道的人不同任何人相争，别人也就无从同他争。

莫能与之争，我们可以这样来理解：

第一，悟道的人不同任何人争，那么我们常人同他争，他却没有争的意念，就好像我们的攻击总是击打在一片虚无之上，没有任何的回应，我们又怎么同他争呢？他就是一片虚无，我们也无从同他争，因为他没有受力的地方。

第二，正是因为悟道人的这种不争、谦卑、善利万物而不与之争的品行，使得万物归附，成就了悟道者的伟大，这种伟大使得没有人能够达到这种境界，从而没有办法同他相争。

这里有一点需要往深处思索一下，因为这一句会被很多人误解，认为悟道的人之所以不去争，原来是为了达到最后别人没有办法和他争的目的。如果这样理解，就很容易把悟道的人理解为其内心怀有强烈的目的性，原来所有的不争只是一个手段，“天下莫能与之争”成为目的。这样理解是不对的，这里的不争，是悟道的人根植于内心的信念，不是表面的不是虚伪的，而是脚踏实地地去做好每一件该做的事情，不去计较结果得失的，是发自内心的不争，是没有任何目的性的不争。那么“天下莫能与之争”又是怎么回事呢？这个不是悟道者内心的目的，而是悟道者通过不争的心态，一心一意地做好自己该做的事情以后，自然而然地达到的一种结果，这个结果不需要悟道者本人去期待，不需要去规划。就是最后达到了这个结果，也是我们常人眼中看到的一种结果，而悟道的人却从来没有注意到这种结果的到来，也从来不在意这种结果的发生。比如老子写下这本《道德经》，他只是写下来而已，他没有和任何经典著作一争高下的目的，写好以后，飘然而去，至于后来被我们评价为万经之王，老子也被无数人敬仰，这种结果的发生，老子在他开始写《道德经》的时候是没有这种目的的，而是自然而然形成的一个结果而已。

古之所谓曲则全者，岂虚言哉！诚全而归之

所以，古人所说的这种以柔弱而成就大局的事情，怎么会是不真实的言论呢？所有事物的发展，完全都是按照这样的原则而进行的，都完全归附于这样的规律。

这一句不仅仅是对曲则全一句话的总结，而是用这一句代表了“曲则全，枉则正，洼则盈，敝则新，少则得，多则惑”等这些所有的法则，老子在本章最后再次告诉我们，不要认为这些法则是虚假的言论，其实都是真理，世间万物的发展规律，都完全是按照这样的规律来发展的。

第二十三章

【帛书甲本（第六十八章）】

飄風不冬朝暴雨不冬日孰為此天地□□□□□□於□□故從事而道者同於道德者同於德者者同於失同德□道亦德之同於失者道亦失之。

【帛书乙本（第六十八章）】

剽風不冬朝暴雨不冬日孰為此天地而弗能久有兄於人乎故從事而道者

同於道德者同於德失者同於失同於德者道亦德之同於失者道亦失之

【王弼本】

希言自然。飘风不终朝，骤雨不终日。孰为此者？天地。天地尚不能久，而况于人乎？故从事于道者，道者同于道，德者同于德，失者同于失。同于道者，道亦乐得之；同于德者，德亦乐得之；同于失者，失亦乐得之。信不足焉，有不信焉。

【辩证本】

飘风不终朝，暴雨不终日。孰为此？天地而弗能久，又况于人乎？故从事而道者同于道，德者同于德，失者同于失。同于德者，道亦德之；同于失者，道亦失之。

【辩证本通解】

狂风不能肆虐一早上，暴雨不能倾盆一整天，这是什么原因呢？风雨为天地的一种表象，尚不能长久，何况于人呢？因此，行事能符合于道的，道就会伴你左右，使你诸事亨通，符合于德者，德会伴随你左右，使你事事顺利；违背了道而行事者，道就会离你而去，你就会走向失败。按照德来做事，甘于付出，施恩于人，道就会按照法则，给他恩惠；不按照道行事，做有失道德的事，道就会离他而去，让他不断地失去。

【逐句解读】

希言自然

本句在帛书甲乙本里是没有的，也许是王弼为了本章的开始显得不那么突兀，根据本章的思想加了一句，我们也解读一下：希，少也；希言，犹寡言也。这里的自然，我们不应该理解为大自然，而是自然而然的规律。以言为贵，少于雄辩是合乎道的，这里我们也可以理解为管理者少发号施令是符合于道的原则的。老子用“飘风不终朝，暴雨不终日”的例子说明，这种不符合常理的行为是不符合道的，因此不能长久存在。

飘风不终朝，暴雨不终日。孰为此

飘风：暴风、狂风。帛书甲乙本的“冬”为假借字“终”。本句字面意思：狂风不能肆虐一早上，暴雨不能倾盆一整天，这是什么原因呢？王弼本后面有“天地”二字，应该是王弼见后文“天地而弗能久”，故为了承接下文，添加了天地二字。其实老子没有给出具体答案。孰为此？暗含的答案应该是道，而不是天地，这种过度猛烈的事物是不能长久存在的，这符合于道的原理。

老子为什么用狂风和暴雨来作比喻？因为狂风和暴雨寓意了那种过于猛烈的现象，过于猛烈就不符合于大道，而不符合大道的现象就会不持久，就会早早地消亡，这里就是老子给领导者的提醒，治理国家或团队，应该符合于大道，做到润物细无声的境界。历史上很多喜欢征战的君王都不会太持久，最终走向失败甚至灭亡，比如曾经横行一时的希特勒，等待他的最终是失败和灭亡；很多盛极一时的王朝，感觉国力充裕，就会滋生征伐之心，最后消耗了国力，从盛世走向衰败。

天地而弗能久，又况于人乎

风雨为天地的一种表象，在古人看来，人世间天地为最大、最恒久的存在，这种最大、最恒久的存在所表现出来的现象，当不符合于大道的时候尚不能长久，何况于人呢？

故从事而道者同于道，德者同于德，失者同于失

因为暴风雨过于猛烈而不符合于道，因此不能持久，从这个道理来看，如果人在行事的时候能够从中吸取教训，不违背大道而过分刚强，做事能够符合于大道，那么你的行事轨迹、前进的方向就能够按照道的趋势而一路前行，道就会伴你左右，你就会感觉顺风顺水，轻松自如。如果你行事的轨迹是按照德运行的轨迹去运行，则德会伴随你左右，你处理事情的时候，就会游刃有余，十分顺手。如果你不能从“飘风不终朝，暴雨不终日”这样的事例中得到教训，一意孤行，总是做一些不符合于道，甚至是背道逆行的事情，那么你就是所谓的“失者”，就是失去了道的人，你的所作所为就会因为背离大道而遭到众生的唾弃，那么伴随你左右的就会是不断的令你失去亲友、失去帮助、失去成功。

这句话可以从我们个人的具体生活环境来理解：一个人如果平时注重

自己的修为，做事能够按照道的法则做到无我利他，那么周围的人受到你的影响，也会慢慢地遵守道的法则行事。按照道的法则行事，就是有德，如此一来，你周围就会是一个充满了有道、有德人的团体，爱出者爱返，你对他人付出了善意，别人也就会反馈你善念，也就是说，你有道、有德，周围环绕你的，也都是有道、有德的人和事；反之，你如果总是背离大道，什么事情都要争来争去，欲望无限膨胀，自私贪婪，那么你身边的人为了保护自己的利益，也只好对你有所戒备，甚至动用各种手段同你进行争夺。因此，一旦你失去了道，你身边的人为了生存，有时候不得不同你针锋相对，同样用违背道的行为方式反馈于你。因此，儒家有一句话是这样说的："行有不得，反求诸己"，也是这个道理。别人周围是那样的和谐，而为什么你身边荆棘密布？同样的环境，别人顺风顺水，你却步步惊心？这时候就要反过头来，想想自己的所作所为。

同于德者，道亦德之；同于失者，道亦失之

一人的行为能够遵循道的法则行事，也就是同于德来做事，那么道也会按照它的法则，使你的人生之路按照道的法则去运转，有所成就和收获，德者，得也。有德的人必有所得。一个人不按照道行事，总是做一些违背道的事情，那么道就会离他而去，他的人生轨迹将会出现诸多的无常，看似应该顺理成章的事情，却会出现很多意外的变故，本该拥有的东西，却在不断地失去，比如失去朋友、亲人的帮助，失去本可以成功的事业，甚至失去生命。这里还是符合老子所说的"反者道之动"，你如何修为，道就反馈你什么，你顺道而行，道就伴你左右，你就会左右逢源，你逆道而行，道反馈你的就是诸多的不顺，终究会坎坷不平。

这句话可以用通俗的语言来理解，就是你怎么对待道，道就怎么对待你，你顺道而为，就如同顺水行舟，顺利地到达理想的彼岸；你逆道而行，就如同逆水行舟，一路会遇到无数的风浪险阻，甚至舟毁人亡。因此我们为什么要学习《道德经》？就是要懂得什么是符合于大道，然后按照大道行事，以此让我们的人生更加顺畅，让我们的生活更加有意义，而不是在懵懵懂懂中做一些背道而驰的事情：为官成了贪官，经商成了奸商，做人成了小人。

【事　例】

历史上有名的文景之治：汉初，社会经济衰弱，朝廷推崇黄老治术，采取“轻徭薄赋”“与民休息”的政策。汉文帝二年和十二年分别两次“除田租税之半”，文帝十三年，还全免田租。同时，对周边敌对国家也不轻易出兵，维持和平，以免耗损国力。汉文帝生活十分节俭。汉文帝、汉景帝还非常重视农业，鼓励农民生产，奖励努力耕作的农民。

社会比较安定，百姓富裕起来。创造了封建社会的第一个盛世。

从这里可以看出，文帝、景帝的作为符合于道的“治人事天莫若啬”。就是懂得珍惜民力；自己节俭，不过欲；不同别国交战，做到“为而不争”，以社稷为重，做到了“君子终日行不离辎重”等等道的法则。正是汉文帝、汉景帝这些作为符合于道，道也成就了他们的事业。

而夏王朝的末代君主夏桀，他文才出众，武艺超群，赤手空拳可以格杀虎豹，能把铁钩像拉面条一样随意弯曲拉直，如此文韬武略的男人应该有能力成为一个英明的君王，但他荒淫无度，暴虐无道。根据《竹书纪年》记载，夏桀“筑倾宫、饰瑶台、作琼室、立玉门”。他为政残暴，破坏农业生产，对外滥施征伐，勒索小邦；从各地搜寻美女，藏于后宫，日夜与妺喜及宫女饮酒作乐。据说酒池修造得很大，可以航船，醉而溺死的事情时常发生。

夏桀重用佞臣，排斥忠良，他认为他的统治永远不会灭亡。他说：“天上有太阳，正像我有百姓一样，太阳会灭亡吗？太阳灭亡，我才会灭亡。”夏桀因为荒淫无度日益失去人心，弄得众叛亲离。后来夏桀同商汤交战于鸣条（今山西省运城市北），夏军将士原来就不愿为夏桀卖命，趁机纷纷逃散，夏桀战败，夏朝灭亡。

可以看出，夏桀的作为同文帝、景帝的作为完全不同，欲望滋生，不断地征讨，高傲自大，不以社稷为重，完全的背道而驰，虽然个人文武双全，终免不了走向灭亡。

第二十四章

【帛书甲本（第六十六章）】

炊者不立自視不章□見者不明自伐者無功自矜者不長其在道曰餘食贅行物或惡之故有欲者□居

【帛书乙本（第六十六章）】

炊者不立自視者不章自見者不明自伐者無功自矜者不長亓在道也曰餘食贅行物或亞之故有欲者弗居

【王弼本】

企者不立，跨者不行。自见者不明，自是者不彰，自伐者无功，自矜者不长。其在道也，曰余食赘行。物或恶之，故有道者不处。

【辩证本】

企者不立，跨者不行。自见者不明，自视者不彰，自伐者无功，自矜者不长。其在道也，曰余食赘行。物或恶之，故有道者不处。

【辩证本通解】

踮起脚尖，是不会长久站立的；大跨步的前行，是不能长久坚持的；固执地坚持自己的见地就不能达到通达无碍；目光短浅，只看自身得失的人是不会建立显著功德的；团队内部出现争执或者主动挑起争执的人是不会走向成功的；自我夸耀的人是不能建立长久的基业的；自见、自视、自伐、自矜是不符合于道的行为，是不妥当的行为，人或物都会厌恶，所以，通达于道的人，是不会做这种事情的。

【逐句解读】

企者不立，跨者不行

企，踮着脚看，今有为盼望的意思：企盼、企足而待、企及（盼望达到，希望赶上）、企图（图谋）。跨，这里解释为大步的前行。企者不立的字面意思是：如果一个人踮起脚尖，那么他是不可能长时间站立的。一个人为什么要踮起脚尖呢？可能有两个常见的原因：一是为了显示自己比别人高，所以就踮起脚尖，比如小孩子比高低的时候；二是因为想达到什么样的目的，比如我们在很多人围观的地方想看清一些，因为自己个子矮，就踮起脚尖，为了让自己更高一些。

跨者不行的意思是一个人为了追求速度快，大跨步地前进，但是这种行走方式是不能长久的。一个人大跨步前进常见的原因也有两种：一个是为了显示比别人走得快；另一个是为了快速地达到某种目的。

从这里我们可以领悟到什么样的智慧呢？针对这两种引起我们踮起脚尖和大跨步的原因，我们可以知道：

第一种，就是为了彰显自己比别人更强，所以在自己能力还没有达到的时候彰显自我，外表彰显得非常强大，而内部非常的空虚，这样的人或者团队，是不可能长久的，正如《道德经》第三十章结尾说的："物壮则老，是谓不道，不道早已"因为过度地追求强盛，就会消耗过多的精力，表面看似强大，其实内部空虚，就会早早地走向灭亡。

第二种原因，是因为想达到某种目的，而超越自己的能力强而为之，这就是"有为"，强烈地为了达到某种目的，不顾自身条件的欠缺，做一些超出自己能力的事情，以至于耗空了自身的基础，毁伤了根基，反而会带来更大的伤害。拔苗助长的故事，其实也是这个道理。

自见者不明

见，这里我们可以理解为见地，自见，就是固执地坚持自己的见地，不能做到均衡更多人的智慧，不能认可更多事情的发展规律，丧失了很多修正自己的机会，从而让自己及自己的见解、决策、智慧不能达到通达无碍。

自视者不彰

王弼本为“自是者不彰”，自是解释为自以为是。帛书甲乙本均为自视者不章（通彰），视有看待，比照的意思，一个人如果总是只看到自己的优点，看不到别人的长处，丧失了学习、进步的动力，就会慢慢地沉沦，就会把目光总是局限在自我或者自己的小团队内部，格局就会很小，最终走向失败。目光短浅，只看自身得失的人，是不会建立显著功德的。

自伐者无功

伐，最普遍的意思为征讨、战争。那么我们是不是可以从另外的角度来理解？就是说一个团队内，如果总是自我制造矛盾，自我去消耗、争斗，不能形成一个团结向上的整体，那么就不可能建立不朽的功勋。再从另一个层面来理解，那就是一个团队、一个国家，总是主动地去发动征讨、战争，如此国力就会迅速地被消耗，最后免不了走向衰落直至灭亡。

自矜者不长

矜有自尊、自大、自夸的意思，就是一个人总是以为自己是高贵的，是不可一世的，总是高高在上。于是就不能够低调为人，不再谦虚行事，不能虚心地接受别人的建议，这样的人别人都会敬而远之的，于是自己的事业、自己领导的团队，就不会行之太远，早早地就会消亡。

“自见者不明，自视者不彰，自伐者无功，自矜者不长”这几句话和《道德经》二十二章“不自见故明，不自视故彰，不自伐故有功，不自矜故长。”意思是相通的。

其在道也，曰余食赘行。物或恶之，故有道者不处

余食赘行，通常解释为吃剩的食物，身上的赘疣，比喻遭人讨厌的东西。赘（zhuì），《康熙字典》解释为“行不当也”，所以这句话我们可以解释为：这种自见、自视、自伐、自矜的行为用道的标准来看是不符合于道的行为，是不妥当的行为。物或恶之，故有道者不处，如果我们非要解释这个“物”字，我们可以理解为客观存在的世界，除了自身以外的人或物，也就是说，这种自见、自视、自伐、自矜的行为，除了自身以外的人或物都可能会厌恶的，所以，通达于道的人，是不会做这种事情的。

第二十五章

【帛书甲本（第六十九章）】

有物昆成先天地生繡呵繆呵獨立□□□可以為天地母吾未知其名字之曰道吾強為之名曰大□曰筮筮曰□□□□□□天大地大王亦大國中有四大而王居一焉人法地□法□□法□□法□□

【帛书乙本（第六十九章）】

有物昆成先天地生蕭呵漻呵獨立而不改可以為天地母吾未知亓名也字之曰道吾強為之名曰大大曰筮筮曰遠遠曰反道大天大地大王亦大國中有四大而王居一焉人法地地法天天法道道法自然

【王弼本】

有物混成，先天地生。寂兮寥兮，独立而不改，周行而不殆，可以为天下母。吾不知其名，字之曰道，强为之名，曰大。大曰逝，逝曰远，远曰反。故道大，天大，地大，王亦大。域中有四大，而王居其一焉。人法地，地法天，天法道，道法自然。

【辩证本】

有物昆成，先天地生。萧呵漻呵，独立而不改，可以为天地母。吾不知其名，字之曰道，强为之名，曰大。大曰筮，筮曰远，远曰反。故道大，天大，地大，王亦大。域中有四大，而王居其一焉。人法地，地法天，天法道，道法自然。

【辩证本通解】

有一个事物早早地生成，先于天地。这个早于天地而生的事物静寂而深远，一直就那样存在着，可以说是她孕育了宇宙万物。这个先天地而生的事物，我不知道它叫什么名字，我就给它取个名字叫作“道”，又强称它为“大”。大，也可以说是道的法则，作为神圣的存在，它可以推演出每个事物产生和发展的征兆，继而推演出它发展至极盛的状态，以及其伸展到最辽远的境界，然后再次返回、收缩，又回归到原点的过程。这种可以推演的周而复始的过程，这就是所谓的大。道本身是遵循于这种普遍的法则的，天也是遵循于这种普遍的法则的，地也是遵循于这种普遍的法则的，悟道的人也是遵循于这种普遍的法则的。宇宙空间之中，有四种按照“大”的规律来运行的事物，而悟道的人是其中一种。人通过观察、参悟，然后取法于身边事物的运行之道，身边万物的运行规律取法于无限的宇宙空间，宇宙的运行法则来源于道，而道取法于谁呢？道的规律本来就是自然而然存在的。

【逐句解读】

有物昆成，先天地生

王弼本为“有物混成，先天地生”。帛书甲乙本为“有物昆成，先天地生”，诗经里有句诗为“终远兄弟，谓他人昆”。这个昆的意思就是兄的意思，古代称兄弟又称“昆仲”，昆就是兄、哥哥的意思，哥哥就是出生早的那个，所以说这句话就很容易理解了，即一个事物昆成，就是早早地生成，先于天地。

萧呵漻呵，独立而不改，可以为天地母

萧：冷落，荒凉；漻：寂漻，高远貌。这个早于天地而生的事物静寂而深远，一直就那样存在着，可以说是它孕育了宇宙万物。这里的天地，我们不要局限于咱们的这个世界，而是要放眼整个浩瀚的宇宙。

吾不知其名，字之曰道，强为之名，曰大

这个先天地而生的事物，我不知道它叫什么名字（在人类语言诞生之前，当然是没有名字的），我就给它取个名字叫作“道”，勉强命名它为“大”。大，表示的还是道的法则。

大曰筮，筮曰远，远曰反

王弼本为“大曰逝，逝曰远，远曰反”，逝有去、往、远去的意思，这和后面的“逝曰远”的远含义重复，而帛书甲乙本，均为“大曰筮，筮曰远，远曰反”，所以，我们采用“筮”这个字来解读这一句话，“筮”最基本的意思是古代用蓍（shī）草占卦：“龟为卜，策为筮”，策为占卜用的蓍草。占卜有推演的过程，也有征兆的意味。古代人们认为，经过神圣的求卜过程，那些自然物也就获得了神圣的象征意义，它们呈现出来的形状不是人为的结果，而是神灵和上苍的赋予，是神灵的启示或告诫。所以，我们可以感觉到这个“筮”字蕴含了三层含义：一是有征兆性；二是可以根据道的法则去推演；三是非常的神圣。另外，这里的“大”，我们不理解为大小的大，老子说了“强为之名，曰大”，也就是说，他把道的法则命名为大，我们也可以理解为道的法则普遍存在的意思。远，可以理解为是事物发展到最强盛的状态，反通返，有返回，也有循环的意思。

所以这句话我们这样理解：大，也可以说是道的法则，作为神圣的存在，它可以推演出每个事物产生和发展的征兆，继而推演出它发展至极盛的状态，以及其伸展到最辽远的境界，然后再次返回、收缩，又回归到原点的过程。这种可以推演的周而复始的过程，就是所谓的大。

故道大，天大，地大，王亦大

这种可以推演的周而复始的普遍存在的法则，就是所谓的“大”，这里的大，我们不理解为大小，而是理解为道的法则。道本身是遵循于这种普遍的法则的，天也是遵循于这种普遍的法则的，地也是遵循于这种普遍的法则的，悟道的人也是遵循于这种普遍的法则的。这里的王，我们理解为悟道者，而不是理解为领导者，一个昏庸无道的领导者怎么可以称为王呢？王者，三横为天地人三才，中间一竖“丨”读作“gǔn”，意思为上下贯通。所以通达天地人三才者为王，故王，在这里我们理解为通天贯地的悟道者。

域中有四大，而王居其一焉

宇宙空间之中，有四种按照“大”的规律来运行的事物，而悟道的人是其中一个。

人法地，地法天，天法道，道法自然

人是怎么由普通的人成为王者，成为悟道的王者呢？是因为人通过观察、参悟，然后取法于身边事物的运行之道，身边万物的运行规律取法于无限的宇宙空间，宇宙的运行法则，来源于道，而道取法于谁呢？道的规律本来就是自然而然存在的。

这里很抽象，我们可以这样理解，作为宇宙间非常渺小的人，怎么感悟大道呢？那就从我们身边的万事万物来感知。这里的“地”，我们不一定就是理解为大地，而是在我们力所能及的空间之内，相当于格物致知，通过参悟身边的人和事，身边万物的发展规律来参悟大道运行的法则。那么我们从身边事物的运行规律可以感悟到大道吗？肯定是可以的，为什么呢？因为老子说了，我们身边所有事物发展的这些最基本的规律来源于更遥远的、更大的空间，来源于整个宇宙。“天”我们不理解为天空，而是整个宇宙空间，整个宇宙的这些发展规律都来源于自然而然存在的大道。也就是说，我们能够感悟到的这些身边事物的发展规律是一脉相承的，完全符合于自然而然的大道，因此大道是完全可以从我们身边来认知和感悟的。

第二十六章

【帛书甲本（第七十章）】

□為巠根清為躁君是以君子衆日行不離其甾重唯有環官燕處□□若若何萬乘之王而以身巠於天下巠則失本躁則失君

【帛书乙本（第七十章）】

重為輕根静為躁君是以君子冬日行不遠亓甾重雖有環官燕處則昭若若何萬乘之王而以身輕於天下輕則失本躁則失君

【王弼本】

重为轻根，静为躁君。是以圣人终日行不离辎重。虽有荣观，燕处超然。奈何万乘之主，而以身轻天下？轻则失本，躁则失君。

【辩证本】

重为轻根，清为躁君。是以君子终日行不离辎重。唯有环官，燕处则昭若。若何万乘之主，而以身轻天下？轻则失本，躁则失君。

【辩证本通解】

厚重是轻率的根本，清静是浮躁的主宰。悟道的人，在任何时候行事，都不会抛弃稳重的作风，不会偏离自己的根基，会时刻做好最充分的准备。只有设立了优秀的环官，来时刻监察着周围的敌情，君王才可以安闲、超然地行走在世间。作为大国的国君怎能因为自身的利益和荣耀，而忽视了天下的根本呢？如果忽视了根基，就会丧失了根本；怀着一颗躁动的心去行事，就会失去掌控事情发展的能力。

【逐句解读】

重为轻根，清为躁君

君也者，掌令者也。厚重是轻率的根本，清静是浮躁的主宰。这里的“重”指的是能代表江山社稷的“国宝重器”，因为这上面凝聚着国家的历史文化和民族精神，与“君王”的个人身价比较，“君王”当然只能算是“轻”了，所以说“重为轻根”。这里有提醒君王以国家为重的意思。作为团队领导人也是一样，要以团队建设为重，以个人名利为轻。王弼本里是静为躁君，帛书甲本为清为躁君，采取帛书甲本，因为清的含义更为宽泛，清本身就包含了静的含义，并且清有内心清明的含义，有纯洁等诸多含义，故采用清为躁君，清不代表不行动，而是能内心清明地去行事，不是躁动、妄动，清是内心的一种通达状态，而不仅仅是静观其变。

是以圣人终日行不离辎重

辎重：军事上指跟随作战部队行动，并对作战部队提供后勤补给、保养等勤务支援的必要人员、装备与车辆。由辎重的本意我们可以看出，辎重就是为军队做出有效的攻击或防御而进行的必要准备。老子在这里是一种比喻的手段，而不是圣人每天行走都要带着大量的军事装备和物质，所以这句话可以这样理解：悟道的人，在任何时候行事，都不会抛弃稳重的作风，都会时刻做好最充分的准备。另外应该还有一种寓意，悟道的人不会离开自己的根基，而去追求那些浮光掠影的名利，自己内心要懂得哪些是自己的立身之本。比如汉武帝，为了追求自身的盛名，不断征讨，成就了一世英名，但是国力被消耗太多，汉朝从此走向了下坡路，人们生活水平下降，到了晚年，汉武帝认识到自己的过失，写下了《罪己诏》。

唯有环官，燕处则昭若

燕：古同“宴”，安闲，安乐。昭：明亮的意思。昭若，可以理解为放心、大方地在世间行走，而没有危险。

这一句和王弼本的解释有不同之处，王弼本原文为“虽有荣观，燕处超然”，通解为：虽然身处华美的宫殿、尊贵的地位，依然保持着平和朴实的心境闲淡处之。这里荣观一般解释为豪华的宫殿，比喻居所华美。但是，如果这一句这样解释，在这一章里面的意思就有点上下不衔接。本章中心思想为有道之人做事要看重根基，能稳重行事，能有所准备的行事，刚刚说了“圣人终日行不离辎重”，突然来这么一句，感觉不太通顺，综合帛书甲乙本，原文应是“唯有环官，燕处则昭若”，唯，是只有的意思，环，在《康熙字典》里解释为官名。《左传·文元年》且掌环列之尹。《注》宫卫之官。《周礼·夏官》环人掌致师，察军慝（tè，奸邪，邪恶），环四方之故。《注》巡察内外，若环之相循不穷。致师，谓犯敌以诱其出。军慝，谓敌怀诈潜入我师也。四方有兵戎之故，则环绕而巡之。帛书甲乙本均是环官，可以看出，《道德经》原文应该为环官，环官的责任就是发现自己军队里潜入的敌人，故帛书甲乙本在这里更能呼应上文，我们可以这样来理解：只有设立了优秀的环官，来时刻监察周围的敌情，君王才可以安闲、超然地行走在世间。这里的环官，我们可以想到是：他不仅保卫君主的安全，更应该保卫整个国家、整个团队的安全。

结合上一句，可以看出，老子告诉我们，不仅要重视根本的建设，更要保卫国家安全，建设与保卫同样重要。我们可以看出所有的超然，必然来源于平时更多努力的准备。这种超然，不是无源之水，无本之木。

若何万乘之主，而以身轻天下？轻则失本，躁则失君

万乘之主，寓意大国的国君。这一句可以这样理解：作为大国的国君怎能因为自身的利益和荣耀，而忽视了天下的根本呢？这一句就是总结上

面几句的论断，作为领导者，要以自己的团队、自己的事业为根基，不能因为自身的名利，而伤害了根本，如果伤害了根本，会带来什么样的结果呢？那就是“轻则失本，躁则失君”，因为你看轻了你的根基，那么随着根基的流失，丧失了根本，团队就会轰然倒塌，个人的荣耀也会随之烟消云散。如果一个人没有清静的心去判断世界，而是怀着一颗躁动的、妄动的心去行事，那么就会失去掌控事情发展的能力，从而走向失败。

第二十七章

【帛书甲本（第七十一章）】

善行者無徹跡□言者無瑕適善數者不以檮策善閉者無關籥而不可啟也善結者□□約而不可解也是以聲人恒善救人而無棄人物無棄財是胃申明故善□□□之師不善人善人之齎也不貴其師不愛其齎唯知乎大眯是胃眇要

【帛书乙本（第七十一章）】

善行者無達跡善言者無瑕適善數者不用籌策善閉者無關籥而不可啟也善結者無纆約而不可解也是以聖人恒善救人而無棄人物無棄財是胃曳明故善人善人之師不善人善人之資也不貴亓師不愛亓資雖知乎大迷是胃眇要

【王弼本】

善行无辙迹，善言无瑕谪，善数不用筹策。善闭，无关楗而不可开；善结，无绳约而不可解。是以圣人常善救人，故无弃人；常善救物，故无弃物，是谓袭明。故善人者，不善人之师；不善人者，善人之资。不贵其师，不爱其资，虽智大迷，是谓要妙。

【辩证本】

善行者无辙迹，善言者无瑕谪，善数者不用筹策。善闭者无关楗而不可启；善结者无绳约而不可解。是以圣人恒善救人，而无弃人；物无弃财，是谓申明。故善人，善，人之师；不善人，善，人之资也。不贵其师，不爱其资，虽智大迷，是谓眇要。

【辩证本通解】

善于行事的人，总会不着痕迹地把事情圆满地完成，善于表达的人，不会留下过失和缺点。善于计算的人不需要计算工具。善于锁门的人，不使用门栓，别人也打不开。善于打结的人，不需要绳索，别人也解不开。因此，悟道的人善于发现人的优点，所以没有被抛弃的人，善于运用各种事物，所以没有被抛弃的事物，这正是道所展现出来的智慧。因此，已经悟道的人的善，使他可以成为常人的师表；那些还没有悟道的常人的作用，是可以成为人们借鉴的资本。如果一个人，不懂得看重那些有道的人，也不懂得从常人的错误中吸取借鉴的资本，那么这样的人虽然看起来是聪明的，其实已经进入了迷途，这就是这样的人目光短浅最重要的原因。

【逐句解读】

本章王弼本把语句里的“者”都给去掉了，直接把人更改成了行为，我们采用帛书甲乙本，把“者”字全部添加进去，从而可以看出，那些“无辙迹、无瑕璃”等现象并不是行为的表现，而是悟道人自身修养的体现。

善行者无辙迹

这里的行，我们并不理解为行走，而是行为、德行、行事。

善于行事的人，总是悄无声息的、早早地谋划某件事情，并经营着，在不知不觉中事情已经圆满完成。而不是像有些雷声大雨点小的人，搞得满城风雨，到头来一事无成。

如一棵大树一样，你听不到它的喧闹声，看不到它的绚烂绽放，待到树荫遮阳，蓦然昂首，你才发现，它已经挺立在这个世界很久很久。

另外，这一句话还可以理解为：悟道的人，做善行的时候不会大张旗鼓，不会唯恐旁人不知，而是会悄悄地做好自己该做的事情，不会因为自己做了善事，而有一种施恩于人的感觉，让人心中天天有一种过意不去的感觉。

【事　例】

比如，在一个村里，有一家祖母领着一个小娃，祖母负责打扫村里的卫生，过得很是艰苦，于是好心的人就会无声无响地帮助她们。有个卖豆腐的老人，每次经过她们门口，总会拿出一两块碎了的豆腐以卖不掉为理由送给她们，邻居们总会以饭吃不完为理由让孩子吃……这些帮助，都是在无声无息中进行的，没有镜头、没有鲜花，却滋润着老人和孩子的心。老人也不刻意地去感谢，只会在打扫卫生的时候，不声不响地帮人们把垃圾收走，帮人们把杂草锄掉。这些无声的温暖，胜过那种在镜头前大张旗鼓去做一些表面文章的事情千百倍。真正的善行，是不露声色的，也不是自己故意去彰显的，而是被人们感觉到的、观察到的。

善言者无瑕谪

瑕谪：玉上面的斑点，比喻缺点或过失。比喻善于表达的人，在和别人交流的时候，不会留下过失和缺点。

这里的善于表达，并不是说善于运用语言技巧、善于花言巧语的人，而是表示悟道的人在说话的时候，会周详地考虑到各个方面的感受，不会以自我为中心，因此他说的话会顾及到更多人、物的处境，因此不会伤害到他人，因此没有过失和缺点。

善数者不用筹策

筹策，是古代计算用的工具。善于计算的人不需要计算工具。

数，计也。计，计谋，谋划。所以，这里的数，我们可以引申为谋划、推演。善于推演事态运行的人，不需要借助外在的工具，因为道的法则了然于胸，按照道的法则就可以推演出事情发展的趋势和结局。

善闭者，无关楗而不可开

楗：竖插在门闩上使闩拨不开的木棍。善于锁门的人，不使用门闩，别人也打不开。形容做事周密的人，不会留下破绽。

善结者，无绳约而不可解

善于打结的人，不需要用绳索绕来绕去，别人也解不开。

比如大地的门锁在哪里？而我们想要脱离大地却是很难的。太阳系的行星亿万年来却一直围绕着太阳在旋转，不能脱开。这里我们可以想到，作为团队领导者，不要总是想着用硬性的规章制度去约束人才，防止其流失，而是要有良好的企业文化和工作氛围，吸引更多的人留在优秀的企业里。

从老子上述所说的，我们可以看到，老子在重点阐述事情圆满完成的结果，这种结果的产生，都是在悄然的、不露声色的境界中，自然而然地达到的，没有踪迹可寻，没有表象的制约，整个事情圆融而通达。

这五种“善”，看似是不可能的情形，而道都通过自己的运行在不断地完成。悟道的人也可以从道的这种运行法则中，参悟道的规律，通过自己的感悟和努力，那么看似不好完成的事情，也能完成。

是以圣人恒善救人，而无弃人；物无弃财，是谓申明

这里，老子用了一个“救”字，救是什么意思呢？就是被一般人看不到其价值而放弃的人或物，而有道之人，能看到每个人和每个事物的优点，从而重新地让这些人和事焕发出他们应有的光彩。因此，能够按照道的规律来行事的人，善于使用各种人才，会把每一个人放在每一个合适的位置上，所以没有被抛弃的人；善于使用各种事物，会利用每一个事物的优点，所以每个事物的珍贵之处都不会被舍弃。这里，老子用了个财字，财，人所宝也。我们可以理解为，每个事物或人，都有其优点和缺点，而有道者善于发现其优点而用之。

是谓申明，申，是电的本字，字形像有闪电时云层间出现的曲折的电光。古人认为闪电是神的显现，所以常用“申”来称呼“神”。申，有舒展、伸张、表明、表达等意思，明，是智慧的意思。所以这一句我们可以理解为：这正是道所展现出来的智慧。

王弼本里是“是谓袭明”，如果你喜欢采用王弼本，那么我们也解读一下：袭，有传承的意思，所以我们可以理解为，圣人常善救人、常善救物的这种德行，是由道传承下来的伟大的智慧。

故善人，善，人之师；不善人，善，人之资也。不贵其师，不爱其资，虽智大迷，是谓眇要

王弼本最后一句是“是谓要妙”而帛书甲乙本均为“是胃（通谓）

眇要”。眇：瞎了一只眼，后亦指两眼俱瞎，这里我们理解为目光短浅。

这一句和王弼本断句有所差异，但是大概意思还是差不多的。善人，这里我们解读为悟道的人，善于遵行道的人；不善人，并不是不善良的人，而是还没有悟道的人，做事还不能完全按照道的法则来行事的人，还会做错事的人。善，还有好处、用处的意思。师，有榜样的意思。资，有凭借的意思。所以本句我们可以这样理解：

因此悟道了的人，有悟道人的好处，是因为他可以成为一般人的师表，别人可以从他身上学到有用的行为；那些还没有悟道的常人，有常人的作用，他可以成为人们借鉴的资本，从他们不足的行为中得到自我改正的教训。如果一个人，不懂得看重那些有道的人，不知道从他们身上得到良好的经验，也不懂得从别人的错误中吸取借鉴的资本，那么这样的人虽然看起来是聪明的，其实已经进入了迷途，这就是这样的人目光短浅最重要的原因。

第二十八章

【帛书甲本（第七十二章）】

知其雄守其雌為天下溪为天下溪恒德不雞恒德不雞復歸嬰兒知其白守其辱為天下浴恒为天下浴德乃□□□□□知其守其黑為天下式为天下式恒德不貣恒德不貣復歸於無極㮎散□□□□人用則為官長夫大制無割

【帛书乙本（第七十二章）】

知亓雄守亓雌為天下雞为天下雞恒德不離恒德不離復□□□□□亓白守亓辱為天下浴为天下浴恒德乃足恒德乃足復歸於樸知亓白守亓黑為天下式为天下式恒德不貸恒德不貸復歸於無極樸散則為器聖人用則為官長夫大制無割

【王弼本】

知其雄，守其雌，为天下溪。为天下溪，常德不离，复归于婴儿。知其白，守其黑，为天下式。为天下式，常德不忒，复归于无极。知其荣，守其辱，为天下谷。为天下谷，常德乃足，复归于朴。朴散则为器，圣人用之，则为官长，故大制不割。

【辩证本】

知其雄，守其雌，为天下溪。为天下溪，恒德不离，复归于婴儿。知其白，守其黑，为天下式。为天下式，恒德不貣（tè），恒德不貣，复归于无极。知其荣，守其辱，为天下谷。为天下谷，恒德乃足，复归于朴。朴散则为器，圣人用之，则为官长，故大制不割。

【辩证本通解】

处在雄的位置，能够守住平淡的心，就像小溪那样处在下位。像小溪那样包容别人，那么恒常的德行就不会远离他，他的心态就会回归于像婴儿一样；处在显赫、光明的位置，仍然保持低调、不炫耀，可以成为天下人的楷模，作为天下人的楷模，恒久的德行非常的富足，不需要向外界求取。德行非常富足的人，就回归了道最朴素的状态。处在十分荣耀的地方，却能守住谦恭的心，就像虚空的山谷一样，虚空的山谷可以包容一切，所以恒常的道德就会充盈他的内心，充盈了道德的心就回归淳朴。如果符合于道的淳朴被消散之后，人们为了追求自身的名利，就成为一个攫取名利的工具，悟道的人掌握道并运用之，则成为引领人们前进的领袖，他在使用道的原则治理团队、引领人们的时候，是不会对他人产生伤害的。

【逐句解读】

知其雄，守其雌，为天下溪

雄：强有力的，表示占主导地位的。雌：和雄相对，表示柔弱的，处从属地位的。这一句更多地把知解释为知道，所以就解释为知道雄的作用和地位，但是有道的人会守住雌的心态。

我们在这里从另外一个角度来理解：知，通常为知道的意思，同时，知还有主导、掌控的意思，比如知县、知府。我们知道，《道德经》里的思想更多的是为当时的君主而作，我们可以理解一下，作为一个君主，现在我们可以认为是作为一个团队领导人，本来就是处在一个雄的位置，掌控了更多的资源。

所以本句我们这样来理解：悟道的人，即使处在雄的位置、处在比较高的位置，他还是能够守住那份平淡的心，从而使自己保持谦和的行为和心态，就像小溪那样处在下位，像溪水一样包容他人。同样，我们还可以理解，作为领导人，处在雄的位置，但是考虑事情的时候，能够处在下属的位置去考虑，为百姓、为社稷去考虑，不做标榜自己丰功伟绩的事情，而是守得住低调，这样，自己的团队才能像小溪一样，溪水盈盈，不至于干涸。

为天下溪，恒德不离，复归于婴儿

一个人甘于像小溪那样包容别人，那么恒常的德行就不会远离他，他的心态就会回归婴儿状态，无欲无求，不争名利。在《道德经》里，老子不止一次提到了婴儿，一来，婴儿没有太多的欲望，保持着纯真之心；二来，当人回归到婴儿的状态，才会具有更强的生命力，总是保持一种新生的力量，不断地学习和成长。

知其白，守其黑，为天下式。为天下式，恒德不貣，恒德不貣，复归于无极

本句帛书甲本为“恒德不貣恒德不貣复归于无极”，貣，tè，现在通贷，也读作“dài”。《说文解字》：“貣，从人求物也。”段玉裁注：“从人，犹向人也，谓向人求物曰貣也。”后加“人”旁分化出“貸”字，以“貣”表示借入，以“貸”表示借出。现在“貣”字已完全被“貸”所取代，借入和借出义都由“貸”字来表示了。从这里我们可以看出“恒德不貣”的意思是恒久的德行非常的富足，不需要外界的弥补，不需要向外界求取。而王弼本改为了“常德不忒”，忒，差错的意思。我们采用帛书甲本的“貣”字。

式，楷模。无极，就是天地最原始的状态，最朴素的状态，道原本的状态。

一个悟道的人，当自己处在了显赫、光明的位置，仍然能够保持低调的、不炫耀自己的心态，这样的人就可以成为天下人的楷模，作为这种低调处事的楷模，恒久的德行非常的富足，不需要外界的弥补、不需要向外界求取。德行非常的富足的人，就回归了道最朴素的状态。

知其荣，守其辱，为天下谷。为天下谷，恒德乃足，复归于朴

作为一个悟道的领导者，他已经处在十分荣耀的位置，但是他能守候住地位底下时那份谦恭的心态，就像虚空的山谷一样可以包容一切，所以恒常的德行就会充盈他的内心，充盈了德行的心就回归于淳朴。

这些道理，不仅仅适用于领导者，也适用于我们每一个人，我们每一个人都会有成功和荣耀的时候，没有大的，也会有小的，当我们获得了荣耀的时候，我们要记得这些道理，让自己的心不要浮躁，要善于守候“雌”“黑”和“辱”的状态，让自己低调行事，从而才能更温和地待人，让自己守住自己那颗淳朴的心。

朴散则为器，圣人用之，则为官长，故大制不割

朴散则为器，通常是这样解释的：“朴素本初的东西经制作而成器物。”我开始理解也大概是这个意思：“道的这种淳朴的法则，分散浸润在各个人和事物里，每个人和事物都有了他的可用之处。”

另外，还可以这样来理解：散，本意为分离。器，用具的总称。那么“朴散则为器”可以这样来理解：如果人们内心那种符合于道的淳朴分离、消散之后，人们为追求自身的名利，就成为一个攫取名利的工具，没有了淳朴之心，就会失去了“守雌、守黑、守辱”的心，没有了谦虚的心和学习的心，就丧失了进步的动力，自己的一切也就固定下来，甚至走向衰败，就会成为一个器具，作用就会仅仅限于某一方面。可见器并不是我们应该追求的终极目标，这正和《论语》里说的“君子不器”是相通的。真正悟道的人不会让自己拘泥于某个方面而不知道变通，而是与时俱进，时时刻刻都在不断完善自我，这也和《道德经》第四十一章里的“大器免

成”是相通的。

那么悟道的人是什么样的呢？老子说“圣人用之”，就是说悟道的人领悟了道这种淳朴的法则并运用之，始终怀着“守雌、守黑、守辱”的心，无比的谦卑、宽容，能够同万物和谐相处，就会成为引领人们前进的领袖，他在使用道的原则引领人们的时候，是不会对他人产生伤害的。割有灾害、伤害的意思，就是说悟道的领导者，在治理国家、团队的时候，按照道的原则去管理，就不会对人们造成伤害。

第二十九章

【帛书甲本（第七十三章）】

將欲取天下而為之吾見其弗□□□□□□器也非可為者也為者敗之執者失之物或行或隨或炅或□□□□□或杯或墮是以聲人去甚去大去楮

【帛书乙本（第七十三章）】

將欲取□□□□□□□□□□得已夫天下神器也非可為者也為之者敗之執之者失之物或行或隋或熱或坐或陪或墮是以聖人去甚去大去諸

【王弼本】

将欲取天下而为之，吾见其不得已。天下神器，不可为也，为者败之，执者失之。故物或行或随，或歔或吹。或强或羸，或挫或隳。是以圣人去甚，去奢，去泰。

【辩证本】

将欲取天下而为之，吾见其不得已。天下神器，不可为也，为者败之，执者失之。故物或行或随，或歔或吹。或强或羸，或培或隳。是以圣人去甚，去奢，去太。

【辩证本通解】

如果一个人打算取得天下，用天下万物谋取自己的名利，我看这种事情是不会成功的。天下这种神明之器，不可以用来为某个人谋取私利，如果用它去谋取自己的私利，必定会失败；如果把天下把持为自己所有，那么他一定会失去天下的。整个天下的运行，有时会创立新的运行方式，有时会延续以前的运行模式；有时会显得意志消沉，有时又会趾高气扬；有时会强盛一时，有时又陷入贫困；有时会蒸蒸日上，有时又破败不堪。因此悟道的领导人，会摒弃那种利用天下万物来满足自己偏执的、挥霍无度的、极致的行为。

【逐句解读】

将欲取天下而为之，吾见其不得已

本句理解存在分歧的在一个“为”字，《道德经》里存在分歧的一个观点在“无为”，“为”更多地被解释为勉强而为之，不顺应道的规律而为之。“无为”被更多地解释为不要勉强而为之，不要做那种不顺应道的事情。如果用这种解释来理解这句话和整个《道德经》，解释的时候总感觉有点牵强，老子的智慧更容易被理解为一种消极的顺势而为的思想。如果我们换一种理解方式，也许会有一种豁然开朗的感觉，我们这样来理解本句的“为”：为自己而为，为了一己之私，任意妄为。《道德经》里的“无为”精神，我们应该理解为不为自己的私利和名声而为。如此这一句我们就可以很好地理解了：如果一个人打算取得天下，用天下万物谋取自己的名利，我看这种事情是不会成功的。

天下神器，不可为也，为者败之，执者失之

天下这种大的平台，大的系统，如神明之器，不可以用来为某个人谋取私利，一意孤行，用天下这种神器去谋取自己的私利，必定会以失败而告终；一个人如果认为天下是自己的，将天下把持为自己所有，那么他一定会失去天下的。

故物或行或随，或歔或吹。或强或羸，或培或隳

天下这种神器的运行是有其自身规律的，不会以某一个人的意志而转

移，整个天下的运行，有时会创立新的运行方式，有时会延续以前的运行模式；有时会显得意志消沉，有时又会趾高气扬；有时会强盛一时，有时又陷入贫困；有时会蒸蒸日上，有时又破败不堪。这里面需要解释的是“歔”，被一些人解释为有些事物用鼻子出气，“歔”有用鼻子出气的意思，但是更有“叹息”的意思，形容意志消沉。“吹”又被人解释为有些事物用嘴出气，老子看到这种解释不知道作何感想？我们应该看到“吹”有说大话的意思，和“歔”——叹息，正好是相对的。所以在这里我们可以理解为趾高气扬的样子。“隳”：毁坏；崩毁。

是以圣人去甚，去奢，去太

帛书乙本为：是以圣人去甚去大去诸。诸有多的意思，和奢近意，奢更贴切，故采用去奢；王弼本里的去泰，而泰在古文通“太”，故采用王弼本。该句意思为：正是天下神器有自身的运行规律，不可能被某一个人据为己有，因此悟道的领导人，会摒弃那种利用天下万物来满足自己偏执的、挥霍无度的、极致的行为的人。

第三十章

【帛书甲本（第七十四章）】

以道佐人主不以兵強□天下□□□□□□所居楚朸生之善者果而已矣毋矣取強焉果而毋驕果而勿矜果而□□果而毋得已居是胃□而不強物壯而老是胃之不道不道蚤已

【帛书乙本（第七十四章）】

以道佐人主不以兵強於天下亓□□□□□□□□□棘生之善者果而已矣毋以取強焉果而毋驕果而勿矜果□□傷果而毋得已居是胃果而強物壯而老胃之不道不道蚤已

【王弼本】

以道佐人主者，不以兵强天下，其事好还。师之所处，荆棘生焉；大军之后，必有凶年。善有果而已，不敢以取强。果而勿矜，果而勿伐，果而勿骄。果而不得已，果而勿强。物壮则老，是谓不道，不道早已。

【辩证本】

以道佐人主者，不以兵强天下，其事好还。师之所处，荆棘生焉；大军之后，必有凶年。善者果而已，毋以取强焉。果而勿骄，果而勿矜，果而勿伐。果而毋得已居，是谓果而勿强。物壮则老，是谓不道，不道早已。

【辩证本通解】

以道来治理天下的君王，不会产生以武力的强盛称雄于天下的思想，这样的事情容易返还到自己的身上。行军作战经过的地方，田地荒芜、滋生杂草，大的战争过后，紧跟而来的就是大灾之年，遵照天道运行的圣贤之人，达到结果后就会停止，不会以武力取强。在取得结果（胜利）之后，不会骄横，不会自认为了不起，不会再扩大新的战事进行无休止的讨伐。取得胜利的结果，而不以强者自居，不会继续征伐，这就是取得结果以后而不去用强。当事物发展的过于强盛，就会走向衰败，所以过于强盛就不符合于道，不符合于道的事物，就会早早地走向衰亡。

【逐句解读】

以道佐人主者，不以兵强于天下

以道来治理天下的君王，不会产生以武力的强盛称雄于天下的思想。这里不仅是以武力和他国进行竞争，同样应该理解为圣贤的君王在治理国家的时候，也不会以武力、以强压的姿态来控制天下，而是以德行统领万民，感召天下的归附。一个国家的强盛离不开武装力量的守卫，只是有道的君主，不会片面强调武力，而是在综合国力上做好，让人民过上更好的生活，那种穷兵黩武的作为最终会走向衰败。

其事好还

以武力强盛称雄于天下，用武力征服天下，这样的事情容易返还到自己的身上。即用武力压制别的国家的结果，容易返还到自己的身上。同理，以武力统治天下，就会遭到被统治者的反抗，从而被推翻，从上位反而跌落到下位，甚至灭亡。

师之所处，荆棘生焉；大军之后，必有凶年

行军作战经过的地方，田地荒芜、滋生杂草，淳朴的美德遭到破坏，不良习气开始滋生，敌对的情绪、仇恨的根芽开始播种，无穷无尽的灾难循环开始萌生。这里的荆棘，我们不仅要想到是田地的荒芜，应该还包括人们淳朴的社会风气，由于连年的作战，也会被破坏，人们安居乐业的生活也会被破坏，所以，原有的美好风气、品德，由于需要适应外界的动乱，都会被破坏，从而滋生出不好的风气和不好的念头。

大军之后，必有凶年：大的战争过后，紧跟而来的就是大灾之年，因为社会的动荡，使人民无法休养生息，国力过分地消耗，无论是战胜国还是战败国，都会耗尽元气，使国运走向低迷。

【事　例】

汉武帝善战，但是汉武帝后，就是汉朝从强盛走向衰败的开始。轮台罪己诏是公元前89年（征和四年）汉武帝所下的一道自我反省罪过的诏书，重启汉初“黄老”思想，无为而治，与民休息。也是中国历史上第一份内容丰富、保存完整的“罪己诏”。

善者果而已，毋以取强焉

遵照道运行的圣贤之人，达到结果后就会停止，不会以武力取强。这句话我们可以从不同的层面来理解：

第一，悟道的人做什么事情，以完成应该完成的结果就可以了，而不会使用武力逞强，不会去争取争强好胜的名声。比如作为国君，以国家稳定、人民安居乐业为目标，而不是为了获得称霸天下的名声。

第二，圣贤的人做事情，以达到结果为目标，而不以强制、武力为手段，通过德行、商讨、谈判等非武力的手段可以达到的结果，就不会使用武力的手段。

果而勿骄，果而勿矜，果而勿伐

圣贤的人，在取得结果（胜利）之后，不会骄横，不会自认为了不起（矜：夸耀、自夸、自认为了不起），不会再扩大战事进行无休止的讨伐。

本句里的“果而勿伐”也被人解释为不自我夸耀，因为伐有一个意思就是自夸。但伐最基本的意思是讨伐、征伐。所以这一句我感觉是一种递进的关系，就是说一般的人，在战争取得了一定胜利后，达到了自己的目标，然后就会滋长骄傲的情绪（骄），进而就会以为自己或者自己的军队了不起（矜），可以战胜更多的敌人，于是就开始新的征战（伐）。而悟道的领导人是不会这样的，他不会骄傲，不会自己以为了不起，更不会开始新的战争，而是完成了既定目标，就让人们休养生息，开始让国家、团队获得休整的机会。

果而毋得已居，是谓果而勿强

本句在王弼本是“果而不得已”，而帛书甲乙本为“果而毋得已居”。我们采用帛书甲乙本，毋：不要，不可以。已：古同“以”。居，有居功、位居显赫等意思。故本句可以理解为：悟道的人，在同他人发生抗争，最后取得胜利，完成了自己的目标后，对内不会居功自傲，对外不会认为自己多么地了不起。

对内：悟道的人，在事情取得成功后，无论是战争还是别的事情，取得成功都离不开大家的帮助甚至牺牲，因此在达到一定结果后，悟道的人知道，所有的成就是来源于大家共同的努力，因此他不会居功，不会认为所有的成就都是他自己的功劳，因此不会和他人争夺名利。

对外：悟道的人在事情取得了一定结果后，在战争中获得一定成功后，不会认为自己或者自己的团队多么了不起，不会感觉自己或团队天下第一，所以悟道的人会适可而止，不会有居高临下的想法和气势，不会去继续征伐，这样才是取得结果以后而不去用强。

本句在王弼本里是这样说的：“果而不得已，果而勿强。”下面按照王弼本也解读一下，供大家参考。

悟道的领导者，在同他人发生抗争，最后取得胜利，完成了自己的目标时，也是形势所逼，非心中所愿，不得已而为之，这就是说达到结果，但并不是为了争强好胜。

这个思想和《道德经》中第六十九章所说的“吾不敢为主而为客，不敢进寸而退尺”的思想是相通的，圣贤的君主不会主动地去进攻别人，而是因为别人逼迫自己到无可奈何的时候正义的反抗，然后一战而屈人之兵，而达到这种结果，是对方的逼迫，不得已而采取的行动，并不是为了争强好胜。比如抗美援朝、越南反击战，都是别人想要侵略我们，我们不得已而进行的战争。

物壮则老，是谓不道，不道早已

为什么要做到“善者果而已，毋以取強焉”是因为悟道的人懂得，当事物发展得过于强盛，就会走向衰老，所以过于强盛就不符合于道，不符合于道的事物，就会早早地走向衰亡。

这句话是老子总结的，为什么悟道的人达到结果，就会适可而止，因为过度地追求强盛，就会消耗过多的精力，表面看似强大了，而内部空虚，就会早早地走向灭亡。

第三十一章

【帛书甲本（第七十五章）】

夫兵者不祥之器□物或惡之故有欲者弗居君子居則貴左用兵則貴右故兵者非君子之器也□□不祥之器也不得已而用銛襲為上勿美也若美之是樂殺人也夫樂殺人不可以得志於天下矣是以吉事上左喪事上右是以便將軍居左上將軍居右言以喪禮居之也殺人眾以悲依立之戰勝以喪禮處之

【帛书乙本（第七十五章）】

夫兵者不祥之器也物或亞□□□□□□□□子居則貴左用兵則貴右故兵者非君子之器兵者不祥□器也不得已而用之銛龍為上勿美也若美之是樂殺人也夫樂殺人不可以得志於天下矣是以吉事□□□□□□是以偏將軍居

左而上將軍居右言以喪禮居之也殺□□□□□立□□朕而以喪禮處之

【王弼本】

夫佳兵者，不祥之器，物或恶之，故有道者不处。君子居则贵左，用兵则贵右。兵者不祥之器，非君子之器，不得已而用之，恬淡为上。胜而不美，而美之者，是乐杀人。夫乐杀人者，则不可以得志于天下矣。吉事尚左，凶事尚右。偏将军居左，上将军居右，言以丧礼处之。杀人之众，以哀悲泣之；战胜，以丧礼处之。

【辩证本】

夫兵者，不祥之器，物或恶之，故有道者不处。君子居则贵左，用兵则贵右。兵者不祥之器，非君子之器，不得已而用之，銛袭为上，勿美也，若美之者，是乐杀人。夫乐杀人者，则不可以得志于天下矣。吉事尚左，凶事尚右。偏将军居左，上将军居右，言以丧礼处之。杀人之众，以哀悲位之；战胜，以丧礼处之。

【辩证本通解】

军事力量、武器，并不是吉祥的东西，因为这些东西都有杀伐之气，所以天地万物都会比较厌恶，因此有道的君主不会轻易地动用它。有道的君主在治理、发展国家的时候，应该以进取、进步的思想来作为，而在使用武力的时候，应该保持非常谨慎的态度。强悍的军事能被隐而不用才是最上层的境界，圣贤的君王不会以强悍的军事力量当作自己炫耀的资本，不会以强悍的军事力量为美好的事物。如果认为强悍的军事力量是美好的事物，这样的君主就是一个乐于杀人的人。那些以杀人为乐的人，是不可以拥有天下的。办理吉庆事情的时候，以左为上位，而在办理不吉祥的事情的时候，以右为上位，在行军打仗的时候，偏将军位列在左，上将军位列在右，按照丧礼的仪式来列位。战争就会有死亡，会死亡太多的人，故以悲哀的心来对待，当战胜以后，举行典礼的时候，要用丧礼的仪式来举行。

【逐句解读】

夫兵者，不祥之器，物或恶之，故有道者不处

本章接着上一章“以道佐人主者，不欲以兵强于天下”，老子再一次阐述了有道的君主在治理国家的时候更重视的是国家的整体国力，而不是偏重于武力。王弼本为“夫佳兵者”，佳兵，可以理解为上等的武器或战斗力强盛的军队。帛书甲乙本为“夫兵者”，意思相通，取帛书甲乙本。夫是语气助词，本句的意思为：这些军事力量、武器，并不是吉祥的东西，因为这些东西都有杀伐之气，所以天地万物都会比较厌恶，因此有道的君主不会轻易地动用它。这里是老子的军事思想，可以明显地看出，老子是不推崇战争的，不推崇战争不等于不备战，只是有道的君主不轻易使用，战争是不得已而为之的。

君子居则贵左，用兵则贵右

在国家安定、祥和的时候，礼仪形式上会以左为上位，当行军作战的时候，礼仪形式上会以右为上位。如果这样解释，就是指古代礼仪方面，这种解释可以和下文的“偏将军居左，上将军居右”相呼应。如果我们从另一方面来理解，也许会有更贴切的解释：左主生发之气，面南而坐，左为阳，有“进步，激进，激情，进取”的意思；而右主杀伐之气，面南而坐，右为阴，有“保守，谨慎”的含义。如果我们说激进派为“左派”，保守派为“右派”，那么这句话可以这样解释：有道的君主在治理、发展国家的时候，应该以进取、进步的思想来作为，而在使用武力的时候，应该保持非常谨慎的态度。这样解释，和“兵者不祥之器，非君子之器，不得已而用之”相连贯。

兵者不祥之器，非君子之器，不得已而用之

军事行动、战争是不吉祥的作为，不是有道的君主喜欢用的手段，只是在万不得已的时候才使用它。

铦袭为上，勿美也，若美之者，是乐杀人

王弼本为“恬淡为上”，并断句到上一句，帛书甲本为“铦袭为上”。铦（xiān）：锋利、利器的意思，这里可以寓意为锋利的武器。袭在《说文解字》里是给死者穿的衣服，又有重复的意思，后解释为衣服，遮掩。

从这两个字可以看出老子的文字运用水平之高！用铦来比喻强悍的武装力量，用袭来表示遮掩，不要轻易使用。袭有死人之衣的含义，一来表示其不详，寓意着用兵，将是人类一件悲哀的事情；二来老子应该希望这些锋利的武器永远像死者一样，永远不要被使用，永远被厚厚地遮盖着，永不启用。我们可以这样理解这一句话：强悍的军事，能被隐而不用才是最上层的境界，圣贤的君王不会以这种强悍的军事力量当作自己炫耀的资本，否则，这样的君主就是一个乐于杀人的人。这一章我们可以清楚地看到老子的军事思想，老子不主张战争，但是他并不是不主张国防，他主张拥有强悍的军事力量，只有自己国家的军事力量强悍了，才有威慑作用，才能保卫自己国家的平安，只是他主张拥有这种强悍的军事力量，是要隐忍不发，达到不战而屈人之兵的目的是最上层的领导艺术，所以有时候国家会适时地披露一下自己国家的先进武器，这个不能认为是炫耀，而是一种震慑，用这种震慑使外界不敢轻举妄动，从而达到不使用这种武器的目的。

夫乐杀人者，则不可以得志于天下矣

那些以杀人为乐的人，是不可以拥有天下的。这个道理被众多的历史所证实，一些看似强横的君主虽然拥有强横的军队，最后却走向了灭亡！

吉事尚左，凶事尚右。偏将军居左，上将军居右，言以丧礼处之

这里我们可以理解为是老子说的古时的一种礼仪法则，就是在办理一件吉庆的事情的时候，当时的礼仪是以左为上位，而在办理一件不吉祥的事情的时候，如丧礼的时候，以右为上位，这个是古代的一种礼节，用这种礼节来定位这件事情是喜庆还是悲伤。因“古代九拜礼都必须拱手，凡拱手，右手在内，左手在外，叫作尚左。左为阳，主生，所以吉礼之拜尚左，凡常时稽首、顿首、空首、肃拜、振动诸礼尚左手。右为阴，主杀，居丧期间稽首、顿首、空首诸礼尚右手”，所以，在行军打仗的时候，偏将军位列在左，上将军位列在右，用这种形式来表明，行军作战，并不是一件吉祥的事情，要按照丧礼的仪式来列位。这里我们不要理解为，这样以丧礼行军是不是晦气，是在告诫军队，发生战争是不得已，甚至可以增加军人的悲愤之心，增加肃杀之气。

杀人之众，以哀悲位之；战胜，以丧礼处之

王弼本本句为“杀人之众，以哀悲泣之”。本句采用郭店楚简本“以哀悲位之”。帛书甲本为“殺人眾以悲依立之”。帛书乙本本句残缺，在相应的位置也是一个“立”字，经过查阅字源网，字源网解释“立”，本义为站立。古文通“位”，如《楚辞·天问》：“登立为天子。”《韩非子》：“将复立于天子。”故采取郭店楚简本的“位”字。而位在作动词的时候有占据其应有的位置的含义引申为居、处，这里我们可以理解为定位，就是以什么样的心态来看待战争这样的事情。所以为什么作战的时候要以丧礼时的礼节来站位，因为战争就会有太多的人死亡，所以要以悲哀的心来对待战争这样的事情，即使死亡的是对方，也应该用一种悲悯的心来看待这种事情。因此，即使取得了战争的胜利，在举行典礼的时候，也要用丧礼的仪式来举行。

我们可以这样来想象，当两国交战，战败国人亡国失，心情极度悲伤，而战胜国，固然取得了一定的战果，只是“杀人一千，自损八百”，己方的战友也会有众多的死亡，众多的家庭因此而消亡，因此这种典礼，不应用喜庆的典礼，而是应该用丧礼的形式来举行。由此可见战争就是一个双输的事情，故老子不主张主动发动战争。

第三十二章

【帛书甲本（第七十六章）】

道恒無名幄唯□□□□□□□□王若能守之萬物將自賓天地相谷以俞甘洛民莫之□□□均焉始制有□□□□有夫□□□□□□□所以不□俾道之在天□□□□浴之與江海也

【帛书乙本（第七十六章）】

道恒無名樸唯小而天下弗敢臣侯王若能守之萬物將自賓天地相合以俞甘洛□□□令而自均焉始制有名＝亦既有夫亦將知止知止所以不殆卑□□

在天下也猷小浴之與江海也

【王弼本】

道常无名，朴虽小，天下莫能臣也。侯王若能守之，万物将自宾。天地相合，以降甘露，民莫之令而自均。始制有名，名亦既有，夫亦将知止，知止所以不殆。譬道之在天下，犹川谷之于江海。

【辩证本】

道恒无名，朴虽小，天地弗敢臣也。侯王若能守之，万物将自宾。天地相合，以降甘露，民莫之令而自均。始制有名，名亦既有，夫亦将知止，知止所以不殆。譬道之在天下，犹川谷之于江海。

【辩证本通解】

“道”一直以来是没有名称的，它无名无形就这样质朴地存在着，好像是一个可以忽略的小小的存在，但是天地万物不敢使它臣服。如果侯王能够按照道的原则来行事，天下所有人、物都会自然而然地臣服于圣贤的君王。圣明的领导者能使得上下同心、诸事调和，因此人们不用去命令，就会自我达到一个均衡的境界。当按照道的法则开始制定出各种运行规律，是有名的开始；有了名也就是已经呈现出了有，于是人们将会知道哪些是需要止步的、是不能违背的规则，知道了哪些是不能违背的规则并适时止步，就不会出现危险。道和天下万物的关系，就好像川谷和大海的关系一样。道生成了世间万物，是万物的源头，就像大海由无数的溪流汇聚而成，无数的溪流是大海的源头。

【逐句解读】

道恒无名，朴虽小，天地弗敢臣也

王弼本为“道常无名”帛书甲乙本为“道恒无名”，故取帛书甲乙本。

“道”一直以来是没有名称的，这个名是老子为了便于阐述而给这个贯穿于天地万物的原理命的一个名而已。朴：质朴、淳朴。这是用来指“道”的，道没有华丽的表象，没有一个响亮的名字，它无名无形就这样质朴地存在着，好像是一个可以忽略的小小的存在。天地弗敢臣："臣"，名词作动词用，"使之为臣""使之服从"的意思。此处采用帛书乙本的"天地弗敢臣也"，王弼本为"天下莫能臣也"，"敢"比"能"在这里更深刻，就是万物连动这个让道臣服的念头都不敢有，而"能"可以理解为有这个想法，但没有能力。道虽然无名无形，看似可以忽略它的存在，但是天地万物不敢使它臣服。反过来理解，"道"就是天下的王，王当然不可臣服，道孕育了天地万物，天地万物的运行规律均来源于道的法则，天地万物怎么敢反过来去让道臣服呢？

本句通解一下："道"一直以来是没有名称的，它无名无形就这样质朴地存在着，好像是一个可以忽略的小小的存在，但是天地万物不敢使它臣服。

侯王若能守之，万物将自宾

自宾：自将宾服于"道"。宾，宾服、服从。如果侯王（君王、领导者）能够按照道的原则来行事，天下所有（人）物都会自然而然地臣服于圣贤的君王。有点像以德教化、四夷来服的意思。

天地相合，以降甘露，民莫之令而自均

圣明的领导者因为能够按照道的原则来行事，则上下同心、诸事调和，故下属不用去强行命令，就会自我达到一个均衡的境界。

在孙子兵法始计篇里有："道者，令民与上同意也，故可以与之死，可以与之生，而不畏危。"这里的天地相合，我们可以理解为上下同意，作为一个有道的君主，能够以百姓心为心，能以百姓疾苦为自己的疾苦来担当，如此上下交融，社会就会一派祥和，百业俱兴，就像禾苗恰逢甘露，蒸蒸日上，在如此太平盛世中，人们不需要强制命令，都会各守其职，做好自己的事情，自我达到一个彼此均衡的状态，社会稳定前行。

始制有名，名亦既有，夫亦将知止，知止所以不殆

当按照道的法则开始制定出各种运行规则，是有名的开始；有了名也就是已经呈现出了有，于是人们将会知道哪些是需要止步的，是不能违背的规则，知道了哪些是不能违背的规则并适时止步，就不会出现危险。

我们来这样理解这一句话：道本身是无名无形的，人们如何去遵守呢？所以就会有人通过观察万物的生长发展规律，参悟出道的法则，然后

根据这些参悟来告诉大家大道的法则，并开始制定出人们应该遵守的规则。如此一来，本来无名无形的道，就开始有了名（始制有名），这个名我们可以理解为各种需要我们遵守的规章制度，系统运行的规律等；名也就是已经呈现出了有（名亦既有），本来无名无形的道，通过制定出各种规则，呈现在我们眼前，灌输进我们的头脑，就出现了有，这是一个从无到有的过程，这个过程就是从制定法则开始的；人们知道了这些法则以后，就知道什么是道的法则，是我们可以遵守而做的，同时也知道了哪些是违背道的法则，是不能去做的，于是，人们就知道哪些是需要停止的（夫亦将知止）。正是因为人们知道了什么时候、什么行为应该停止，并且遵循这些法则而停止了，因此就不会出现危险。

譬道之在天下，犹川谷之于江海

道和天下万物的关系，就好像川谷和大海的关系一样。道生成了世间万物，是万物的源头，就像大海由无数的溪流汇聚而成，无数的溪流是大海的源头。

第三十三章

【帛书甲本（第七十七章）】

知人者知也自知□□□□□者有力也自勝者□□□□□□也強行者有志也不失其所者久也死不忘者壽也

【帛书乙本（第七十七章）】

知人者知也自知明也朕人者有力也自朕者強也知足者富也強行者有志也不失亓所者久也死而不忘者壽也

【王弼本】

知人者智，自知者明。胜人者有力，自胜者强。知足者富，强行者有志，不失其所者久，死而不亡者寿。

【辩证本】

知人者智，自知者明。胜人者有力，自胜者强。知足者富，强行者有志，不失其所者久，死而不忘者寿。

【辩证本通解】

一个人如果懂得别人，是聪明的，如果既懂得别人，又懂得自己，这样的人才是通达的，才是智慧的；能够超越别人，是有能力的，能够不断超越自己，才能成为一个强者。一个懂得知足的人才是富有的，一个能坚持、持续前行的人是有志气的。不失去其根本者，才会长久，离开了这个世界，而不被人们忘怀，是真正的永恒。

【逐句解读】

知人者智，自知者明

智的本意是聪明、无所不知，表示一种对外的感知。明，《康熙字典》解释“日月中时，遍照天下，无幽不烛，故云明”。这种境界，不仅仅是对外界事物无所不知，而是内外通透的大智慧。

在《道德经》里，老子用“智”表示聪明，用“明”来表示大的智慧。而聪明是没有接近于道的机巧之心，甚至可以说是违背了大道，聪明停留在术的层面，是一种不能通观全局的机巧之心，所以理解了这个“智”在这里的含义，就可以理解这样一句话：一个人如果懂得别人，是聪明的，如果既懂得别人，又懂得自己，这样的人是通达的、智慧的。这里的懂得别人，不仅仅理解为人，还应包括外界的一切条件，比如实时环境、身处的平台、身边的万事万物，聪明的人会对这些外界的事物明察秋毫，这样的人可以说非常精明，你的一举一动，他都能洞察，会在你念头一动的时候，恰当地送来你正需要的东西和话语，如此精明的这个人，应该很快就成功的，但是他用精明讨好获取的短暂的人脉关系，又因他精明的算计一次次失去。这种人之所以不能成功，就是因他不懂得修养自己的品德，只知道一味地索取，所以他就一次次失去人脉，丧失一个又一个平台。拥有太多机巧之心的人，是没有人愿意同他在一起的。一个没有人追随的人，又怎么能走向成功呢？那么一个智慧的人是什么样的？他不仅仅要明了身边的人和事，更要明了自己，明白自己在所处的平台，能怎样更好地和身边的人和事相融合，能够通透地明白自己和周围的关系，能够不断地完善自我、修养自我。

我们应该把老子这句话看成是一种递进关系的话语，而不是对立。“自知者明”这句话不是说只懂得自己，不去了解周围，这样的人也不是智慧的人，而是说一个智慧的人既要做到知人，还要做到自知，不仅要懂得身边的人和事，更要懂得自身的条件、自己的需求、自己的修养。

胜人者有力，自胜者强

能够超越别人，是有力的，能够不断超越自己、完善自己，最终会成为一个强者。

胜人，就是一种有为，以超越别人为强烈的目的。自胜，是一种无为，当自己有什么欠缺，就自觉地去纠正、不断地完善，完善的目的是成就一个更好的自己，而不是为了同别人争抢什么、炫耀什么。

有力，更多地注重外部的表象，外部表象看似非常有力，也许内部已经空虚，已经达到了衰败的边缘；强，是由内而外的强大，通过自己不断地调整、完善，从而成就强大的自我。

从这句话能够学到的智慧有：

一、胜人者，以他人为出发点，有时候，为了达到超越别人的目的，而放弃了自己的优势，即使短暂地超越了别人，却偏离了自己的根本，最终会走向失败。这也是老子在本章最后一句告诫我们的“不失其所者久”，也就是说，不失去其根本者，才会长久。自胜者，不是以别人为出发点，而是以自己为出发点，正应了上一句的“自知者明”，正是知道什么是自己的根本、什么是自己应该弥补的，从而不断地完善自己，才能在不自觉中成就自己，超越别人。

二、这句话我们同样可以用递进的方式来理解，而不是把二者对立起来，因为超越别人，是我们人与生俱来就有的一种思维模式，所以，我们不仅仅要有超越别人的想法，更要有超越自己、完善自我的想法。也就是说，我们不要总是停留在横向的同别人比较上，而是要纵向地比较自己，让自己每天进步，无论别人强大还是衰退，我们都和昨天的自己相比较，成为一个更好的自己，不断地改善自我，从而走向强大。

这里我们可以理解为个人，更可以理解为一个国家或一个团队。有力，我们第一印象就是有战胜他人的力量，进而我们可以想到是各方面的能力，无论是力量还是能力，我们都可以想象出，那是一份对外的超越，而老子说自胜者强，强不仅仅包含了对外的能力，还包含了自身的成长和完善，不仅包括有形的能力、技巧，还包括了自身素质、修养、德行的提高，不仅仅是从力量上的震慑他人，更是由于自己的强大和修养，从而使他人自然地仰慕和归附。

知足者富，强行者有志

一个懂得知足的人才是富有的，一个能坚持、持续前行的人是有志气的。

一个人是否富足，不在于其拥有的多，而在于他计较的少，一个人的欲望如果无穷无尽，即使他拥有的再多，他也不会感到富足，一个人能够减少自己的欲望，即使他拥有很少，他也会感觉很富足。一个人是否幸福，很大程度上取决于他欲望的大小，萨缪尔森幸福方程式：幸福 = 效用 ÷ 欲望。如果不懂得知足，欲望无限膨胀，那么在有限的效用（所得）作为分子时，欲望的分母无限大，幸福感就会趋近于零。如果作为分母的欲望越来越小，在有限的效用（所得）下，幸福感也会逐渐地扩大。

知足者富比较好理解，那么强行者有志怎么理解呢？我想，我们可以从以下两个方面来理解这一句话：

第一，一个有志气的人，不仅仅是口头上的宣誓，不仅仅是梦想里的辉煌，更多的在于坚持不懈的行动，只有能够坚持行动的人才是有志的人。这个角度就是说，一个有志气的人，不能总是停留在心中的梦想里、口头的宣誓上，而是要落实到行动上。强行，就有一种在艰难困苦的条件下，为了达到自己的梦想，依然努力前进的志气，这样的人才是真正有志气的人。

第二，志，在《康熙字典》里有这样的解释：“志，私意也。”所以，我们也可以把志理解为欲望，而强行，就是不能为而强为之，为什么呢？因为“有志”，因为有自己的目的性。但是，纵观《道德经》全文，强行应该不是老子的本意，做好自己顺势而为，才更符合老子的本意。因此，这句话应该是老子告诫我们，不要怀有太强烈的私人目的，而去强行做那些本来不该做的事情。

不失其所者久

不失去其根本者，才会长久。这里的“所”可以理解为自己所处的根基。比如，一个团队的领导人，不能离开立足的根本，一个君主，不能脱离社稷，要懂得什么才是自己的根本，比如有些团队领导人，在团队蒸蒸日上的时候，自我感觉良好，就会飘飘然，就会离开自己的团队，走向违背团队正确发展的道路，这样就是失去了其所，失去了根本，那么团队就不可能长久，就会走向消亡。

死而不忘者寿

王弼本为“死而不亡者寿”，而帛书乙本为“死而不忘者寿”，这里采取帛书乙本。这句话的意思是：一个人当其有形的肉体离开了这个世界，但其崇高的精神和思想也能长久地流传在世，不被人们忘怀，这样的人就做到了长寿。

第三十四章

【帛书甲本（第七十八章）**】**

道汎□□□□□□□□□遂事而弗名有也萬物歸焉而弗為主則恒無欲也可名於小萬物歸焉□□為主可名於大是□聲人之能成大也以其不為大也故能成大

【帛书乙本（第七十八章）**】**

道渢呵亓可左右也成功遂□□弗名有也萬物歸焉而弗為主則恒無欲也可名於小萬物歸焉而弗為主可命於大是以聖人之能成大也以亓不為大也故能成大

【王弼本】

大道泛兮，其可左右。万物恃之而生而不辞，功成不名有，衣养万物而不为主。常无欲，可名于小；万物归焉而不为主，可名为大。以其终不自为大，故能成其大。

【辩证本】

道泛兮，其可左右？成功遂事而弗名有也，万物归焉而弗为主。则恒无欲也，可名于小；万物归焉而弗为主，可名于大。是以圣人之能成大也，以其不为大也，故能成其大。

【辩证本通解】

大道广泛地存在于万事万物之中，不停地流动运转，万物其可左右大道？主宰大道？万物遵循大道运行，取得了成功，事情得到了圆满，人们却不知道道的存在，万事万物的运行都归附于大道，而道却不认为自己是万物的主宰，道永远没有自己的欲望，因此可以说它是“小”。万事万物的运行都归附于大道，虽然道不认为自己是万物的主宰，但万物都离不开大道，所以道可以称为是“大”；所以圣人之所以能成为“大”，是因为他不认为自己是大的，因此能成就自己的大。

【逐句解读】

道泛兮，其可左右

泛：广泛，普遍。《说文解字》：浮也。一曰流也。大道广泛地存在于万事万物之中，不停地流动运转，万物其可左右大道？主宰大道？

这句话我们可以这样来理解：大道无处不在，流转不停，万事万物的运行都需遵循着道的法则，道无名无形，却无处不在，正是因为道这样特性，因此万物无法左右大道，也就是说只能遵循大道的法则去产生、发展。

还有一种理解：道如此广泛，无处不在，因此万事万物都无法脱离道的左右。这样理解也可以，可以提醒我们道是无处不在的，我们要时时刻刻遵循大道，不要认为别人看不到，就不去遵循大道了，这样理解就和儒家的“慎独”相通。

成功遂事而弗名有也，万物归焉而弗为主。则恒无欲也，可名于小

这一句和第二章的“生而弗有，为而弗志，功成而不居”遥相呼应。

万物遵循大道运行，取得了成功，事情得到了圆满，而大道因为隐身于万事万物的背后，它没有获得任何的名声，甚至人们都不知道它的存在；万事万物的运行都自然遵循于大道的法则，都归附于大道，而大道却不因为万物的归附而认为自己是万物的主宰；道永远没有自己的欲望，正是因为它这种无名无形，不去主宰万物，没有自己的欲望，所以好像这个“道”不存在似的，因此可以说它是“小”的。

为什么说道是小的？正是因为道没有任何的欲望，如果我们不去感悟它，我们都不知道它的存在，它显得可有可无的样子，好像微不足道似的，所以说它小，甚至小到了无。

万物归焉而弗为主，可名于大

万物的生长都必须归附于道，而道不认为自己是万物的主宰，虽然道不这样认为，但是万物的运转却离不开道的法则，所以，又可以使道变得很大。

因为道没有任何欲望，虽然万物因为遵循道的法则而生存，但是道不会认为自己是万物的主人，所以被称为“小”，虽然道不认为自己是万物的主人，没有自己的私欲，不会按照自己的私欲去左右万物，但是万物的运行却一刻都离不开道，正是因为道有如此大的重要性，因此，道又可以称为“大”。

是以圣人之能成大也，以其不为大也，故能成其大

所以圣人之所以能成为“大”，是因为他不认为自己是大的，因此能成就自己的大。

老子告诉我们，道是怎么成就的自己的大，道的大不是自己现身说法来自我争取、自我评说、自我夸耀，万事万物是如何必须按照自己的法则去运行，道没有这样说过，它从来没有现身过，但是道却成为万事万物的本源，万事万物都不能离开大道而存在，道正是这样默默地滋润万物，而不同万物争夺任何名利，从而成就了它的“大”。

而悟道的圣人，正是感悟了道是如此运行的，所以他们也会遵循大道的原则，像水一样“善利万物而不争”。他们默默地奉献，用自己的行为去滋润身边的人和物，却不以自己做了这些，而认为自己是伟大的、是有功的，不会去同别人争名夺利，正是他们这种默默地奉献，看似没有名声的彰显，他们才自然而然地成就了自己的伟大。

【事　例】

比如一个人，每天在家里默默地奉献，总是悄无声息地做着很多的事情，她却没有同别人夸耀过自己的功劳，家人的饭菜总会按时做好，衣服总会不管什么时候都非常干净，环境总是保持着那样的整洁，她所做的这一切，她从来没有说过，家里的人好像认为这些都是自然而存在的，没有想到有一个人每天在默默地奉献着，所以这时候，我们感觉她是小的，因为我们都没有在意她的存在。突然有一天她病了，或者她离开了一段时间，于是，饭菜没有了，衣服不干净了，家里蒙上了尘土，这个时候，我们才知道这个人的奉献是如此之大，她的存在是不可以缺失的，一旦缺失将会打乱我们的生活，让我们手足无措。这时候，你会真正感觉到她的“大”。而圣人就是这样的存在，你不去体会，你感觉不到他的伟大，而你却又离不开他。

比如我们传承的文化、我们的日常生活，虽然时时刻刻都在运用我们的文化，但是我们却不知道。一旦你离开了我们国家，去了一个陌生的地方，他们的生活习惯、行为方式同我们都完全不一样的时候，你就会感觉到我们的文化就存在于我们生活的点点滴滴。

第三十五章

【帛书甲本（第七十九章）】

執大象□□往往而不害安平大樂與餌過格止故道之出言也曰淡呵其無

味也□□不足見也聽之不足聞也用之不可既也

【帛书乙本（第七十九章）】

執大象天下往往而不害安平大樂與□過格止故道之出言也曰淡呵亓無味也見之不足見也聽之不足聞也用之不可既也

【王弼本】

执大象，天下往。往而不害，安平太。乐与饵，过客止。道之出口，淡乎其无味，视之不足见，听之不足闻，用之不可既。

【辩证本】

执大象，天下往。往而不害，安平太。乐与饵，过格止。故道之出言也：淡乎其无味，视之不足见，听之不足闻，用之不可既。

【辩证本通解】

执守大道的人，行走于天下，所到之处，不会给他人造成任何的伤害，互相能和谐相处，平和安泰。快乐和美食，超过了标准就要停止。能够用语言描绘道的样子是这样的：道如此的平淡，无法品尝出它的味道，看也看不见它，听也听不见它，但是道的用途却取之不尽。

【逐句解读】

执大象，天下往。往而不害，安平太

执大象：执，即守也，持也；象，即“道”。道是无物之象。执大象即执守大道。天下往：天下，指天下的人们；往，行也，去也。

感悟大道、执守大道的人，为众生而为，行走于天下，所到之处，不会给他人造成任何的伤害，正是因为他有“上善若水，水善利万物而不争”的品行，所以，所到之处又可以感召天下万物归附，万物归附于他的身旁，而能互相和谐相处，平和安泰。

乐与饵，过格止

本句采用帛书甲本。帛书甲本为“樂與餌過格止”，而王弼本为“乐与饵，过客止”。读者可结合自己的理解去采用，因为两种解释都有道理，所以不能说哪个错哪个对，这里解读，仅供参考。

先说帛书甲本：“乐与饵，过格止。”乐，本意就是乐器，后引申为喜悦，这里可以理解为美好的音乐，或者让人们欢乐的事情；饵，《说文解字》：粉饼也，本义是糕饼，还有食物的总称、诱惑等意思。字源网上解释为：饵，表示一种糕饼食物。耳表声，兼表饵大小如耳，这里可以理解为美食，精美的食物，给我们的一种诱惑。格：法式；标准；规格。所以，这句话我们就能很好地理解：快乐和美食，超过了标准就要停止。

这句看似简单的话，而我们却没有多少人能够真的做到，在快乐和美食面前，又有多少人能挡得住诱惑呢?

这句话，我们可以从两个不同的角度来理解一下：一是主动的角度；二是被动的角度。

从主动的角度理解，悟道的人，也就是说“执大象”的人，为什么能够做到“天下往，往而不害，安平太?”因为悟道的人，懂得当止则止，在快乐和美食面前，当其超过道的法则的时候，就会主动停止、转换、引导。这里的“过格止”，我们可以理解为，不到过格的时候，就应该主动地停止了。

从被动的角度可以这样理解：如果我们普通的人，不懂得道的法则，一味地追求快乐和美食，当达到、超过了一定标准的时候，你还不知道停止，那么，道就会让你被动地停止，这就是乐极生悲，过分地挥霍自己的青春，就会受到自然法则的惩罚。禁不止诱惑，过度地享受美食，身体就会出现各种疾病，就不得不停止。

下面再解读一下王弼本的“乐与饵，过客止”。

这里的“乐”一般解释为美妙的音乐，“饵”被解释为美食。乐在《说文解字》里是这样解释的：五声八音总名。是有音乐的意思，而乐还有快乐的意思，而这种快乐是表示因外界的刺激而让人快乐，比如美妙的音乐，经过这些事物的刺激，让人产生了高兴的状态，但这种高兴，源自于外界，而不是发自内心。如果是发自内心则被称之为“悦”，悦——心事的兑现。所以虽然都是表示高兴，而乐是来源于外部的。

与的意思有很多种，在《康熙字典》里有解释为：如也。《前汉・韩信传》中是：大王自料，勇悍仁彊孰与项王。《注》师古曰：与，如也。这里我们采用“如”的意思。

饵，很明显是诱饵、引诱的意思。

所以“乐与饵”，可以理解为，外界那些可以给我们带来快乐的刺激，如同诱饵一样。平常的人如同行走在世间的过客一样，会被这种外界的诱惑吸引，以至于止步不前。

这里老子说的常人是这样的，为了能够给我们带来一时快乐名利、美色等，扰乱了我们的心，停止了我们通往大道的脚步。悟道的人是不会被世间的私人名利所诱惑的，不会为了这些驻足不前，他会一直行走在通往大道的路上，会一心为众生着想，不断地完善自己的德行。

故道之出言也：淡乎其无味，视之不足见，听之不足闻，用之不可既

同世间美妙的万象相比，道是有所不同的，它能够用语言描绘的样子是这样的：道如此的平淡，你无法感知、品尝出它的味道，观赏它也没有值得流连忘返美景，倾听道也没有悦耳美妙之音，但是道的用途却取之不尽。

第三十六章

【帛书甲本（第八十章）】

將欲拾之必古張之將欲弱之□□強之將欲去之必古與之將欲奪之必古予之是胃微明柔弱勝強魚不脫於瀟邦利器不可以視人

【帛书乙本（第八十章）】

將欲翕之必古張之將欲弱之必古強之將欲去之必古與之將欲奪之必古予□是胃微明柔弱朕強魚不可說於淵國利器不可以示人

【王弼本】

将欲歙之，必固张之；将欲弱之，必固强之；将欲废之，必固兴之；将欲夺之，必固与之。是谓微明。柔弱胜刚强。鱼不可脱于渊，国之利器不可以示人。

【辩证本】

将欲翕之，必固张之；将欲弱之，必固强之；将欲废之，必固兴之；将欲夺之，必固与之。是谓微明。柔弱胜刚强。鱼不可脱于渊，国之利器不可以示人。

【辩证本通解】

一个事物将要走向收缩，必定是因为它过度膨胀的缘故；一个事物将要走向衰弱，必定是因为它过度强盛的缘故；一个事物将要走向废止，必定是它过于兴盛的缘故；一个事物将要被夺取其拥有的一切，必定是因为它曾经被给予的太多。这种事物强盛至极致就会转化为衰弱的规律，就是所谓的隐秘而微妙的原理。由这种事物盛极必衰的道理，可以看到，保持柔弱的、谦卑的心态优于拥有一颗骄纵张狂的心。就像鱼无论多么强大，也不能脱离了生养它的深渊，因为那里是它赖以生存的根本之地。一个国家的守国之重器同样不能显示给他人，不可作为炫耀的资本，因为这是国家赖以生存的根本所在。

【逐句解读】

将欲翕之，必固张之

翕：合，聚。一个事物将要走向收敛、聚合，必定是因为它固守张扬的状态太久的缘故。

这句话我们很好理解，比如一只飞翔的小鸟，它张开翅膀在空中滑翔，但是为了保持一直在空中，在它的翅膀张到一定程度和时间后，必须要把翅膀收回来，然后扇动翅膀，如果它一直保持张开的状态，就会从空中坠落。

一个事物，当它扩张到一定程度的时候，必然要有所收敛，要不就会出现大的失误，甚至走向灭亡。比如一个国家总是保持向外扩张的姿态，连年征战，不知道休养生息，则国力就会走向衰落，最后你不想收敛都要被动地收敛。

将欲弱之，必固强之

一个事物将要走向衰弱，必定是它保持强大太久的原因。

正如《道德经》第二十三章所说的“飘风不终朝，暴雨不终日”，一个事物保持强大太久，它的后续力量就会匮乏，就无法支撑它永远强大，必然会有走向衰弱时候。

将欲废之，必固兴之

一个事物将要被废止，必定是它兴盛的时间太长的缘故。

一个事物兴盛的时间太久，随着时光的流转，也许慢慢地就会被新生事物取代，因此就会被废止。比如国家的法律，总是过几年就要被废止一些，因为随着时光的流转，曾经兴盛的东西已经不再适应当下的需要了。

比如一些家庭用品，如自行车、摩托车、收音机等，这些曾经盛极一时的事物，随着新的事物产生，都会被慢慢地废止不用。

将欲夺之，必固与之

一些曾经拥有的将要被拿走，必定是因为它被给予的东西太多的缘故。

世间的物质是有限的，不可能长期被某个人把持太长时间，不会让他把持得越来越多，如果一直这样就会引起不均，过度的不均就会引起动荡，经过大的动荡后，物质会被再次分配。这种规律也正符合了《道德经》第七十七章所说的“天之道，损有余而补不足”。大道的法则是削减那些富足的，弥补那些不足的，从而让世间接近于均衡的状态。

老子所讲的这个道理告诉我们，有所强盛，就会有所衰败，悟道的人如果知道这个道理，就会在事物还没有走到鼎盛的时候，就懂得收敛，节省下力量，聚集新的力量，在合适的时间再开始新的一轮强盛，而如果不懂得适可而止，把所有的力量都消耗殆尽，最后却不得不被动地收敛，到那个时候，也许就是一蹶不振，甚至是灭亡的时候。

是谓微明

这种事物强盛至极致，就会转化为衰弱的规律，就是所谓的隐秘而微妙的原理。

柔弱胜刚强

悟道的人如果懂得了这个道理，也就会懂得时刻保一颗持柔弱的、谦卑的心，优于拥有一颗骄纵张狂的心。

这里说的柔和刚，一是表示自己的心态要柔，要谦和；二是在对外的表现上要柔和，不要太张狂，不要太刚强。

从这一句话可以看出，老子不厌其烦地连续给我们举了四个例子，告诉我们物极必反的道理，是想让我们提高警惕，不要去追求事情的极致，而是要懂得适可而止的道理，在一定程度上停止脚步，然后休整自己，休整自己的团队，不要有那种过分刚强的心，不要有称霸的念头，而是让自己的心回归到那种柔弱的、谦卑的状态。不要让团队对外过分的张扬，这样将会成为众矢之的，而是要懂得收敛光芒，做到和其光同其尘，不要给别人一种压迫的感觉。

鱼不可脱于渊

鱼为什么不能离开深渊？因为深渊是鱼的根本，是鱼的生存之地，鱼在深渊里，可以自由自在，人不能发现它、不能去伤害它。而如果鱼为了彰显自己的强大，一跃而起，脱离了深渊，那么就会成为很多人的目标，就会受到伤害。这一句可以说是对“柔弱胜刚强”的再一次阐述，告诉人们不可为了表现自己，故作刚强，脱离了根本。这一句同《道德经》第二十六章所说的“是以圣人终日行不离辎重”也是相通的，就是提醒人们要懂得什么才是自己的根本，不能为了彰显自己，而脱离了自己赖以生存的根本，一旦离开，将会危险重重。

看到这里，是不是有一种比较憋屈的感觉？想要自由却无法脱离？我想如果你想自由，就要强大自我，比如你从鱼强大成了龙，也许就可以一跃冲天了吧？当你还是鱼的时候，就努力地自我成长吧。世上本没有绝对的自由，所有的自由都是有条件的，要懂得强大自我的同时安于现状。

国之利器不可以示人

“国之利器”为什么不可以示人？因为“国之利器”是国家的根本。

如果不懂得“柔弱胜刚强”的道理，为了争强好胜，为了表现自己的刚强，有意地炫耀守卫国家之根本，就会把本来隐身于“无形”的利器转化为万人瞩目的“有形”，天下所有有形的东西都是可以用来研究，进而是可以破解的，这样，再好的“国之利器”也就形同虚设了，国家的灾难就要来了。

本章老子阐述了事物发展的客观规律，这种客观规律就是人们平时熟知的“日中则昃，月盈则亏”的道理。老子给我们阐述这种规律，是告诫我们要懂得事物从鼎盛走向衰败的趋势，而我们懂得了这种规律，就要懂得提前化解这样的趋势。比如一个团队，如果制定了一个阶段性目标，当我们将要达成或者已经达成后，就是走到了这个阶段的鼎盛时期，我们在懂得了这种盛极必衰的道理以后，就会提前制定新的目标，或者转变方向，在团队还没有从盛极转向衰退的时候，及时开始新的征程。

第三十七章

【帛书甲本（第八十一章）】

道恒無名侯王若守之萬物將自化化而欲□□□□□□□名之幄名之幄夫將不辱不辱以情天地將自正

【帛书乙本（第八十一章）】

道恒無名侯王若能守之萬物將自化化而欲作吾將闐之以無名之以無名之樸夫將不辱不辱以静天地將自正

【王弼本】

道常无为而无不为。侯王若能守之，万物将自化。化而欲作，吾将镇之以无名之朴。无名之朴，夫亦将无欲。不欲以静，天下将自定。

【辩证本】

道恒无为。侯王若能守之，万物将自化。化而欲作，吾将阗之以无名之朴。阗之以无名之朴，夫亦将无欲。不欲以静，天下将自正。

【辩证本通解】

道的运行，有其亘古不变的规律，那就是“无为”。领导者如果能够感悟了“无为”，并且按照“无为”去运作，那么万物都将自行运转，并将归附于他。随着事物的生长变化，欲望就会产生，悟道者就会用无名无相的淳朴大道来填充人们的思想，通过用淳朴的大道来教化人们，将消除各种欲望，使欲望不再滋生，故内心清静，从而天地自然清正。

【逐句解读】

道恒无为

王弼本为“道常无为而无不为”，帛书甲乙本均为“道恒无名”，故取帛书甲乙本。道的运行，有其亘古不变的规律，那就是“无为”。

“无为”的含义在第二章已阐述过，这里不再赘述。

道总是以无为的方式恒久地运行着。

侯王若能守之，万物将自化

侯王，指的是领导者，领导者如果能透彻地领悟“无为”的精髓，并执守“无为”的原则行事，带领自己团队，那么万物在其的感召下，都将自我运转、萌发、成长、育化。

化而欲作，吾将阗之以无名之朴

本句采用帛书乙本中的“阗（tián）”

“阗”盛貌也，谓盛满于门中之貌也，有充满、填满之意。而王弼本里用的是镇字，而镇就有镇压之意，有强迫的含义，强迫就有点不符合老子的无为思想。因此我们采用“阗”字。

这一句我们可以从两个角度来理解。首先可以从领导者的角度来理解：当万物兴盛并归化于领导者周围，这种逐渐盛大的情景，将会激起领导者内心欲望的发作，当这种欲望有所萌发的时候，有道的领导者就会有所察觉，他就会及时地用无名无相的最朴素的大道法则来填充自己的思想。

如果我们从普通人的角度来理解，就是当人们内心萌生不同的欲念时，悟道的人能够及时地用无名无相的、朴素的大道法则来教化人们，让人们内心充满这种朴素的思想。

阗之以无名之朴，夫亦将无欲

王弼本为“无欲”，楚简本为“智足”，智通知，即为“知足”，因知足所以无欲，二者相通，故取王弼本。当欲念萌生时，有道的领导者将会用无名无相、最朴素的大道原则充满自己和常人的思想。而头脑正如一个阵地一样，如果这种朴素的、无欲的思想占领了一个人的头脑，那么那些膨胀的欲望就会消减，进而达到无欲的境界，达到符合于道的境界。

不欲以静，天地将自正

王弼本为“天下将自定”，而帛书甲乙本均为“天地将自正”，定偏重于表面的安定、平和，而“正”是符合法则的、不偏的，是由内到外的纯正、合适。“正”比“定”的含义更确切、更深刻，故取帛书甲乙本。

人们因为内心欲望不再膨胀，故内心清静。内心清静，就不会有所妄为，没有妄为，天下万物都将按照道的法则自然运行，形成一派祥和的景象。

第三十八章

【帛书甲本（第一章）】

□□□□□□□□□□□□□□□□□□□德上德無□□無以為也上仁為之□□以為也上義為之而有以為也上禮□□□□□□□□□攘臂而乃之故失道矣失道而后德失德而后仁失仁而后義□義而□□□□□□□□□□□而亂之首也□□□道之華也而愚之首也是以大丈夫居亓厚而不居亓泊居亓實不居亓華故去皮取此

【帛书乙本（第一章）】

上德不德是以有德下德不失德是以無德上德無為而無以為也上仁為之而無以為也上為之而有以為也上禮為之而莫之應也則攘臂而乃之故失道而后德失德而句仁失仁而句義失義而句禮夫禮者忠信之泊也而亂之首也前識者道之華也而愚之首也是以大丈夫居□□□居亓泊居亓實而不居亓華故去罷而取此

【王弼本】

上德不德，是以有德；下德不失德，是以无德。上德无为而无以为；下德为之而有以为。上仁为之而无以为；上义为之而有以为。上礼为之而莫之应，则攘臂而扔之。故失道而后德，失德而后仁，失仁而后义，失义而后礼。夫礼者，忠信之薄，而乱之首。前识者，道之华，而愚之始。是以大丈夫处其厚，不居其薄；处其实，不居其华。故去彼取此。

【辩证本】

上德不德，是以有德；下德不失德，是以无德。上德无为而无以为，上仁为之而无以为，上义为之而有以为，上礼为之而莫之应，则攘臂而乃之。故失道而后德，失德而后仁，失仁而后义，失义而后礼。夫礼者，忠信之薄，而乱之首。前识者，道之华，而愚之始。是以大丈夫处其厚，不居其薄；处其实，不居其华。故去彼取此。

【辩证本通解】

上乘的德，不执着于追求德，所以是真正的有德；下乘的德，执着于德，刻意追求德，却失去了德；上乘的德以无为的方式去作为，并且没有怀着主观目的性。上乘的仁爱积极的作为，没有功利之心，没有主观目的性。崇尚义的人努力而为，这种为具有强烈的目的性，道义丧失后，只好努力用礼仪教化人们，而人们不去响应这种礼教，于是统治者就会努力强制地推行这种礼教。当人们失去了道的淳朴后，人们的层次下降到德的层面。不能按照德的品行行事后，就下降到下一个阶层“仁”，不能按照

“仁”的境界有所作为以后，就产生了义，不能按照“义”的境界作为以后，就产生了礼，礼的出现，是社会中忠诚信实的风气已经稀薄、缺失，是社会动荡的征兆和开端。通过前面的论述，我们可以认识到，当“德”“仁”“义”“礼”等被大肆宣扬，而彰显道的华丽时，其实是道走向了没落，是愚昧的开始。因此悟道的人，守持道的淳朴，而不做浅薄之事；总是保持着朴实的心，而不浮华。因此要舍弃浮华，执守淳厚。

【逐句解读】

上德不德，是以有德；下德不失德，是以无德

上乘的德，不执着于追求德，所以是真正的有德；下乘的德，执着于德，刻意追求德，却失去了德。

我们可以这样来理解这句话：

具有上乘德行的人总是默默地造福于众生，不追求表面的浮华，不标榜自己，没有强烈的分别心，该做的时候自然去做，做完以后即刻放下，不着痕迹、不牵挂、不留恋、不宣扬、不标榜，所以是真正的有德；下乘的德，在做一些事情的时候，有比较强的分别心，会刻意地去做认为符合道的事情，并且希望以自己认为的道约束别人也这样做，自己做了以后，总是担心别人注意不到，故意去标榜自己的所作所为，刻意地宣扬自己“有德”的言行，追求“有德”的外在形象，而这样的人就失去了德。

上德的不德，是不追求外在的德，不去在意别人对自己作为的评价；下德的不失德，是不愿意失去外在的德，做事不是追求做事的实际意义，而是努力地渴求别人对自己的赞美。

上德无为而无以为，上仁为之而无以为

以：目的在于。上乘的德，以无为的方式去作为，并且没有主观目的性。上乘的仁，积极的作为，也没有功利之心，没有主观目的性。

最高层次的品行是“德”，具有上等德行的人，如水滋润万物，悄无声息地滋养着万物，人们感觉不到他的作为，却能自然地得到他的恩惠，他所有的作为是一种顺道而为，他的所作所为没有任何私人目的性；比“德”次一级的品行是“仁”，具有上等仁德的人，会努力做认为有利于众生的事情，这种作为大家能够感觉到他的存在，他的这种作为是发自内心

为众生做事，也没有怀着自己的私人目的而为之。

我们可以这样理解，上德是道自然而然运行的方式，是不怀任何的私人目的而做好该做的事情；而上仁就包含了人为的因素，虽然所作所为没有私人的目的性，但是却有着什么是善的、什么是不善的这样的分别心，因此会在认为是善的事情上就刻意而为。我们要把《道德经》里的德和我们平时所说的德区分一下，《道德经》里的德，就是道自然而然的运行方式，而我们平时所说的德，更多的被理解为仁德、道德、善良等美好的品质。所以老子在这里说的上德，就是道自然而然运行的方式，道自然而然运行的方式怎么会有分别心呢？正如我们以前学习过的“天地不仁以万物为刍狗”，真正的德是没有这种分别心的，而上仁，就加入了人的感情，就有了善恶的区分，人们就会去积极的做那些认为是善的事情。

上德的人会在日常生活的点滴中，不着痕迹地按照大道行事，不会刻意地为了行善而故意为之；而上仁的境界，其发心是善的，只是有了分别心，所作所为，会刻意地追求于善的标准，甚至一言一行都要遵循于自己心目中认为正确的理念，用佛家的说法，就是着相。

每一个人都有自己应该做的事情，都有自己的责任，在自己的位置上做好自己的事情，就是一种遵循于道的行为，比如你努力工作，为你的团队健康前行贡献了一份光和热，你的贡献换来了他人的肯定，获得了应得的报酬，滋润了你的家，你的家人安康快乐，进而做好自己的事情而影响他们身边的人和事，这就是一个良性的循环。

而如果按照自己认为的善无时无刻地去做善事，今天这里举行慈善活动，放下本来该做的事情，赶快来参加活动，明天那里开展弘扬道德宣传，放下工作及时赶到，后天慈善造林，你立刻参与……如此种种，所有慈善的场合，都有你身影，你做得不亦乐乎，认为所做都是为了众生的善，而刻意地追随，就是“为之”，这种“为之”会让自己的形象不断变得高大，会赢得很多的赞誉，你也会以这种行为来号召更多的人为之，而不知道这种刻意为之已经偏离了本来该走的路，忽视了本来该尽的责，荣光了自己，却忽略了身边的人。

回顾一下《道德经》第十七章中说的“太上，下知有之；其次，亲而誉之”。最上乘的德，就是下之有之，你悄声无息地做好该做的事情，点点滴滴中渗透着自己的善，不经意间，推动着整个社会的前行，别人都只知道有你这么一个人而已，甚至你的离去，都不曾引起丝毫涟漪，而这种做事方式，却是最符合于道的上德；如果你不愿意错过任何认为是行善的事情，总是追随着所谓的善行，努力为之，你的形象会越来越高大，赞誉越来越多，被越来越多的人“亲而誉之”，这种行为，我们可以称之为“上仁”，上仁是很好的，只是上仁还没有达到通透的智慧，是着了相的。

上义为之而有以为，上礼为之而莫之应，则攘臂而乃之

王弼本是“攘臂而扔之”，而帛书甲乙本均是“攘臂而乃之”，这里采用帛书甲乙本。攘臂：捋起袖子，伸出胳膊。乃：是、为、于是、就的意思。

当“仁”丧失后，人们开始按照“义”来约束自己的行为，具有“上义”的人努力而为，这种为不是发自内心的，而是为了遵循所谓义的道理，只是为了遵循人们约定的一些规则，刻意而为之，这种为具有强烈的目的性，就是遵循道义的约束而为之，并且希望得到别人的称赞（当人们心中连“义”也丧失了，那么统治阶级只有用“礼教”来约束人们的行为）。“上礼”就是努力用礼仪教化人们，要求人人都必须遵守礼制，而心中失去了道义的人不会去响应这种礼教，于是统治者就会努力、强制推行这种礼教。这种礼教，我们可以理解为法律层面的，当人们不再按照道来行事的时候，道义丧失，统治者为了社会的安定，不得不制订各种规章制度，而这种规章制度不被人们遵守的时候，就不得不用强制的手段来执行。攘臂而乃之：努力地执行。

本章是老子为德、仁、义、礼做的一个定义性的阐述。德，首先在思想层面上没有任何德的意识，没有自我意识，达到忘我的境界，行为上顺道而为，不着痕迹，游刃有余，人们感觉不到他的存在，却得到了他的恩惠，在他的庇护下自然发展，他的所作所为没有任何目的性。仁，仁的境界是有所作为，发自内心的弘扬大道，会做一些有利于众生的事情，会感召更多人走无我利他的大道之路，他的作为、他的光芒人们可以很清楚地感受到，是人们学习的榜样，他的所作所为发自内心地为了众生，只要符合众生的利益，他就会毫无挂碍地去作为，他也没有丝毫的目的性。义，义的境界也是有所作为，但他作为不是完全以有利于众生而作为，而是以

符合于义来进行，所作所为以不违背义为准则，在其心目中就有一个小的框框，没有了仁的博大胸怀，有时一件事情做了会对众生有益，但是不做也不违背义，那么在义境界的人就有可能不做，这种境界做事情就有明显的目的性，以符合义为目的，甚至以成就自己有义的名声而去做事。礼，礼的意思是“符合统治者整体利益的行为准则”。当人们的风气丧失了德、仁、义以后，自私性无限膨胀，每个人为了一己之私相互争夺、倾轧，乃至发生战争，直至威胁到人类的延续，统治者不得不制定出一套行为准则来约束人们的行为，违反这种行为准则的将受到舆论的指责，直至人身、财产的惩罚，形成了一套强制的工具。

故失道而后德，失德而后仁，失仁而后义，失义而后礼

从这一句话里可以看出，老子把人们行为的层面分成了五种：道、德、仁、义、礼。要理解这一句话，应先理解这五个层面。

道的境界：我们可以理解为在人类诞生之前，或者人类的智慧还没有开化的时候，天地万物自然而然地按照道的法则产生、发展、消亡，人们意识中还没有道的法则存在，但是却能够自然按照道的法则运行。这个阶段就是人们心中并没有道这个法则的存在，只是按照本能做事情，却在不觉中符合了道。

德的境界：我们可以理解为人类逐渐增多，群体逐渐扩大，人类智慧逐渐开化，人们感悟了道的法则的存在，知道按照道的法则行事，就会越来越昌盛，逆道而行就会带来灾祸，因此人们都会自觉按照道去运行。这种运行是心中有了道，在道的法则引领下而运行，道的外在表现称为德。

仁的境界：随着社会的进步，人类劳动能力的不断增强，出现了剩余财物，少数人的私欲开始萌生，出现了不按照道的法则做事的行为，这时候多数的人开始有意地弘扬无我利他的行为，希望通过积极地弘扬无私的行为而能让社会继续和谐发展。

义的境界：当剩余财物继续增加，更多的人私有欲望逐渐增强，为了社会的和谐，形成了针对人们行为对错的一些评判标准，利用舆论的评判督促人们按照善的标准来做事。

礼的境界：当人们的自私性不断扩大，以至于人们不再按照义的标准自觉地行事了，社会开始走向争斗、战争，甚至灭亡的边缘，为了人类的

延续，人们开始制定了“礼”，就相当于今天的“法律”，用礼的强制性，来强行维护社会的延续。

有了这五个境界的认识，我们就可以这样来理解这一句话：当人们失去了自然按照道而运行的境界后，进入了有意识的遵道而行的德的境界；当人们失去了按照德而运行的境界后，进入了努力弘扬无我利他的仁的境界；当人们失去了仁的境界后，进入了需要舆论监督的义的境界；当舆论监督无法左右人的行为，失去了义的境界后，统治者不得不制定强制的规章、规则，进入礼的境界。

夫礼者，忠信之薄，而乱之首

帛书乙本为“忠信之泊”，泊有停止的意思，我们也可以理解为忠信风气的停止。而我们看后句有“处其厚，不居其薄”，这里薄和厚是相对应的两个字，故我们采用王弼本的薄。

礼的出现，反映了社会中忠诚信实的风气已经走到了稀薄、缺失的境界，是社会开始动荡的征兆和开端。这句话就是说，社会发展到了必须用礼制强行约束人们行为的时候，社会已经走到了危险的边缘。

前识者，道之华，而愚之始

前识者一般解释为：有超前意识、感知的人，即悟道者。为了上下文贯通，我理解为：通过前面的论述，我们可以认识到，就是平时我们写文章常用的一句“综上所述”。

通过前面的论述，我们可以认识到，当“仁”“义”“礼”等这些道的外在表现被大肆宣扬，而故意彰显道的华丽时，其实是道走向了没落、愚昧的开始。

是以大丈夫处其厚，不居其薄；处其实，不居其华。故去彼取此

悟道的、有所作为的人，总是处身敦厚，守持道的淳朴，而不做浅薄之事，不做以礼教强行限制他人的事。他们总是保持一颗朴实的心，而不浮华、不做那些徒有其表的华丽之举。因此要舍弃浮华的“礼”，采取厚实的“道”和“德”。

第三十九章

【帛书甲本（第二章）】

昔之得一者天得一以清地得□以寧神得一以霝浴得一以盈侯□□□而以為正亓致之也胃天毋已清將恐□胃地毋□□將恐□胃神毋已霝將恐歇胃浴毋已盈將恐渴胃侯王毋已貴□□□□□故必貴而以賤為本必高矣而以下為基夫是以侯王自胃□孤寡不穀此亓賤□□與非□故致數與無與是故不欲□□若玉硌硌□□

【帛书乙本（第二章）】

昔得一者天得一以清地得一以寧神得一以霝浴得一盈侯王得一以為天下正亓至也胃天毋已清將恐蓮地毋已寧將恐發神毋□□□恐歇穀毋已□將渴侯王毋已貴以高將恐蹶故必貴以賤為本必高矣而以下為基夫是以侯王自胃孤寡不穀此亓賤之本與非也故至數輿無輿是故不欲祿祿若玉硌硌若石

【王弼本】

昔之得一者，天得一以清，地得一以宁，神得一以灵，谷得一以盈，万物得一以生，侯王得一以为天下贞，其致之。天无以清将恐裂，地无以宁将恐废，神无以灵将恐歇，穀无以盈将恐竭，万物无以生将恐灭，侯王无以贵高将恐蹶。故贵以贱为本，高以下为基。是以侯王自称孤、寡、不穀。此非以贱为本邪，非乎？故致数與无與，不欲琭琭如玉，珞珞如石。

【辩证本】

昔之得一者，天得一以清，地得一以宁，神得一以灵，谷得一以盈，万物得一以生，侯王得一以为天下正，其致之也。天无以清将恐裂，地无以宁将恐发，神无以灵将恐歇，谷无以盈将恐竭，万物无以生将恐灭，侯王无以贵高将恐蹶。故贵以贱为本；高以下为基。是以侯王自称孤、寡、不毂。此其贱之本欤？非也。故致数誉无誉，不欲琭琭若玉，硌硌若石。

【辩证本通解】

以往能够守持“一”的原则，即守持了道的运行法则。如：天守持道的原则得以清明，地守持道的原则得以宁静，神守持道的原则得以灵验，谷守持道的原则得以丰盈，万物守持道的原则得以生生不息，侯王守持道的原则天下得以安定而祥瑞。这些好的结果都是因为守持了道的原则而达到的。如若天不能守持道的原则，则不会清明，天不清明就会崩裂；如若地不能守持道的原则，则不会安宁，地不安宁就会发生动荡；如若神不能守持道的原则，则不会灵验，神不灵验就会消亡；如若谷不能守持道的原则，则不会充盈，谷不充盈就会枯竭；如若万物都不遵循道的法则，则将混乱一片，万物都不能生存，最后走向整体灭亡；如若侯王不能守持道的原则，其将会失去崇高的地位和威望，侯王失去了崇高的威望，则其天下就会被推翻。所以，我们要懂得道的法则：看似高贵的，是因为有看似卑贱的作为根本；高高在上，要有处在下方的作为基础。侯王以“孤”“寡”“不毂”作为自己的称谓，这样就是以贱为本了吗？不是的。如果过多的刻意去追求荣誉，反而会得不到所谓的荣誉；因此真正悟道的人，不去追求如玉一般的华美，而是宁愿拥有像石头那样的坚硬而朴实的品质。

【逐句解读】

昔之得一者

一：至纯、至专、至朴。《道德经》云：道生一，指天地万物由道孕育而成时最本初的状态，寓意其最朴素，最基础，最本源的状态。“一”形容天地初始混沌、淳朴、本源、基础的状态，摒弃那种外在的浮华，多余的躁动。在《道德经》第十四章说：“视之不见名曰微，听之不闻名曰希，播（mín）之不得名曰夷。此三者，不可至计，故混而为一。一者，其上不攸，其下不忽。”这里的“一”，是无名无形的，是道运行的状态，我们可以理解为道的运行。

以往能够守持“一”的原则，即守持了道的运行法则的事物。如果保持了道的法则，会是什么样子呢？老子举了以下几个例子：

天得一以清

天守持道的原则得以清明。天按照道的法则，滋润万物的时候，一派祥和，风轻云淡，润物于和风细雨。

地得一以宁

地守持道的原则得以宁静。大地按照道的法则运行的时候，就会非常安稳，默默承载着万物，万物都在大地母亲的怀抱中快乐生长，一派繁荣向上的景象。

神得一以灵

神守持道的原则得以灵验。这里的神我们并不要理解为平时说的神灵。《说文解字》：天神，引出万物者也。可以看出，这个神并不是我们平时说的让你膜拜的偶像，而是可以引发天地万物的这个神奇的力量。那么这一句就是说，如果这些神奇的力量，能够按照道的法则运行，那么它就会按照以前人们能够认知的规律，使得事物发生变化，不会偏离常规的方向。

谷得一以盈

谷守持道的原则得以丰盈。谷遵循道的规则而处下，则溪水归附而至，以至于充盈。

万物得一以生

万物守持道的原则得以生生不息。万物遵循道的原则，各自在各自的领域内成长，各自发挥着各自的作用，组成了一个和谐的天地乐园。

侯王得一以为天下正

侯王守持道的原则，以道的原则统领天下，天下得以安定而祥瑞。侯王，我们现在可以理解为领导者，对于我们个人，也可以理解为自己的思想，如果我们的思想或者领导者，能够秉持道的原则，以无为无欲的心态，以忘我利他的信念去服务众生，则团队内就会一派祥和公正，我们的人际关系也会和谐，达到共赢。

其致之也

致：使达到的意思。这些好的结果都是因为守持了道的原则而达到的。清、宁、灵、盈、正之所以能够达到，均是因为做到了守一，也就是秉持了道的原则。

这一句也被解释为："推而言之"，作为承接下面语句的过渡句，本人认为应该作为上面阐述的总结语，故不采用"推而言之"的解读。

天无以清将恐裂

如若天不能守持道的原则，则不会清明，天不清明就会崩裂。天当然是没有情感的，它什么时候会不按照道的法则运行呢？我们可以理解为雷电交加、暴雨倾盆的恶劣天气，树木被摧毁，山体出现滑坡，洪水肆虐，房屋倒塌，人们居无定所，百草不结，这种天气如果持续一年两年，甚至永久，我们将如何生活呢？可见我们之所以能够安详地生活在我们的家园，正是天一直以来遵守着大道，给我们以清净，偶尔飘风骤雨，也是按照道的规则，不能终朝日。

地无以宁将恐发

王弼本为"地无以宁将恐废"，废有停止、没有用的、失去效用的等意思，而帛书乙本为"地毋以宁将恐发"，而发有起、开、乱、动、伐等诸多意思。可见，废只是表示一种废止的状态，而发更能表示如果地不遵循道的法则，将会出现的那种动荡的景象，所以"发"字更形象，故采用帛书乙本的"发"字。所以本句我们可以这样理解：如若地不能守持道的原则，则不会安宁，地不安宁就会发生动荡、地震、火山、坍塌等自然灾害。

如果地没有厚德载物之心，整天想着表现自己，同天一争高下，那么就会不断地发生地震、海啸，以至于山崩地裂，那么万物又怎么生存呢？

从这两句我们也可以联想到我们的生活，比如领导者在上位，好比天，就要遵守道的法则，保持清明豁达，做到和风细雨般的施恩于下属，为下属提供更好的成长环境，同时做好自己，为下属树立学习的榜样，而不是小肚鸡肠，有事没事就爆发雷霆之怒，政令不断地更改，让下属无法适应。而作为下属也要像地一样厚德载物，学会包容、承担，而不是为了表现自己而同他人争名夺利，做事不是为了做事而做事，总想突出自我，甚至越位，这就像"地无以宁将恐发"，不断地整出一些事端。这些法则在家庭之间也是可以参考的。

神无以灵将恐歇

如若神不能守持道的原则，则不会灵验，神不灵验则万物的生发都会停止。上面我们说了：天神，引出万物者也。万物不断地生发运转，就是有一个神奇的力量按照道的原则，不断地使万物按照各自的轨迹产生、发展和消亡，如果一些事物的发展变化脱离了常规的规律，那么，这种力量我们就不再说它为“神”，而称之为“妖”。“妖”指一切反常怪异的事物或现象。也就是说，如果这些神奇的力量，不再按照道的规律运行，就会出现异常，就会不灵，不再按照正常的规则运行，那么就变成了妖。这种现象的发生，使得各种事物的运转不再有一定的秩序，就会出现混乱的现象，甚至导致物种的灭绝。

谷无以盈将恐竭

如若谷不能守持道的原则，则不会充盈，谷不充盈就会枯竭。山谷也不守持道的规则，不甘居下，而是不断地想抬高自己，则水不断地流失，最后山谷枯竭。

万物无以生将恐灭

万物都不遵循道的法则，则整个系统都将一片混乱，万物都不能生存，最后整体走向灭亡。

侯王无以贵高将恐蹶

如若侯王不能守持道的原则，不能以自身为正，同他人争名夺利，不珍惜高贵的品行，人们则不会追随，人们不去追随，其将会失去崇高的地位和威望，侯王失去了崇高的威望，则其天下就会被推翻。

故贵以贱为本；高以下为基

所以，我们要懂得道的法则：看似高贵的，是因为有看似卑贱的作为根本；高高在上的，要有处在下方的作为基础。

这个我们可以从团队和个人等不同的方面来理解：

如果是团队，我们可以这样理解：领导者的高贵，是由更多的下属为根本而成就其高贵，如果没有下属的追随、归附，自己成为孤家寡人，所有的高贵都将付之于虚无。因此，在高位的领导者应该时刻铭记老子的这句“贵以贱为本；高以下为基”，要懂得善待自己的下属，正是他们成就了你的地位和事业。

如果是个人，可以这样理解：我们行走在人世间所获得的赞誉和别人的认可，都来源于自己曾经不辞卑贱的努力，所有的高，都以我们背后不为人知的奋斗作为基础。因此，如果我们想一直保持着自己的状态，就要不懈地努力。

是以侯王自称孤、寡、不穀。此其贱之本欤？非也

穀（gǔ）：粮食作物的总称，如“百穀”“五穀”。

解释一

有的版本也把“不穀”写作“不谷”，“不穀”的本意是不结果实。水稻不灌浆就不会有稻米产生，这个叫“不穀”或“不谷”。对人来说，就是没有子女。“不谷”和孤、寡意思相并列，用来比喻人没有德行，所以绝后。古代王侯以此自警、自谦。

解释二

“不穀”中的“穀”是指善、美。“不穀”表示不善，古代诸侯自称之谦辞。

本句王弼本是“此非以贱为本邪，非乎?”，改成了疑问句式，好像是反问的意思，一般解释为“这难道不是以低贱来做根本吗？难道不是吗?”而我们看帛书乙本是“此其贱之本舆（同欤）？非也”，那么我们怎么解读呢?

当侯王懂得了“看似高贵的，是因为有看似卑贱的作为根本；高高在上的，要有处在下方的作为基础”的这个道理以后，就会以“孤”“寡”“不穀”作为自己的称谓，这样就是以贱为本了吗？不是的。

老子在这里为什么用的是“非也”，否定了那些侯王用“孤”“寡”“不穀”等卑贱的称谓，称呼自己是以贱为本的行为。这里，老子是告诫我们，不要流于形式，不要在称谓上看似做到了卑贱就可以了，如果仅仅停留在表面的称谓上，那不是真正的遵守道的法则来行事，那么既然用这种称谓不能说明是遵循了道，那么该如何做呢？老子在下一句给我们指引了方向：

故致数誉无誉，不欲琭琭若玉，硌硌若石

琭琭，形容玉的华美、稀少、珍贵。珞珞：形容石块的坚实。

因此，如果过多地、刻意地去追求荣誉和高贵，反而会得不到所谓的荣誉；因此真正秉持道的人，都是不追求如玉一般的华美，而是宁愿拥有像平凡的石头那样坚实而淳朴的品质。

“致数誉”中的“致”就是达到的意思，“数”是指多数，很多的意思，也就是说，如果一个人太爱争名夺利，不断地去争抢名利，看似争抢了很多的名誉、头衔，而这样的人是人们所不齿的，在人们心中是没有任何好的名声的。

第四十章

【帛书甲本（第三章）】

□□□道之動也弱也者道之用也天□□□□□□□□□□

【帛书乙本（第三章）】

反也者道之動也□□者道之用也天下之物生於有生於無

【王弼本】

反者道之动，弱者道之用。天下万物生于有，有生于无。

【辩证本】

反者道之动，弱者道之用。天下万物生于有，有生于无。

【辩证本通解】

周而复始，是道的运动规律；顺势而为，不强而为之，是遵循于大道最好的运用。天下万物是从一开始的点滴萌发而逐渐生长、发展、继而壮大、成熟起来的。而事物开始那个细微的萌动，是从虚无开始的。

【逐句解读】

反者道之动，弱者道之用

周而复始，是道的运动规律；顺势而为，不强而为之，是遵循于大道最好的运用。

老子在这里再一次告诉我们盛极则衰的原理，万事万物都有从无到有，再从有到无的一个循环运转的过程。“日中则昃，月盈则亏”是永无穷尽的运转规律，这种周而复始，如同一个又一个圆的循环，正是道运动的最根本的法则。老子通过这种法则，再一次告诫我们，每一个人的生命、事业的运行，同样无法避免要遵循于这种道的原则，都有盛极必衰的趋势。因为有这样的趋势，所以，老子在下一句告诫我们“弱者道之用”。这个含义是：一要顺道而为，不要用强；二要有守弱的心、谦卑的心，无论自己的事业多么强盛，都要有物极必反的理念，从而让自己的心不要自满、不要狂妄，要时刻提醒自己怀着一颗善于处下的心，谦卑而柔弱，从而不排斥外来的诸多能量，因此而能够延续生命、事业的持续发展，这样才是正确地运用了道的原理。

以上从有形的物质循环往复中来理解了“返者道之动”，还可以从情感方面来理解这句话。你如何施于这个世界，这个世界就将如何反馈给你，就是平时所说的：“爱出者爱返，福往者福来。”认识到了这个道理，便可以更好地认识：“弱者道之用”，就是说我们不要对他人、对世界万物用强，你对他人用强，别人反馈给你的必然也是强硬。金人铭里说：“强梁者不得其死，好胜者必遇其敌。”你以强硬的态度对待世界，世界就会冰冷一片，你以柔弱、谦卑、温顺的态度对待他人，他人回馈你的必然是平和，所以真正悟道的人总是以平和的态度、看似柔弱的作为来同万事万物融合为一体，这才是道高明的运用之理。

这一句应和了《道德经》第十六章：“万物并作，吾以观复。夫物芸芸，各复归其根。归根曰静，是谓复命。复命常也，知常明也。”

天下万物生于有，有生于无

天下万物是从一开始的点滴萌发而逐渐生长、发展，继而壮大、成熟起来的。而事物开始那个细微的萌动，是从虚无开始的。

联想一下包括人类、动物、植物等世界万物在内的每一个生命的发生、发展、成长、成熟、衰老、消亡，最后归于了无，然后又由无开始了一个新的生命的诞生，周而复始地运转着。一个人、动物、植物的生命在开始之前，它在哪里？我们看不到它的踪影，对于这一个个体的生命来说，就是一片虚无，无影无踪，无所存在，当随着父母体内各自那一半组成生命必需的物质，从无到有，这样细微的萌生就开始了，当因缘聚合，两性物质顺利结合、着床，合子在聚合的那一瞬间，一个新的生命在宇宙中勃然而生，继而成长、发展、成熟，一直到呱呱落地的那一刻，一个崭新的生命就这样从无到有就诞生了。无论动物、植物，每一个生命的诞生，就是这样从无到有，从有继而发生、发展、成熟的过程。

你也许会说，有生命的，我们可以这样理解，那么没有生命的呢？比如宇宙？经过现代科学的论证，宇宙是由大约 137 亿年前发生的一次大爆炸形成的。宇宙内所存的物质和能量都聚集到了一起，并浓缩成很小的体积，温度极高，密度极大，瞬间产生巨大的压力，之后发生了大爆炸，继而才有了这个宇宙的运行，而在这个爆炸奇点之前又是什么状态，还在进一步地探讨，科学家一致认为，宇宙追溯到最后，就是一些能量的存在。

再有，还可以这样理解，一个事物在产生之前，不是构成这个事物的物质不存在，而是这个物体不存在，这就是“无”。比如一座房子在建造前是没有的，是后来在人的脑海中诞生了规划，继而出现了初步的图纸，然后通过建造，出现了房子。这个“无”，不是说构成房子的组成物质一开始就是无的，比如木料、砖瓦，这些是有的，只是房子是“无”，这也是从无，开始有了想法，继而使另外的物质重新组合，构成了新的物质。

第四十一章

【帛书甲本（第三章）】

□□道善□□□□

【帛书乙本（第三章）】

上□□道堇能行之中士聞道若存若亡下士聞道大笑之弗笑□□以為道是以建言有之曰明道如費進道如退夷道如類上德如浴大白如辱廣德如不足建德如□質□□□大方無禺大器免成大音希聲天象無刑道褒無名夫唯道善始且善成

【王弼本】

上士闻道，勤而行之；中士闻道，若存若亡；下士闻道，大笑之。不笑，不足以为道。故建言有之：明道若昧，进道若退，夷道若颣。上德若谷，大白若辱，广德若不足，建德若偷，质真若渝。大方无隅，大器晚成，大音希声，大象无形，道隐无名。夫唯道，善贷且成。

【辩证本】

上士闻道，勤而行之；中士闻道，若存若亡；下士闻道，大笑之。不笑，不足以为道。故建言有之：明道若昧，进道若退，夷道若颣。上德若谷，大白若辱，广德若不足，建德若偷，质真若渝。大方无禺，大器免成，大音希声，天象无型，道褒无名。夫唯道，善始且善成。

【辩证本通解】

具有上乘悟性的人，听到大道后就会努力学习，并不间断地去实践、躬行；具有中乘悟性的人，听到大道后，有时候会喜爱上大道并去学习，有时候又会怀疑大道，放弃道的原则；具有下等悟性的人，听到大道后，不能感悟到大道的智慧，会感觉大道的智慧和其之前认为的规则大相径庭，因此他会对道充满不屑和嘲笑，故哈哈大笑之。如果大道能轻而易举地被悟性低下的人领悟，而不会惹他们嘲笑，那么这样的原理就不足以称之为道了。因此有以下关于道的描述的话：明了、感悟了道，并遵循大道做事的人，往往会被人看着是昏昧的、糊涂的。指引人们前行的大道，往往被人们看成是退步的。平坦的大道，往往被人看成了充满了崎岖和障碍。上乘的德行，让人感觉谦卑、柔和，像空虚的山谷一样。拥有光明品格的人，反而会被人们认为品德有所欠缺的样子。广大的德行，好像是不足的。建立功德的时候，总是会悄悄的，不为人知。质地纯真的物品，好像总是会存在一些不足之处。大的法则不会局限于某个区域。大的系统，永远在不断地自我完善、不断地修正。充满了深邃的、宏大思想的声音，往往很少发声。天道之象无名无相，并不固定于某种定式。道是非常宏大的，包容着万物，却又无名无相。只有真正符合于大道的作为，才会有好的开始，并且会有理想的结局。

【逐句解读】

上士闻道，勤而行之；中士闻道，若存若亡；下士闻道，大笑之。不笑，不足以为道

具有上乘悟性与智慧的人，听到大道以后就会感悟到大道的智慧，深深喜爱上并去学习，并且会积极地遵循大道，按照大道的原理规范自己的行为，不间断地去实践、躬行；具有中乘悟性与智慧的人，当听到、接触到大道时，有时候会感觉到大道的智慧，喜爱上大道并去学习一段时间，但是有时候又会怀疑大道的智慧，行为上又放弃了大道的原则；悟性与智商均属下等的人，当听到大道时，因为其不能感悟到大道的智慧，反而会感觉大道的智慧和其之前认为的规则大相径庭，甚至是“愚昧可笑”的，因此他会对道充满不屑和嘲笑，故哈哈大笑之。如果大道能如此轻而易举地被悟性低下的人领悟，而不会惹他们嘲笑，那么这样的法则就不足以称之为道了。

道为什么会被悟性不够的人认为是可笑的事情呢？老子在下面给我们列举了道之所以不好被理解的原因。

故建言有之

因此有以下关于道的描述的话。

明道若昧

明道：可以理解为明白了道，感悟了道，也可以理解为光明的大道本身。昧：暗、昏，糊涂，不明白。

本句可以有两种解释：一是明了、感悟了道，并遵循大道做事的人，

往往会被人看着是昏昧的、糊涂的；二是真正光明的大道，好像是昏昧的。

悟道的人懂得了“上善若水，水善利万物而有静”“返者道之动，弱者道之用”等法则后，为人处世方面就会无我而利他，不同他人争夺名利，这些行为和我们平时的积极进取、争抢第一的竞争思想相违背。一个分别心较强、不错过任何机会的人，通过感悟大道变得通达、和顺、谦让，棱角不再分明，眼光不再锐利，所以给人的感觉好像没有以前聪明了，而是变得糊涂了、昏昧了。因此会有“明道若昧”的想法。

而这种昧，不是真正的昧，是若昧，是好像这样，其实悟道的人内心更明了，悟得了人生的根本，不再停留在你争我抢的烦恼中，而是努力成就自我、完善自我，世间的名利已无挂于心。

进道若退

进道：可以理解为指引人们前进、前行的大道；也可以理解为遵循大道前进的行为。本句也可以有两种解读：一是指引人们前行的大道，往往被人们看成是退步的；二是那些遵循大道而进的行为，往往被人们看着是倒退的。

真正的大道是为而不争，是不断地做好自己，不是那种不择手段只为了达到目的的做法，不是努力地同他人争抢，在世人都在争先恐后相争的时候，悟道的人却不去争夺，在一个不进则退的竞争机制里，好像是退步，但是真的是退步吗？看下面一个事例。

【事　例】

还在十六两一斤的年代，有一“丰裕”米店。某天，米店的老掌柜把星秤师傅请到家，对师傅说：“麻烦星一杆十五两半一斤的秤，我多加一串钱。”

星秤师傅为多得一串钱，满口答应。然后老掌柜就去米店料理生意去了。

米店老掌柜有四个儿子，四儿子两月前娶一妻。

老掌柜的话被新媳妇听见了。老掌柜离开后，新媳妇对星秤师傅说：“俺爹年纪大了，刚才一定是把话讲错了。请师傅星一杆十六两半一斤的秤，我再送您两串钱。”于是一杆十六两半一斤的秤很快制成并使用了。

此后，“丰裕”米店的生意兴旺起来，旁边“永昌”米店的老主顾也纷纷转到“丰裕”买米。又一段时间后，各处的人也舍近求远，来“丰裕”买米。

年三十晚上，老掌柜心里高兴，让大家猜自家发财的奥秘。大家七嘴八舌，有说老天爷保佑的，有说老掌柜管理有方的，有说米店位置好的……老掌柜一笑，说：“你们说的都不对。咱发的财是靠咱的秤！咱的秤十五两半一斤，每卖一斤米，就少付半两，每天卖几百几千斤，就多赚几百几千个钱，日积月累，咱就发财了。”

接着，他把年初多掏一串钱星十五两半一斤秤的经过讲说了一遍。

儿孙们一听，都惊讶得忘了吃饺子。这时，新媳妇从座位上慢慢站起来，对老掌柜说：“我有一件事要告诉爹，在没告诉爹以前，希望您老人家答应原谅我的过失。”待老掌柜点头后，新媳妇不慌不忙，把年初多掏两串钱星十六两半一斤秤的经过讲给大家听。她说：“爹说得对，咱是靠秤发的财。咱的秤每斤多半两，顾客就知道咱做买卖实在，就愿买咱的米，咱的生意就兴旺。尽管每一斤米少获了一点利，可卖的多了获利就大了。咱是靠诚实发的财呀。”

大家更是一阵惊讶，老掌柜不相信这是真的，拿来每日卖米的秤一校，果然每斤十六两半。老掌柜呆住了，一句话也说不出，慢慢地走进自己的卧室。第二天吃过年初一早饭，老掌柜把全家人召集到一块，从腰里解下账房钥匙说：“我昨晚琢磨了一夜，决定从今天起，把掌柜让给老四媳妇，往后，咱都听她的！”

夷道若纇

夷：平，平坦。纇：①丝上的结；②缺点、毛病；③疙瘩、颗粒；④不平。平坦的大道，往往被人看成充满了崎岖和障碍的路；按照大道行事，是可以平坦地到达，却被人认为是充满了曲折的行为方式。

很多时候，那些直达目的的行为，往往被人们看着是光明的、前进的、平坦的大道，而那些重视根基建设、注重品质培养的作为，往往很长时间都看不到成效，而这种正确的、符合大道原则的作为，往往被人们认为是昏昧的、倒退的、崎岖的作为。

比如在教育孩子方面，很多家长看重的是孩子的成绩，看重的是孩子善于竞争、善于超越周围的人，看着那种充满激昂斗志、事事领先的孩子，人们往往以为这样的孩子才是对的，前途才是光明的。弟子规里明确地告诉我们：“首孝悌次谨信泛爱众而亲仁有余力则学文。”什么是人生的根本？一个人的人品才是人的根本，是那种宽容、仁爱、平和的心，这才是我们应该培养孩子的，而这种遵循大道的行为，在现在竞争激烈的社会里，往往被人看着是退步的理念，从而摒弃了这种思想。

甚至有些孩子，因为不重视自己人格、思想上的培养，最后走上了人生的末路。

“明道若昧，进道若退，夷道若纇”这几句话，老子就是告诫大家，不要总是看重那些表面的、虚妄的名利，而是要注重基础的培养，比如一个团队，总是以自己的利益、名声为追求目标，不断地征战，不断地消耗自己的底蕴和人脉关系，到最后等待他的就是轰然倒塌。而遵循大道的团队，稳扎稳打，内部做到同心协力，周围和谐相处，看似不显山不露水，没有那种让人一看就是蒸蒸日上的感觉，但是多年后，你会看到，很多和它一起的团队一个个都找不到了，而它依然屹立不倒，并且稳步前进。

上德若谷

上乘的德行，让人感觉谦卑、柔和，像空虚的山谷一样。日常生活中，那些具备良好道德品行的人，总是表现得谦卑、低下、随和，而善于接受不同的意见和想法，就像山谷那样，空虚而善于包容。

大白若辱

拥有光明品格的人，反而会被人们看作品德有所欠缺的样子。拥有光明人格的人，往往不像一些虚张声势、表面冠冕堂皇内心却无比龌龊的人那样善于表现自我，总是默默无闻地做着该做的事，而不去标榜自己，因为总是默默无闻，从而很多时候被人们误解为没有那么高尚，甚至处在被辱没的境界。

历史上也不乏这样的人，很多人一心为了国家和人民，却被不知真相的人辱骂，甚至丧失了性命，比如很多打入敌人内部的人，表象上在和正义作对，而实际上为了祖国和人们受尽屈辱，至死不能表白，甚至会留下千古骂名。

广德若不足

广大的德行，好像是不足的。广大而深远的德行，惠及万物，而万物也会对这种恩德报以更多的期望，随着期望值的不断增加，被恩惠的万物却感觉这种广大的德行不能满足自己的需求，而认为这种德是不足的。如阳光雨露，滋润万物，孕育万物生长，却总有些个体认为自己得到的还是有所欠缺，感觉到不足。

真正广大的德行，不会自我满足，总是在不断地完善自己、修正自己，永远没有盈满的时刻，没有满足的时候。

建德若偷

这句话的解释版本很多，姑且不论，咱们可以这样理解："偷"的本意就是采用秘密手段而进行，可以被引申为悄悄地进行，那么我们可以这样理解：真正遵循大道的人，在建立功德的时候，总是会悄悄地、潜移默化地惠及于万物之中，不求人知，更不求回报。他不会像那些道貌岸然、善于标榜自己的人那样大肆宣扬自己，唯恐天下不知自己的一言一行。

质真若渝

渝：水由净变污，指事物由美好向坏的方向转变，指事物出现瑕疵。质地纯真的物品，好像总是会存在一些不足之处。比如天然的美玉，往往会存在一些瑕疵，而一些人为仿造假玉石，往往会被人刻意地追求完美，看着比天然的美玉更完美。

那么这一句话又说明了什么呢？老子想告诉人们，很多时候，那些真正的大道，往往会被人们误解，会认为是错误的，从而遭到打压、破坏和扼杀。就像现在非常流行的一句话就是：真理往往掌握在少数人手中，从而被大多数的人批判和打压。

大方无禺

禺，古代区域，十禺（十华里的地方）我们可以理解为一个小的区域，小的空间。

方，《说文解字》为："并船者、并两船为一。"可以理解为方舟。而方的解析，有数十种之多，采用不同解释，对这句话就会用不同的解读方式，如果用方的本意，我们可以理解为方舟，大方可以理解为大的船，现在也可以理解为先进的交通工具，那么我们可以这样解读：先进的交通工具不会局限于小的区域内，它是可以到达任何地方的。我们可以理解为拥有通达智慧的人，是不受区域限制的，他在任何区域都能发挥其作用。

另外，“方”还有地方、地区的意思，可理解为一个大的空间是不会局限在一个小的区域的。方还有方正、正直的意思，我们又可以这样理解：真正正直之人，是不受区域限制的，而是在任何地方都会保持中正的品质。如果采用“规律、道理”的意思，就可以理解为：大的法则不会局限于某个区域，而是放之四海而皆准的真理。

可以看出对一个字的解释不同，意思也会有所差异。

大器免成

王弼本为“大器晚成”，而帛书乙本为大器免成，我们结合上下几句“大方无禺，大音希声，天象无型，道褒无名”，这里都是否定词，而这个免字也是否定，所以更符合于上下文，故我们采用帛书乙本：一些小巧的器具，会很快完成，而那些大的系统总是在不断地完善自我，永远没有完结的时候。这里的成，我们不理解为成功的意思，而是完成、终结的意思。

比如宇宙，永远都在不断变化，看不到其终结的时刻。比如我们研究的科学、哲学理论体系，如果一个小的学说，可能很快就完成了，而整个普遍的理论体系，一直在不断地变化，在不断地发现、修复、完善，永远没有完结的时候，但是却在不断地给我们提供帮助。

这对于我们人生又有什么启发呢？也就是说，有大的理想抱负，愿意不断修养自我的人，永远也没有自我满足的时候，“活到老，学到老”，一直不断地完善自我。这种免成，并不是没有成就，也不是没有成功，而是在不断地自我修复，这个人在与时俱进、不断地修正自己，让自己更能适合当下的形势，能更好地为人们提供帮助。这里我们可以想到论语里那句“君子不器”和“大器免成”也有相通之处，君子一旦成为某种器具，固定了某种作用，就不再变通，不是在任何区域都能发挥作用的人，而君子不器和大器免成的意思是一样的，也就是永远在不断地完善中，没有停止的那一刻。

当然，如果我们采用大器晚成这句话更容易理解，小的事物可以一蹴而就，大的器具当然需要用更长的时间，故而晚成，只是采用这句，深度有点不够了。

这里值得注意的是，很多人用这“大器晚成”来安慰自己，也可以说是麻醉自己。好多年过去了，一个人整天无所事事，不求进取，而自己还告诉自己大器晚成，这种说法就是在自我麻醉。大器晚成我们要从这几个方面来理解，首先这个将要成就的是“大器”。这个大器是有自己的目标的，他不是为了小的成绩而来的，他知道自己一定要成就一番伟大的事业，他是一直在不断完善、不断努力之中，是每一天都在积极筹备、不停地进步的，而不是消极地等待中，不是让生命无端的流失。另外，这个大器对人们、对万物是有用的和有帮助的，是一直向成功的道路上前进的，而不是自暴自弃、自我麻醉的。另外，这个晚，并不是拖延时间的晚，而是这个大器本身的成长，自然需要这个绵长的过程，需要一定时间的积累才能成功，这个时间的积累是必要的条件之一。

大音希声

这句话被很多人解释为很大的声音人类是听不到的，比如超声波。而我们可以这样理解这句话：那种充满了深邃的、宏大思想的声音，往往很少发声。希，有稀少的意思。这种说法，符合“知者不言，言者不知”的思想。

天象无型

王弼本是“大象无形”，帛书乙本是“天象无刑”，楚简本是“天象无型”。我们采用楚简本。

天象，我们可以理解为天道之象。

型，铸器之法也。《康熙字典》：模也，凡铸式，以土曰型，木曰模，金曰范。就是在铸造器具的时候，用土做的模子，称之为型。因此我们采用这个型字，无型一来包含了无形、无名无相的意思，同样也可以理解为道的法则并不是像某些模具一样一成不变、非常严苛，而是可以在不同的区域、不同的事件中，采用不同的方式去处理。我们不要过分地拘泥于那种表象的、固定的模式。天道之象无名无形，并不固定于某种定式。

道褒无名

王弼本为“道隐无名”，隐和无名有重复，我们采用帛书乙本。

褒的本意是“衣襟宽大”，也有赞扬、夸奖的意思。所以可以这样理解本句：道是如此的宏大，包容着万物，却又无名无相。也可以理解为：道被人们推崇、赞扬，而它却无名无形。

夫唯道，善始且善成

王弼本为“善贷且成”，我们采用帛书乙本。

只有真正符合于大道的作为，才会有好的开始，并且会有理想的结局。

第四十二章

【帛书甲本（第四、五章）】

□□□□□□□□□□□□□□□□□□□□□□□□□中氣以為和天下之所惡唯孤寡不穀而王公以自名也勿或損之□□□之而損故人□□教夕議而教人故強良者不得死我□以為學父

【帛书乙本（第四、五章）】

道生一一生二二生三三生□□□□□□□□□□□□□以為和人之所亞唯孤寡不穀而王公以自□□□□□□□□云云之而益□□□□□□□□□□□□□□□□□□□吾將以□□父

【王弼本】

道生一，一生二，二生三，三生万物。万物负阴而抱阳，冲气以为和。人之所恶，唯孤、寡、不谷，而王公以为称。故物或损之而益，或益之而损。人之所教，我亦教之。强梁者不得其死，吾将以为教父。

【辩证本】

道生一，一生二，二生三，三生万物。万物负阴而抱阳，中气以为和。天下之所恶，唯孤、寡、不穀，而王公以自名也。物或损之而益，或益之而损。故人之所教，我亦教人。强梁者不得其死，吾将以为教父。

【辩证本通解】

遵道而行无处生有而成一，一者混沌一体，顺道流转，渐分阴阳而成二，阴阳互动，生成新的物质而成三，三蕴含阴阳，阴阳交错而成万物；万物皆蕴含阴阳，阴阳两性相互作用，相互包容，从而构建成了一个统一和谐的整体。天下万物所厌恶的，就是孤、寡、不谷，而领导者却用这些人们都厌恶的词语来称自己。因此，世界万物有时表面上的损害反而能使它真正得益；有时表面上增益反而在实际上造成了损害。别人的教诲，我也常用来教育人，逞强好胜的人不会有好下场。我常以此作为教育人的首要原则。

【逐句解读】

道生一，一生二，二生三，三生万物

一：至专至纯，混元一体。

遵道而行无处生有而成一；一者混沌一体，顺道流转，渐分阴阳而成二；阴阳互动，产生新的物质而成三；三蕴含阴阳，阴阳交错而成万物。

天地初成，混沌一片，此时我们可以看作一，也可以看作是我们常说的无极，混元一体，阴阳尚未分开。而后天地初开，清者上升为天，浊者下沉为地，阴阳二气遂生，我们可以理解为二，也就是我们常说的太极，阴阳初分。经过漫长的天地相交，阴阳相合，风起云涌，雷电相生，在闪电作用下，在原始海洋里，第一种有机物被激发而成，进而单细胞生物产生，我们可以看成三。第一个单细胞生物的产生，经过漫长的进化，进而分裂，新的生命再次诞生，进而出现多细胞生物、两性生物，物种逐渐进化增多，故万物相生。

用“道”来理解宇宙的生成和发展，显得那么的遥远和抽象，为了便于理解这句话，可以想象一下我们身边比较小的物体。比如一粒种子的生成，一开始，生成种子的物质是虚无的，也可以说隐藏于它的母体——植物本体之内，植物本体内部的物质和能量遵循道的发展，逐渐孕育出第一个将要生成花朵的细胞，可以理解为道生一，这个细胞还没有明显的阴阳之分，随后细胞一分为二，继而继续分裂，形成花蕾的雏形，花蕾内部就会分化出将要生成卵子的雌蕊和将要生成精子的雄蕊，这就有了明显的阴阳之分，可以理解为一生二；经过花蕾的不断孕育，成为成熟的花朵，卵子和精子孕育成熟，精子同卵子结合形成了受精卵（合子），我们可以理解为二生三；这个三，也就是受精卵，经过孕育成熟，成为一颗饱满的种子，然后落地，进入土壤，在适合的条件下生根、发芽，长成一个成熟的个体，进而开花、结果，孕育出万千新的种子，这个我们可以理解为三生万物。

这句话老子是在告诉我们每一个事物普遍成长的规律，就是从无到有，逐渐成长到繁盛的一个循序渐进的过程而已。

万物负阴而抱阳，中气以为和

王弼本把“中气以为和”改为了“冲气以为和”，我们采用帛书甲本的“中”字。《说文解字》：中，和也，和，和谐、协调的意思，中有不偏不倚、正、合适、适当等意思。我们看一下中这个字，中间一竖“丨”，表示上下贯通于天地，中间一个口，相当于某个区域。即上下贯通的智慧，不偏不倚于某个领域，中正而挺立。这里我们可以理解为，万事万物蕴含阴阳，阴阳相互调和，和谐于内，而正气生。

气：组成万物的、运动的、极其精微的物质，可以没有形状，能够自由散布，也可以聚合而成各种可见的物体，万物的本源（本解释摘于网络）。这里我们可以理解为各种能量、情感等相互作用的无形的和有形的物质的统称。

原子由“电子”和“原子核”组成，而原子核又由中子和质子组成，电子带的是负电，原子核带正电，二者本为阴阳，为何又和谐相处，构成一个整体的原子呢？就是其中充满了相互吸引的力量，以至于它们能和谐地相处，构建成一个稳定的原子。也就是说，天地万物，都由阴阳两性构成，而它们又能够和谐相处。从这里我们能学到什么智慧呢？我们可以把一个团队看作是一个整体，那么这个整体里面就包含了很多的阴阳，比如领导者和被领导者，那么如何让这个整体更和谐呢？就要掌握领导者和被领导者相互吸引的关键所在，让二者能够达到相映成趣的境界，而不是互相抱怨、排斥。“中气以为和”就是作为团体的成员、领导者，互相调节，和谐共处。

天下之所恶，唯孤、寡、不榖，而王公以自名也

天下之所恶，王弼本为“人之所恶”，采用帛书甲本。天下，表示的不仅仅是人类，而是万物，王弼本加入了人为的因素和感情，故不采用。

“不榖”王弼本为不谷，“不榖”的本意是不结果实。水稻不灌浆就不会有稻米产生，这个叫“不榖”。对人来说，就是没有子女叫“不榖”。“不谷”和孤、寡意思相并列，用来比喻人没有德行，所以绝后。古代王侯以此自警、自谦。

天下万物所厌恶的，就是孤、寡、不榖，而领导者却用这些人们都厌恶的词语来称自己。

从阐述阴阳，说到了王公，看似有点不连贯，应该是老子用万物负阴抱阳这样的普遍行为，告诉我们人类的团体内部也是有阴阳之分的，那些占主导地位的、阳刚的、主动的为阳，那些处于从属地位的、柔顺的、被动的称之为阴。一般来说，处于高位的领导为阳，处于下位的员工为阴，而作为一个团队，就要懂得“中气以为和”的道理，只有阴阳交融，团队才会和谐。

物或损之而益，或益之而损

世界万物有时表面上的损害反而能使它真正得益；有时表面上增益反而在实际上造成了损害。比如上一句，有道的领导者，用“孤、寡、不榖”来自称，看似有损了自己表面的名声，可是通过自谦，融合了与被领导者的关系，从而有益于整个团队的发展。

一棵树，当它长得不周正了，我们会去修剪它，当时看似损害了它，其实是为了它更好地成长。一个孩子，我们从小溺爱他，看似对他的爱如此多，可是长大以后，他却骄横无常，甚至走向不归路。这种“物或损之而益，或益之而损”的例子很多。

故人之所教，我亦教人。强梁者不得其死，吾将以为教父

别人的教诲，我也常用来教育人：逞强好胜的人不会有好下场（不会得到善终的）。我常以此作为教育人的首要原则。

人之所教，这里老子也许指的类似《金人铭》之类的文章，因为《金人铭》里有“强梁者不得其死，好胜者必遇其敌”，即凶暴、强横的人是没有好结果的，争强好胜的人最终将碰到敌手。

这里老子在提醒我们，不要总是逞强，正如上一句所说“物或损之而益，或益之而损”，对他人宽容一些、柔和一些、谦让一些，表面看好像是不如别人，是有损的，但是实际却是有益于我们的人际关系，有益于我们人生的顺利前行，有益于我们长久的人生征程。这里的“死”，我们并不一定就理解为死亡，也许可以理解为事情的失败，团队的削弱。

第四十三章

【帛书甲本（第六章）】

天下之至柔□騁於天下之致堅無有入於無閒五是以知無為□□益也不□□教無為之益□下希能及之矣

【帛书乙本（第六章）】

天下之至□馳騁乎天下□□□□□□□□□□無閒吾是以□□□□□□也不□□□□□□□□□□□□□□矣

【王弼本】

天下之至柔，驰骋天下之至坚，无有入无间。吾是以知无为之有益。不言之教，无为之益，天下希及之。

【辩证本】

天下之至柔，驰骋于天下之至坚，无有入于无间。吾是以知无为之有益也。不言之教，无为之益，天下希及之。

【辩证本通解】

天下最柔软的力量，能毫无阻挡地游走于天下最坚硬的物体里，这种至柔的力量，无形无相，可以出入于任何空间，即使没有间隙的地方，同样可以自由出入其中。从以上的理论，我们知道“无为”的益处，但是能达到这种不用语言教化，从而在“无为”的状态下得到益处的人，在天下却很少能够达到。

【逐句解读】

天下之至柔，驰骋于天下之至坚，无有入于无间

天下最柔软的力量，却能毫无阻挡地游走于天下最坚硬的物体里，进而影响带动坚硬事物的走向、趋势，甚至左右那些看似坚硬的事物。这种至柔的力量，无形无相，却可以出入于任何空间，即使没有间隙的地方，因为其无形无相，其同样可以自由出入其中。

“驰骋于天下之至坚”，被很多人解释为柔软战胜刚强。其实我们可以理解为柔软和刚强融为一体、彼此影响，共同顺应道的方向而前进，刚强可以影响柔软，同样柔弱也可以影响刚强的方向，这里并没有胜负之分，老子并不提倡这种一争高下的作为，所以他只是说“驰骋”，而不是战胜。老子在用这个自然存在的现象，论证下面的“不言之教，无为之益”，那么这种自然现象我们是不是可以看到呢？我们身边有很多这样的现象，比如水以其柔软的身姿，却可以撼动坚硬的巨石；引力、磁力等无形的力量可以毫无障碍地作用于任何物体上及物体看似无间的内部，这些在老子时代也应该能够观察到；现代物理的超声波、射线等无形无相的存在也可以游走于很多物体之间，这些都验证了老子所说的正确性。

难道老子是在说这种物理现象吗？老子更多的是通过这种物理现象来阐述“道”，这个隐藏于万事万物背后无名无形的法则，时时刻刻都在影响着万物，它以至柔的姿态作用于万事万物，无论你是柔弱的，还是刚强的，都脱离不了道的法则。作为人类，我们也可以理解为要树立一个符合于道的治理国家、团队、家庭的理念，再通过这种无形的影响力，将我们

的家庭、团队、国家引领向一个恒久绵长的道路上。这个理念也为更透彻地说明下一句“不言之教，无为之益”打下基础，老子不主张那种强制的、高压的执政态度，而是主张处于上位者用自己的所作所为，像柔弱的水一样去滋润对方，去潜移默化地影响对方、感化对方，就像柔软的力量驰骋于社会之中，从而影响人们的世界观、价值观，进而让人们自化。因此他接着说了以下的话：

吾是以知无为之有益也。不言之教，无为之益，天下希及之

从以上的理论，我们知道“无为”的益处，但是能做到这种不用语言教化，从而在“无为”的状态下得到益处的人，天下却很少能够达到。

这里最核心的就是“无为”，那么老子说的“无为”又是什么呢？是有些人说的“无所作为”吗？自己什么都不做，放任他人自生自灭吗？很多人对于“无为”有一个很片面的理解，所以就说老子是消极的，这完全是错误的，在《道德经》最后一章的最后一句做了总结：“圣人之道，为而不争。”不是不为，是为，积极地为，只是“不争”，不争的是什么？是那些外在的名利，为的是积极做事情的本身。

所以“无为”是无我而为，不是为了一己之私而去作为，是积极地为众生有所作为。

“无为”是不妄为，不超越自己的能力，以狂妄的恣意而为。“无为”是不强势而为，而是顺应自然的发展规律而为。

“无为”是润物细无声的作为，在无声无息中为他人做事，不张扬、不炫耀、不表功。

“无为”是以自己正确的有为做出榜样，来影响他人，以潜移默化的形式让他人自化，而不是以高压的政策，强行、武断地扭转他人的思想、行为。

“无为”是不为结果而为，努力地做好自己该做的，却不去苛求结果。

有了这些理解，我们就好理解这句话了：有道的圣人就是按照以上这种处事方式行事，而不会三番五次地下达政令，大声地要求别人怎么做，而自己不做。有道的圣人，是努力地做好每一件事，以无形的力量进行的着无言之教，人们自然而化，社会、团体、家庭和谐发展，进而社会、团

体、家庭受益。

“天下希及之”就是说，能够看懂并且这样执行的人太少了。

第四十四章

【帛书甲本（第七章）】

名與身孰親身與貨孰多得與亡孰病甚□□□□□□□□亡故知足不辱知止不殆可以長久

【帛书乙本（第七章）】

名與□□□□□□□□□□□□□□□□□□□□□□□□□□□□□□□□□□□□□

【王弼本】

名与身孰亲？身与货孰多？得与亡孰病？是故甚爱必大费，多藏必厚亡。知足不辱，知止不殆，可以长久。

【辩证本】

名与身孰亲？身与货孰多？得与亡孰病？故甚爱必大费，厚藏必多亡。知足不辱，知止不殆，可以长久。

【辩证本通解】

名声与自身的生命相比哪个更亲密？生命同拥有财产哪个更重要、占的分量更多？得到和失去哪个更不利？因此，太爱一个事物、太爱一个人，必然会为此耗费太多，囤积财富越多，失去的财富越多。知道满足，就不会受到屈辱，懂得停止，就不会有危险，从而可以恒久不衰。

【逐句解读】

名与身孰亲？身与货孰多？得与亡孰病？

名声与自身的生命相比哪个更亲密？生命同拥有财产相比哪个更重要、占的分量更多？得到和失去哪个更不利？

老子连续用了三个反问句，以警醒人们：名声与自身、生命相比较究竟哪个与我们关系亲密、不可须臾分离呢？我们的自身、生命与我们拥有的财产、物质相比较，究竟哪个更重要、占的分量更多呢？得到和失去哪个更不利呢？

前两句我们每个人都会比较容易地给出肯定的答案，那就是身体更为重要。而后一句是前两句的引申，是前两句的总结，通过前两句的理解，可以让我们有一个对于得失的重新评估。

名与身孰亲？这一句话，可能会引起人们的争议，因为我们都知道一个人的名誉是非常重要的，甚至高于生命的，为了名节，我们是可以抛弃生命的。那么这里我们为什么说生命更重要呢？

我们要从另外一个角度来理解，老子在这里的名和身的重要性，是看我们的出发点是以什么为重的？是在提醒我们在做某一件事情的时候，你想到的是为了成就自己的名声，还是为了完成这个事情的本身。也就是你内心的一个次序的问题，比如你做某件事情，你如果首先想到的是，通过做这件事情，别人会给我什么样的评价，我会得到什么样的名声和荣誉，那么你就是把名看得太重了。而悟道的人应该是，在遇到什么事情以后，他想到的就是如何把这个事情做圆满，如何帮助更多的人，至于别人对他有什么评价，他是没有考虑的。这就是把那些虚名放在了具体的事情后。

很多时候，我们为了所谓的争一口气，为了成就自己的名声，会轻易地以身犯险，甚至丢掉了性命；为了成就所谓的丰功伟绩，为了载入史册，不惜耗费整个国力去征讨，最后却走向了衰亡，这样的事例在历史上层出不穷。这里和《道德经》第十九章的“绝圣弃智”有相通之处，就是在告诫我们不要为了追求虚妄的名气，而伤害了事情的根本。

名与身孰亲？我们不仅仅要想到的是名声和自身哪个更亲近？还要往更深远一些想，这个身体并不仅仅指的是自己的肉身，他还代表了做事情的本身，代表团队的安危、国家的稳定。一个领导者带领一个团队，是看重更多的虚名，还是看重团队的健康发展，如果一个领导者总是看重那些荣耀的光环，整天就是搞那种大张旗鼓的宣扬，而不去务实地带领团队脚踏实地的发展，看似表面光芒万丈，而内部一片疮痍，如此下去，终将轰然倒塌。

身与货孰多？自身生命、健康和财产相比较，哪个更尊贵、占的分量更多呢？这个是我们都会做的选择题，没有自身的存在，一切财富都成了无主之财，多少个亿万富翁，打拼了一片天下后，却怅然离世，留下了终身遗憾。我们虽然都不难做出正确的判断，但是我们真的都在按照正确的判断去做事了吗？正是“悟道容易，行道难”，比如我们为了一些财富去熬夜，为了钱财去一些环境恶劣的场所去工作，最后伤害了身体，正所谓：“前半生用健康挣钱，后半生用钱看病。”

得与亡孰病？通过以上的理解，老子给我们做了一个总结：那么得到和失去，究竟什么是对，什么是错呢？很多时候，我们看到一个人飞黄腾达，名声鼎沸，但是失去了自身健康，光环下是自身的辛酸，常年奔波在外，不能顾及家庭，付出的是家庭的温暖和幸福。另一个人看似普普通通、朴朴素素，没有名气和亿万家财，但是身体健康、家庭和睦，一片其乐融融，清闲自在。所以谁又能说什么是得失呢？得失之间究竟哪些才是更重要的呢？

故甚爱必大费，厚藏必多亡

因此，如果太爱一个事物、太爱一个人，你就必然会为这个事物耗费太多的精力、物质，甚至生命。这样的事例，在世间存在很多，人为财死，鸟为食亡，也是这个道理。很多时候，我们因为太爱财富、名声、美色，为此付出生命的例子比比皆是。

“甚爱必大费”还有这样的意思：太吝啬了最终必然破费更多，也就是说太爱某个事物，越不舍得让它支出，反而会让它被消耗更多。比如有时候，需要去花费钱财、精力做某件事情，但是你却爱惜自己的钱财或精力，不舍付出，而最后会酿成大的事件，却要花费更多的金钱或精力去弥补之前的过失。

“厚藏必多亡”在王弼本中是“多藏必厚亡”，经查资料，楚简本是

“厚藏必多亡”，这里我们采用楚简本。一个人囤积的财富越多，失去的财富就越多。

这里我们能够想到的是那些贪官污吏和那些穷凶极恶的人，为了掠夺更多的财富，不惜使用多种手段，甚至杀人越货，看似积累了很多财产，而一朝事发，所有财产被没收，甚至连身家性命都会搭进去。

另外，这里的“厚藏必多亡”，我们还可以从另外的角度去理解，并不是你藏的什么就失去什么，而是你积累了这一种东西，你已经失去了另外的一种，比如，你太看重金钱财富，不惜一切手段去谋取，那么你失去的可能就是你的健康，也可能你会为了财富失去了亲情。在我们身边不乏这样的例子，很多兄弟姐妹，在贫穷的时候互帮互助，家庭一派其乐融融，而一朝走向了富贵，为了各自利益的分配，曾经的兄弟姐妹相互争执，甚至恶语相向，发生争斗，这种现象也是从另一个角度对“厚藏必多亡”的一个注解。在你厚藏某些东西的时候，你会失去其他东西，你厚藏的越多，在别的方面失去的也就越多。

知足不辱，知止不殆，可以长久

做好事情的本身，而在名声、财富的争取上懂得了知足，就不会受到屈辱，懂得了在名声、财富上攫取的停止，就不会有危险，这样的人生，才可以长久不衰。

第四十五章

【帛书甲本（第八章）】

大成若缺亓用不幣大盈若沖亓用不窮大直如詘大巧如拙大赢如炳趮勝寒靚勝炅請靚可以為天下正

【帛书乙本（第八章）】

□□□□□□□□□盈如沖亓□□□□□□□□□□□□巧如掘□□

□絀趮朕寒□□□□□□□□□□□□

【王弼本】

大成若缺，其用不弊。大盈若冲，其用不穷。大直若屈，大巧若拙，大辩若讷。躁胜寒，静胜热。清静为天下正。

【辩证本】

大成若缺，其用不弊。大盈若冲，其用不穷。大直如诎，大巧如拙，大赢如绌。燥胜沧，清胜热。清静为天下正。

【辩证本通解】

伟大的成就总没有达到圆满的时刻，但是它所起的作用却怎么都不会穷尽；越是盈满的事物，越好像是空虚的，但它的用处永不枯竭；内心正直的人，语言往往是迟缓的；真正拥有智慧的人，好像很笨拙；赢得巨大利润的人，却好像是不足的。干燥优于湿寒，清凉优于暑热，清爽静怡才是天下之正道。

【逐句解读】

大成若缺，其用不弊

大成，指伟大的成就，这种伟大的成就可以指一种伟大的事业、功绩，一个伟大的系统，一套伟大的理论体系，一个掌握了渊博知识的人，一个伟大的道德体系等。所有这些伟大的成就总是达不到完美的境界，所以它就会不断地需要完善，也只有这样不断地完善，才会取得伟大的成就。我们可以这样理解，一个道德修养很高的人、一个拥有渊博知识的人，总是那样的谦和，看不出一点张扬的模样，看着好像没有多大的成就，而正是这种人为社会、国家不断地贡献着自己的力量，他的贡献，也可以说其作用没有穷尽的时候。

大盈若冲，其用不穷

冲有“空虚”的意思，这一句和上一句意思基本相同，那些大的江海，汇聚着无数的水流，为我们提供了用之不竭的功用。老子用这个比喻悟道的人，他虽然拥有渊博的知识、高深的智慧，但是却更加谦卑、更加虚心，能够海纳百川，包容万物，也正是这样的人，为社会提供了源源不断的力量，用之不尽。

大直如诎，大巧如拙，大赢如绌

大直如诎：王弼本是“大直若屈”，我们采用帛书甲本。诎在《广韵》中解释为：辞塞。字源网解释为：诎，表示言语艰涩不顺畅。本意是说话不利索，不顺当。直，正见也。《说文解字》：故直，我们理解为正直。这一句，我们可以这样理解：内心正直的人，语言往往是迟缓的。因为正直的人，说话会顾及更多的人和事，要站在公平公正的角度去衡量自己说的话会不会给别人带来不好的影响，他要对自己的言行负责，所以他会对他说的话考虑周详，因此感觉说话有点迟缓，不是那种顺口就能说出很多话的人。这里和儒家的“巧言令色鲜矣仁”是相通的。

大巧如拙：真正拥有智慧的人，不显露自己，从表面看，好像是笨拙的。

巧，《说文解字》：技也。大巧，我们可以理解为技巧很熟练的人。真正技艺高深的人，他们做工的时候，往往按部就班，尽心尽力地做好每一步，不会产生运用技巧省去一些步骤之类的看似聪明的做法。

大赢如绌：绌，表示用丝线缝补织品，本意是缝，常义是不足、不够。如：相形见绌，心余力绌等。赢，贾有余利也，有余利、获利的意思。赢得巨大利润的人，却好像是不足的。这个我们可以从不同的角度来理解这一句话，首先我们可以从个人修养上看，很多拥有巨额财富的人，却非常低调，衣食住行都非常普通，看着就像我们普通人一样，言谈举止也非常低调，没有那种趾高气扬的模样，好像财富不多的样子。结合上下句的意思，我们应该这样理解。

另外，从心胸气度上来看，那些拥有大智慧而赢得巨额财富的人，他们不会局限于个人的享受，而是会随着掌控财富的增多，其关心的人和物越多，因此会感觉所赢利的财富还是不足以做更多有意义的事情。他一开始也许就是为了解决个人的温饱，后来是为了解决自己团队的发展，再后来就会放眼整个人类，乃至世界万物的存亡，因此，随着掌控财富的增多，而眼光逐渐高远，财富运用处也越来越多，反而感觉越来越不够用。

我们也把王弼本里的这几句话也解读一下：

大直若屈，大巧若拙，大辩若讷

最正直的人外表反似委曲随和；真正拥有智慧的人，不显露自己，从表面看，好像是笨拙的；真正善于辩论的人表面上好像不善言辞。因为善辩的人发言持重，不露锋芒，话虽不多，却能一语中的。

以上是从一个人的修养上来理解，如果从做事上我们也可以理解，比如成就一番大的事业，有时就要避开锋芒，看似有所避让、有所后退，但却是保存力量，为了更好地前进。

燥胜沧，清胜热。清静为天下正

燥胜沧，为郭店楚简本，王弼本为“躁胜寒”，取郭店楚简本（楚简本见网络资料）。“燥”的本义是“干”，即“干燥”，《说文解字·火部》曰：“燥，干也。从火，喿声。”“燥”与“湿”相对。滄通沧，《说文解字·水部》曰：“沧，寒也。从水，仓声。”《素问·虐论》曰：“因遇夏气凄沧之水寒。”张志聪集注云：“水寒曰沧。”“燥”即干燥，干则爽，燥则暖。“滄”即湿冷，湿冷则不舒适，故“燥胜沧”的意思就是：干燥优于湿寒。

清胜热：“清”字的本义是形容水之洁净澄明。“清”亦用来形容气之清微凉爽。在《诗·大雅·民》中“吉甫作颂，穆如清风”传曰：“清微之风，化养万物者也。”清有“清凉”的意思，其候清切（《素问·五常正大论》）。本句可以解释为：清凉优于暑热。

“燥胜沧，清胜热。清静为天下正”可以理解为“干燥优于湿寒，清凉优于暑热，清爽静怡才是天下之正道”。那么这一章为什么以这一句为结束语呢，老子究竟想表达什么意思呢？我们是不是可以借用一下中庸里面的一句话：“执其两端，庸其中于民。”本章中，老子以“大成、大盈、大直、大巧、大赢”等高端现象，都会回归到“若缺、若冲、若诎、若拙、若绌”等平和、淳朴的样子，以此为论据，说明平和、淳朴才是最长久的，而其最后以自然界里的“沧”“热”两种极端天气，来说明人们对这种极端的事情是排斥的、不适应的，而只有平和的干爽、温暖才可以为人们所适应并喜爱。这正是老子用这种方式表达了其中的中庸之道。很多时候，经典之间是相通的，殊途同归，直达智慧的顶端。

第四十六章

【帛书甲本（第九章）】

天下有道□走馬以糞天下無道戎馬生於郊罪莫大於可欲禍莫大於不知足咎莫憯於欲得□□□□□恒足矣

【帛书乙本（第九章）】

□□□道卻走馬□糞無道戎馬生於郊罪莫大可欲禍□□□□□□□□□□□□□□□□□□□□足矣

【王弼本】

天下有道，却走马以粪。天下无道，戎马生于郊。祸莫大于不知足，咎莫大于欲得。故知足之足，常足矣。

【辩证本】

天下有道，却走马以粪。天下无道，戎马生于郊。罪莫大于可欲，祸莫大于不知足，咎莫惨于欲得。故知足之为足，恒足矣。

【辩证本通解】

当天下有道，则太平盛世，没有战争，于是即使善于作战的骏马，也会从军队里退出，而被用于耕种田地。如果是天下无道，则天下大乱，战火频发，战马就会驰骋于郊野。罪过没有比认为欲望是正常的、更大的了。苦难没有比不知道满足更大的。灾难的酿成没有比想占有、想得到更严重的。因此，能够以知足的心态作为我们欲望的满足，则人们就会感到恒久的满足。

【逐句解读】

天下有道，却走马以粪

粪，有施肥的意思，即耕种田地。却，退却。当天下有道，则太平盛世，政治清明。没有战争，于是那些善于作战的骏马，也会从军队里退出，而被用于耕种田地。当然，这里只是用战马退居农田这一现象，来表示社会安定、百业俱兴的和平景象。

天下无道，戎马生于郊

戎马，即战马、兵马，比喻战乱、战争。如果是天下无道，则天下大乱，战火频发，战马就会驰骋于郊野。这里的生，我们解释为产生、发生、出现，我们可以想象出那种两军对垒的壮烈场面，正是由于天下无道，才会在郊野出现这种战马驰骋的现象。

这一句话，也可以解释为战马在郊外生产小马驹。形容战争的残酷，和上一句形成鲜明的对比，上一句说当天下有道的时候，战马也无用武之地，而是去田地里劳作，而当天下无道的时候，即使不适合作战的、已经怀孕的母马也会被拉上战场。这种解释也挺好，只是缺少了那种戎马驰骋的壮烈、宏大的场面，而更多的是悲情场景。

那么为什么会出现有道和无道呢？我们应该如何做到有道，而让天下太平呢？老子在后面的几句话，给出了我们答案：

罪莫大于可欲

罪过没有比认为有欲望是正常的、更大的了。

王弼本直接将本句删除了，而帛书甲乙本，都是有本句的。“罪莫大于可欲，祸莫大于不知足，咎莫憯于欲得”这三句，我们可以看作是递进关系，罪，为过错、罪过；祸的本意是“灾殃，苦难”；咎的意思就是灾祸，咎在《说文解字》解释为灾也，《尚书·大禹谟》中为天降之咎，引申为凶灾。可以看出从罪到祸，从祸到咎，这种祸患程度在逐级递增，那么为什么在递增呢？正是人们心中欲念在逐渐扩张的缘故。罪对应的是可欲，可在《说文解字》解释为肯也，《广韵》中为许可也，就是有认可、肯定的意思，那么可欲，我们可以理解为认可人是应该有欲望的，这个时候就已经产生了过错了。当一个人认为有欲望是正常的，是天经地义的时候，那么为了满足自己不断膨胀的欲望，就产生了不知足，就有争抢的心思萌动，于是这时候“祸”也随之萌动，会接踵而来；一旦有了不知足的心，那么为了填充这种不知足，就开始“欲得”，就开始有了同别人、同天地万物争抢的行为，开始争抢以后，“咎”也就是大的灾难，就会随之而来。从这里，我们可以看出三者是一种递进的关系，是一种逐渐增长的关系，那么，我们如何避免从罪到祸，然后再到咎的这种结果呢？那就要求我们从源头杜绝，从“可欲”就要开始杜绝。要明白，欲望不应该是无休止的，要懂得我们的自由是以约束为前提的自由，而不是随心所欲的自由，要懂得不断地克制、减少，直至清除过多的欲望，从而才能避免将要来到的灾祸。我相信每一个贪官污吏在小的时候都有一颗纯洁的、奋进的、为民的心，而正是这种慢慢滋生的“可欲”，然后“不知足”，最后到了“欲得”，然后付诸行动，从而一步步进入牢房，甚至被剥夺了生命。

祸莫大于不知足

所有的灾祸没有比不知道满足更大的。

咎莫憯于欲得

咎，过失、罪过、灾祸。憯，程度严重。

本句楚简本为“咎莫憯乎谷（欲）得”，帛书甲本为“咎莫憯於欲得”，王弼本为“咎莫大于欲得”，意思是一样的，只是一个“憯”字，可以看出老子文笔的深刻，那种警示意味之浓厚。

我们可以想象出一些灾祸，特别是人为的灾祸，很多时候是非常惨烈的，让人不忍直视，这些灾祸往往是人们的欲望造成的，比如为了情欲、钱财等酿成的灭门案，比如瞬间爆发的车祸，很多时候也是为了快速抢道，为了逞强；大型的战争，会造成上百万人的死亡，战争很多时候只是为了满足某些人的私欲，却让更多的人陪葬，使很多家庭破碎。

所以，灾难的酿成没有比想占有、想得到更严重的了。

故知足之为足，恒足矣

这句话采用楚简本，我们可以这样理解：因此，能够以知足的心态作为我们欲望的满足，则人们就会感到恒久的满足。

本章被很多人理解为老子的反战思想，而我们可以从另外的层面来理解，老子是在用发生战争的原因，来阐述人们应该知足的思想。如果天下有道就会避免战争，战马就会回归于田地去耕种，也比喻所有的生产力就会回归于生产，为社会不断地创造财富，人民得到富足安定的生活；如果天下无道，战乱就会发生，就会使很多生产力离开生产领域而进入战争被消耗，人民生活物资逐渐匮乏，社会将进入衰败和动荡。

这里说的知足和欲得，知足的什么？欲得的什么？这里也有很多人误解了老子的初衷，把老子形容成一个满足现状的、消极的人，很多人不思进取，就以老子的这个“知足”为借口，不奋进，整天无所事事，做一天和尚撞一天钟，美其名曰“知足”，难道流传数千年的伟大智慧，就是要人们不思进取？肯定不是的！那么知足的是什么？欲得的是什么？老子告诫我们，知足的是那些外在的名相，不要总是去追求别人的赞扬，不要去追求一些外在的虚名，不要去追求所谓的“丰功伟绩”，不要去追求自己占有更多的财富，知足的是这些外在的表象。这就符合老子所说的“圣人为腹不为目”，不求外部的虚华，而求内部的充盈。

第四十七章

【帛书甲本（第十章）】

不出於户以知天下不规於牖以知天道亓出也彌遠亓□□□□□□□□□□□□□□□弗為而□

【帛书乙本（第十章）】

不出於户以知天下不窺於□□知天道亓出彌遠者亓知彌□□□□□□□□□□□而名弗為而成

【王弼本】

不出户，知天下；不窥牖，见天道。其出弥远，其知弥少。是以圣人不行而知，不见而名，不为而成。

【辩证本】

不出户，知天下；不窥牖，见天道。其出弥远，其知弥少。是以圣人不行而知，不见而明，不为而成。

【辩证本通解】

不用走出家门，就可以明了天下发生的大事、兴衰成败的大趋势；不用往窗外看，就可以明白天地日月星辰的运行作用、万物生长化育的道理。向外追寻得越远，真正获得的智慧反而越少，心灵的蒙蔽反而更多。所以圣人不用远行，不用外出求证就可以知道结果，不用眼睛去看就能明察秋毫，不执着于达到某种结果而为，事情却会自然而成。

【逐句解读】

不出户，知天下；不窥牖，见天道

不用走出家门，就可以明了天下发生的大事、兴衰成败的大趋势；不用往窗外看，就可以明白天地日月星辰的运行作用、万物生长化育的道理。

得道的圣人，难道是神吗？足不出户而知天下事？这应该有两层意思，一是一个人如果掌握了自然及社会的运行大道，不用出门探究，也会预测到事情发展的趋势，比如月盈必亏、盛极必衰的自然发展规律，比如祸莫大于不知足等这些规律，如果一个有道的君主，懂得这些规律，能谦卑处下、能务实敬业、能去除名利，那么社会就会持续发展，稳步上升，反之将会走向衰败。正因为悟道的人，领悟了这些规律，所以，可以做到“不出户，知天下；不窥牖，见天道”。二是如果作为一个领导者，怎么做到“不出户，知天下；不窥牖，见天道”？这个就是老子告诉我们的内求，作为一个领导者，你如果是一个有道之人，能够做到无我利他，能够做到务实亲民，能够不去追求个人名声，能够做到不好大喜功，身边的忠臣贤良能够敬业尽责，总而言之，如果你是一个有道的君王，那么不用外出考察，你也能知道社会上是一片清明，人们能够安居乐业，社会蒸蒸日上。反之，如果是一个无道昏君，这社会将会走向衰败、动荡直至灭亡。这就说作为一个领导者，不要总是渴求社会回报你什么，而是要自身做到什么，你有道，则社会就回报你平安祥和，你无道，则社会将带你走向衰亡。因此这就是老子给我们的警示，万事要内求，而不是外求。

其出弥远，其知弥少

向外追寻得越远，真正获得的智慧反而越少，心灵的蒙蔽反而更多。

这句话是不是违背我们平时说的“读万卷书不如行万里路”。另外我们现在还有一句流行的话是：“只有观世界，才有世界观。”这些话语都是提倡我们走出去，以获得更多的知识。而老子的“其出弥远，其知弥少”告诉我们：向外追寻得越远，真正获得的智慧反而越少，心灵的蒙蔽反而更多。为什么老子说的和我们平时说的完全相反，他究竟想告诉我们一个什么样的道理？老子说的“其知弥少”的知，不是知识，而是智慧，我们向外追求得越远、越多，我们获得的知识就越多，而我们的智慧是不是也越多了呢？其实不然，一个人如果总是不断地外求，而忽略了内心的清明，智慧之光就会越来越多地被蒙蔽，人的心就像一颗夜明珠，随着社会阅历的增加，蒙上了很多灰尘，这些灰尘，很多就是来源于对外界的无限制的追求，比如我们会和身边的人一比高下，会和身边的人争夺名利，原本仁爱的心，因为蒙蔽了世俗的名相，智慧之光逐渐泯灭。正如老子说的“为学日益，为道日损”，正是因为不断地去求学，获得了更多的知识，因为获得了更多知识，所以会妄自尊大，进而不断增加自己的欲望，因为自己欲望的不断增加，智慧就越来越少。

类似的话还有很多，比如“少则得，多则惑”“五色令人目盲，五音令人耳聋”，也是这个道理，一个人外出得越远，接受的外界纷扰越多，内心清明就会被纷扰过多，就会莫衷一是。“其出弥远”的意思不仅仅有出行越远的意思，也有所求过多的意思，这里和“知者不博，博者不知”也是类似的，一个人如果能专心致志于某一件事，则他会达到一定的高度，如果一个人没有定性，今天学习这个，明天研究哪个，到头来，什么都没有做成，这样的道理，在现实生活中也是比比皆是。我的一个熟人，从二十多岁就开始做生意，今年看养殖挣钱，就搞养殖，明年看搞运输挣钱，就搞运输，后年看办厂子挣钱，就办厂子，然后又搞配货、搞所谓的直销、搞原始股，所有看似挣钱的生意，他没有不涉足，现今四十有五了，不但没有赚到钱，却欠款近千万。这好像和“其出弥远，其知弥少”没有什么关系，其实是一样的，你贪求的越多，你得到的就越少。所以，我们探求智慧，不要贪求过多，而要做到内心清明，在经典的指引下，要向内求，而不是一味地向外求，这正是：读杂书万卷，不如读经典一藏。

是以圣人不行而知，不见而明，不为而成

所以圣人不用远行，不用外出求证就可以知道结果，不用眼睛看就能明察秋毫，不执着于达到某种结果而为，事情却会自然而成。

如上所述，得道的圣人因为能够洞察世间运行的规律，能够从自我的作为而推至天下，所以他不用远行，不用外出求证就可以知道天下发展的趋势；不用亲自观察就能明了事物的发展；不去刻意的作为，事情却会自然而成。这里的不为，不是不作为，而是脚踏实地地做好当下应该做的事情，但是不执着于达到某种结果。

第四十八章

【帛书甲本（第十一章）】

為□□□□□□□□□□□□□□□□□□□□□□□□□□□取天下也恒□□□□□□□□□□□□□□

【帛书乙本（第十一章）】

為學者日益聞道者日云云之有云以至於無□□□□□□□□□□□取天下恒無事及亓有事也□□足以取天□□

【王弼本】

为学日益，为道日损。损之又损，以至于无为。无为而无不为。取天下常以无事，及其有事，不足以取天下。

【辩证本】

为学日益，为道日损。损之又损，以至于无为。无为而无不为。取天下恒无事，及其有事，不足以取天下。

【辩证本通解】

通过不断学习，人们掌握的技能不断地增加，欲望也在不断地增加；通过对道的参悟，智慧不断地通透，欲望在不断地减少；追求名利的欲望减少了又减少，最后达到了不再为欲望而作为的境界。用这种不为自己名利而争取的心态，积极地为众生做事，而无所不为；真正能够得到大家拥戴而成为天下领袖的人，是那种总是不因为自己私利而滋生事端的人，如果他是那种为了自己的欲望而不断生事的人，是不能够获得天下的。

【逐句解读】

为学日益，为道日损

益，增益、增加的意思；损，减少的意思。

为学日益，我们学的是什么？益的是什么？我们学的是生活的技能，是征服世界的手段，增加的是扩张的本领，是傲视群雄的心志。随着本领的增加，手段的增强，心志的远大，扩张的必然是自己的欲望。因此为学日益，益最终是追求名利的欲望。

而通过对道的参悟，明了了世间万物的发展规律，明白了有无相生的不可避免的循环，通透了甚爱必大费，厚藏必多亡的诸多道理，则会达到一个通透的境界，因为智慧的通透，欲望就会慢慢地减少，所以为道日损，损的是对名利争夺的欲望。

损之又损，以至于无为

悟道的人，追求名利的欲望减少了又减少，最后达到了不再为欲望而作为的境界。

无为而无不为

不为自己的欲望而作为，并不是什么都不作为，而是顺应天道，为万民请命，为有益万物而作为。无为，在这里很明确的意思就是不为自己而为，不逆天道而为；无不为的意思，就是顺应天道，为众生、为社会积极地作为，让自己的人生焕发出应有的光彩，而不是隐居青山、自生自灭、无所事事地浪费生命。从这一句“无不为”，我们可以看出老子骨子里的那份为民而为的积极，只是这种积极的为，不是为了获得名利而有目的的作为。

取天下恒无事，及其有事，不足以取天下

只有那些摒弃了自己私欲的人，不因为自己的私欲而滋生事端的人，才能够获得人们的拥戴和归附，从而获得统领天下的位置，而获得天下。

第四十九章

【帛书甲本（第十二章）】

□□□□□以百□之心為□善者善之不善者亦善□□□□□□□□□□□□□□□□信也□□之在天下歙歙焉為天下渾心百姓皆屬耳目焉聖人皆咳之

【帛书乙本（第十二章）】

□人恒無心以百省之心為心善□□□□□□□□□□善也信者信之不信者亦信之德信也聖人之在天下也歙歙焉□□□□□□生皆注亓□□□□□□□□

【王弼本】

圣人无常心，以百姓心为心。善者，吾善之；不善者，吾亦善之，德善。信者，吾信之；不信者，吾亦信之，德信。圣人在，天下歙歙，为天下浑其心。百姓皆注其耳目，圣人皆孩之。

【辩证本】

圣人恒无心，以百姓之心为心。善者，善之；不善者，亦善之，德善。信者，信之；不信者，亦信之，德信。圣人之在天下歙歙焉，为天下浑其心。百姓皆属其耳目，圣人皆咳之。

【辩证本通解】

圣贤的人，没有自己的喜好偏私，没有私人欲望，而是以天下百姓共同的心愿作为自己的心愿。面对善于遵循大道的人和物，悟道的人会遵循大道的法则同其交往；面对不善于遵循大道规则行事的人和物，悟道的人也会遵循大道同其交往，这样的德行才是真正的善于遵循大道的德行。面对诚信的人，悟道的人会用诚信的心去交往；面对不诚信的人，悟道的人也会用一颗诚信的心去对待，这样的诚信才是真正的诚信。圣人的作用在于，汇聚天下百姓不同的心愿，形成符合绝大多数人的共同心愿而成为其奋斗的目标。所有的百姓，都属于圣人的耳目，为圣贤的领导人提供其不同的心愿，圣贤的领导者都能够微笑地接受。

【逐句解读】

我们先看一下通行的解释：最上乘的统治者没有个人主观成见，总是习惯于把百姓的意向作为自己的意向。善良的人我用善良的心去对待，不善良的人我也用善良的心去对待，就会让所有的人一心向善。值得信任的人我相信他，没有信用的人我也把他当作值得信任的人，就能让所有人都自觉地守信。这样的统治者治理天下本着清静无为的原则，为了天下的百姓诚朴自己的心志，不断化解自己想要有所作为的欲望。所有百姓都专注着他们的视听，统治者就像对待自己的孩子一样对待他们。

圣人恒无心，以百姓之心为心

圣贤的人，是没有自己的喜好偏私的，不存在任何私人欲望，而是以天下百姓共同的心愿作为自己的心愿，从而确定努力、前进的方向。

善者，善之；不善者，亦善之，德善

这里的善者、不善者，我们可以理解为外界的人、物、环境等外部因素；善之，我们可以理解为是悟道的人内心秉承的原则。所以，这句话我们就可以这样来理解：面对善于遵循大道的人和物，悟道的人会遵循大道的法则同他互相交流、交往；面对不善于遵循大道规则行事的人和物，悟道的人也会遵循大道的法则同他互相交流、交往，这样的德行才是真正的感悟了道，是善于遵循大道的德行。

通俗一点说就是，无论外界的环境是顺境还是逆境，对方是讲道理的人还是不讲道理的人，自有我们内心秉持的原则，不为对方的不同而改变我们的初心。能够做到“任尔东西南北风，我自岿然不动”的境界，这样的德行才是善的德行。

另外，我们从另一个角度来理解一下这句话，以期能开阔一下大家的思路：一些好的、向善的愿望，圣人会善待之，会好好接受、听取、考虑；一些看似不好的建议，圣人也会善待之，会好好接受、听取、考虑，如此综合考虑，最后得到最好的、最正确的愿望，从而确定正确的前进方向。

信者，信之；不信者，亦信之，德信

这句话的解读同上一句基本相同，信者、不信者我们理解为是外部的人和事，信之，是悟道人内心秉持的原则。所以，这句话我们就可以这样来理解：面对诚信的人，悟道的人会用诚信的心去交往；面对不诚信的人，悟道的人也会用一颗诚信的心去对待，这样的德行才是真正的诚信。

这两句，老子是告诉我们，不论对方是不是德行好的人，我们都不能因为别人的德行而动摇了我们自己的德行，不要用任何理由为自己不善的那一面找借口。无论身处何种境地，我们都要保持自己的良好德行不要动摇分毫，只有这样的人才能算得上德行上等的人。

这句话，我们也从另外的角度和大家分析一下：可信的说法，圣人会相信，并加以考证，看似不可信的说法，圣人不会断然否定，而是采取相信的态度，并加以考证，如此经过真正的考证，从而得到真正可信的事实。由此我想到了司法案件中的“无罪推定”，不能单方面地听信一方，而是要全面考证，不要对任何事情有成见，不要去臆断，而是注重事实的真相。

圣人之在天下歙歙焉，为天下浑其心

歙：收敛，吸进，同“翕”，有“合、聚、和顺”的意思。浑，有“大、全”“质朴”等意思。圣人的作用在于，汇聚天下百姓不同的心愿，然后综合共同的心愿，形成符合绝大多数人的宏大而质朴的心愿，成为其奋斗的目标。

百姓皆属其耳目，圣人皆咳之

本句采用帛书甲本（乙本缺失），属表示属于、是；“咳”表示小儿笑。

天下所有的百姓，都属于圣人的耳目，从各个方面为圣人提供不同的信息，圣人不会武断地拒绝任何不同的声音，而是像纯真的小孩一样，微笑地接受。

第五十章

【帛书甲本（第十三章）】

□生□□□□□□有□□□徒十有三而民生生動皆之死地之十有三夫何故也以亓生＝也蓋□□執生者陵行不□矢虎入軍不被甲兵矢無所投亓角虎無所昔亓蚤兵無所容□□□何故也以亓無死地焉

【帛书乙本（第十三章）】

□生入死生之□□□□□之徒十又三而民生＝僮皆之死地之十有三□何故也以亓生生蓋聞善執生者陵行不辟兕虎入軍不被兵革兕無□□□□□□□□亓蚤兵□□□□□□□□也以亓無□□□

【王弼本】

出生入死。生之徒，十有三；死之徒，十有三；人之生，动之死地，亦十有三。夫何故？以其生生之厚。盖闻善摄生者，陆行不遇兕虎，入军不被甲兵。兕无所投其角，虎无所措其爪，兵无所容其刃。夫何故？以其无死地。

【辩证本】

出生入死。生之徒十有三，死之徒十有三。而民生生，动之死地之十有三。夫何故也？以其生生之厚。盖闻善执生者，陵行不避兕虎，入军不被甲兵。兕无所投其角，虎无所措其爪，兵无所容其刃。夫何故也？以其无死地焉。

【辩证本通解】

从出生到死亡的过程，生长在良好境遇的人，十之有三；生长在战乱、灾难中的人，十之有三。而有些人本来生长在良好的境遇内，但自己妄动，进入灾难的人，也十之有三。这是什么原因呢？因为他过度地追求生长的空间，不断地追求优厚的境遇。据说那些善于让自己保持行走在良好境遇的人，即使在深山峻岭中行走，也不用回避犀牛、猛虎等猛兽，进入乱军中也不用穿戴上好的盔甲。犀牛不会用角攻击他，猛虎不会用利爪攻击他，士兵也不会用武器攻击他。为什么会这样呢？因为他不把自己置于死亡之地。

【逐句解读】

出生入死

从出生到步入死亡的过程。这里不仅仅指一个人的一生，也可以指一个团队、一个国家的发展历程。比如一个团队、一个国家从建立到灭亡的全过程。

生之徒十有三，死之徒十有三

徒，有众人的意思，如实繁有徒（意思是实在有不少这样的人）；生，我们可以理解为生地，就是生活环境良好，没有灾难祸患，能够安居乐业的环境下；死，我们理解为充满了战祸、灾难等，不适宜生长的环境中。本句我们可以这样理解：生长在良好境遇的人，十之有三；生长在战乱、灾难、恶劣环境中的人，十之有三。

本句的意思就是说，在众多的人或众多的团队、国家中，有些人、团队、国家的生存环境很好，他生来就处在一个比较优越的环境之中。比如一个国家的自然资源、与邻国的关系本来就很好，周围没有喜欢战争的国家，所以国家内部能够和平发展，而外部睦邻友好，能拥有这样环境的国家、团队、个人也许十之有三，这个大概就是一个约数，相当于1/3，我们不必计较这个比例。同样道理，在众多的个人、团队、国家中，还有一部分，生来条件就非常恶劣，比如一个人出生就处在了战乱之中，保不准哪天就死于兵灾，一个国家资源匮乏，周围强国虎视眈眈，某一日也许就会被侵占、被灭亡。这样的境遇大概也是十之有三，当然也是一个约数。

而民生生，动之死地之十有三

而有些人本来生长在良好的境遇内，但由于自己妄动，反而进入灾难境地的人，也十之有三。

还有一部分人、团队或者国家，本来生长的境遇是良好的，自身条件不错，周围环境也挺好，就是“生生”，本来生长在“生地”，但是由于自己没有把握好时机，由于自己的妄动（轻率行动；胡乱行动），让本来处在“生地”的自己，最后反而进入了“死地”，就是走向了灭亡之地。

夫何故也？以其生生之厚

这是什么原因呢？因为他过度地追求生长的空间，不断地追求优厚的境遇。

为什么会因为自己的妄动，而由“生地”进入“死地”呢？这就是因为自己为了追求更丰厚的、厚重的生存环境。我们可以想想，世界上的资源是一定的，你想自己拥有更丰厚的资源，那么你必然去争取更多，别人就会拥有的少，因此就会发生矛盾，矛盾不断升级，然后就会发生战争，最后走向衰亡。一个人、一个团队、一个国家都符合这个道理，本来守好自己的生存环境，就可以安然天命，而你为了自己无穷的欲望，为了不断地增加自己所拥有的，必然走向灭亡。这就是由“生地”到“死地”的转变。

盖闻善执生者，陵行不避兕虎，入军不被甲兵

盖，这里是一个语气助词。被，古同披。据说那些善于让自己保持行走在良好境遇的人，即使在深山峻岭中行走，也不用回避犀牛、猛虎等猛兽，进入乱军中也不用穿戴上好的盔甲。

这里的“执生”，可以理解为“掌握、把握生地”，意思就是总是能让自己处在有利于自己境地的人。而这里的犀牛、猛虎、军队，我们可以理解为老子在用一系列的凶猛、残暴、强硬的力量来比喻可能把一个人、一个团队、一个国家置于“死地”的外部力量。而那些善于把握生地的人，

在生长过程中不用逃避、害怕这些可能将自己置于死地的外界事物。

兕无所投其角，虎无所措其爪，兵无所容其刃

犀牛不会用角攻击他，猛虎不会用利爪攻击他，士兵也不会用武器攻击他。为什么这些外部的强盛力量不去攻击这些善于把握自己处境的人呢？这里老子没有具体说，看他下一句：

夫何故也？以其无死地焉

为什么会这样呢？因为他不把自己置于死亡之地。

为什么这些看似凶猛、残暴、强硬的外部事物，不去伤害“善于执生”的人呢？“以其无死地焉”，这是老子给我们的一句简单的回答。那么具体为什么他就没有死地呢？《道德经》第三十章说：“其事好还。”《道德经》第四十章说：“反者道之动。”这就是说，宇宙的法则像一面镜子，你善待他人，它就善待你；你恶待他人，它就恶待你。你为了自己的生命和利益去夺取别人的生命和幸福，它也会来夺走你拥有的一切。你把他人的生命、健康、幸福看得和自己的生命、健康、幸福同等重要，别人也会用同样的方式回报你。所以，因为你善待他人，不同他人争夺，而遵循天道，像水一样利于万物而不争，那么那些看似强硬的事物，也无从对你进行攻击。

第五十一章

【帛书甲本（第十四章）】

道生之而德畜之物刑之而器成之是以萬物尊道而貴□□之尊德之貴也夫莫之爵而恒自祭也道生之畜之長之遂之亭之□之□□□□□□□弗有也為而弗寺也長而弗宰也此之謂玄德

【帛书乙本（第十四章）】

道生之德畜之物刑之而器成之是以萬物尊道而貴德道之尊也德之貴也

夫莫之爵也而恒自然也道生之畜□□□□之亭之毒之養之復□□□□□□□□□□□□弗宰是胃玄德

【王弼本】

道生之，德畜之，物形之，势成之。是以万物莫不尊道而贵德。道之尊，德之贵，夫莫之命而常自然。故道生之，德畜之。长之育之，亭之毒之，养之覆之。生而不有，为而不恃，长而不宰。是谓玄德。

【辩证本】

道生之，德畜之，物刑之，器成之。是以万物尊道而贵德。道之尊，德之贵，夫莫之爵而恒自祭。道生之畜之，长之遂之，亭之毒之，养之复之。生而弗有，为而弗恃，长而弗宰。是谓玄德。

【辩证本通解】

在万物之先，道已经自然生成，德遵循道的规则运行，并不断积蓄，随后产生了万物，万物皆效法于道的法则，不断运转，最后各自形成了有一定用途的事物，可以作用于天地，则被我们称为器。因为万事万物皆是按照道的规律而生成的，所以万物以“道”为尊，以“德”为贵，道是如此的被尊崇，德是如此的尊贵，并不是因为有谁给道和德加封了爵位，而是万事万物恒久以来自发对道的一种崇敬。在道的法则下万物开始萌生；继而准备、等待、积蓄生长的条件；在合适的时机万物不断生长；并逐渐成熟；经过不断孕育进而达到极致鼎盛的状态；道养育了万物并使万物如此周而复始地循环。道生养了万物而不把万物据为己有，有利于万物而不自居其功，引导、统领着天下万物的运行，而不主宰万物使其自由地发展，不认为自己是万物的主宰。这种德行就是最深厚的德行。

【逐句解读】

道生之，德畜之，物刑之，器成之

畜，有积、顺等意思，顺于道，不逆于伦，是之谓畜。因此，德畜之我们可以理解为，德就是遵循道的规则运行，并不断积蓄。

刑，《说文解字》：从井从刀。《易》曰："井，法也。"所以这里的刑，我们可以理解为万物效法于道，而后成器。王弼本把"刑"改为了"形"，在古文中"刑"有时候通"形"，所以我们也可以理解为，在道的孕育下，万物形成。只是这个形没有了"刑"字效法的意味浓厚一些，故我们采取帛书甲乙本的"刑"。

本句可以这样理解：在万物之先，道已经自然生成，德遵循道的规则运行，并不断积蓄。随后产生了万物，万物皆效法于道的法则，不断地运转，最后各自形成了有一定用途的事物，可以作用于天地，则被我们称之为器。

以上解读是从道的萌生，到德的运行，然后到物及器的生成来解读的，我们还可以直接从物的产生来解读：

道产生了万物的本源，在德的运转下不断积蓄，最后形成了万物，万物最后成长为有一定用途的事物，可以作用于天地，则被我们称为器。

也就是说：道是宇宙万物运行的原理，原理是无形无相的，而德是道通过运转作用于万事万物的过程。宇宙万物的产生，首先是由道先孕育而成，这就是"道生一"，先有一个混沌如一的最初的本源。而这个最初的本源，按照道的法则运行，即为"德"，最初的本源不断积蓄，不断生长，化出阴阳，即"一生二"，在"德"的运转下，不断积蓄成长，随着阴阳互化，新的物质不断生成凝聚，而后一个具体的事物诞生了，这个事物生成后，按照道的原理不断丰富自己、完善自己，最后成长为有一定用途的事物，可以作用于天地，则被我们称为器。

是以万物尊道而贵德

因为万事万物皆是按照道的规律而生成的，所以万物都以"道"为尊，以"德"为贵，遵循"道"和"德"而运转。王弼本加了"莫不"，加强了一下语气，这里我们采用帛书乙本。

道之尊，德之贵，夫莫之爵而恒自祭

爵，授予官爵。祭，供奉鬼神或祖先，表示敬意的意思。本句采用帛书甲本，帛书乙本为"夫莫之爵也而恒自然"，王弼本为"夫莫之命而常自然"。帛书甲本里的祭字，非常形象地描述了万物对道的这种尊崇和敬意，自祭我们可以理解为不需要任何强制的手段或者引导，而自发地对道的一种敬仰之意，可见老子的文笔如此的精准。

本句我们可以这样理解：道是如此受尊崇，德是如此尊贵，并不是因为有谁给道和德加封了爵位，而是万事万物恒久以来自发对道的一种崇敬。

当然，如果你喜欢帛书乙本的“夫莫之爵而恒自然”，你也可以这样理解：道是如此受尊崇，德是如此尊贵，并不是因为有谁给道和德加封了爵位，这种尊贵是恒久以来自然而然就存在的。

这里的“莫之爵”，就是没有人为地抬高“道”和“德”的位置，也没有谁命令万事万物必须去尊崇“道”和“德”，而是因为“道”和“德”育养了万物，万物自然而然以“道”和“德”为尊贵。

道生之畜之，长之遂之，亭之毒之，养之复之

王弼本里是“故道生之，德畜之”。而帛书甲本是“道生之畜之”，同后面的“长之遂之，亭之毒之，养之复之”一气呵成，描述了道使万物产生、发展、成熟的一连贯的作用，因此采取帛书甲本。

王弼本为“长之育之”，帛书甲本为“长之遂之”，遂有称心如意、得到满足，顺利地完成、成功，生长、养育等诸多含义，所以我们采用帛书甲本的“遂”字。

亭，亭育（养育，培育）。毒，有厚、多的意思，还有暴烈、猛烈、厉害的意思，比如今天的日光真毒，就是说日光很强烈的意思。所以这里的“亭之毒之”并不是毒害的意思，而是使万物更丰盛，更繁茂，达到了非常成熟，极致鼎盛的状态。

本句我们这样理解：在道的法则下万物开始萌生；继而准备、等待，积蓄生长的条件；在合适的时机万物不断生长；并逐渐成熟；经过不断孕育进而达到极致鼎盛的状态；道养育了万物并使万物如此周而复始地循环。

生而弗有，为而弗恃，长而弗宰。是谓玄德

道生养了万物而不把万物据为己有，有利于万物而不自居其功，引导、统领着天下万物的运行，而不主宰万物自由的发展，不认为自己是万物的主宰。这种德行就是最深厚的德行。

这一章，特别是这一句，非常适合于指导君主统领国家，领导带领团

队，家长培育孩子。作为领导人、家长，给予下属、孩子成长发展的必要条件，让其健康的成长，但是不应该以为自己提供了这些条件，你的下属、孩子就是你的私有财产，他的一举一动就必须要符合你的要求，从而去主宰他的思想、梦想、灵魂和行动，这种作为是不符合于道的。很多领导人和家长，因为自己曾经的梦想没有完成，就想让下属、孩子去帮他完成，这是不对的，每个人都有自己的梦想，每个人的生长环境也是在不断变化的，当时适合你的，不一定就适合他，你喜欢的，他不一定就喜欢，所以不要把自己的梦想强加于他人身上，他人有偏差了，可以引导，可以指正，而不是主宰，要像水一样，利于万物而不争。其实让别人去实现你的梦想，也是一种争。

【事　例】

在这里分享一个故事：

女儿学习成绩不好，母亲强压教育女儿学习，方法用尽，很着急，只好给女儿讲了“笨鸟先飞”的故事。女儿知道笨鸟是说她，嘟嘟嘴说：我觉得，有三种笨鸟。

母亲很好奇：哪三种？

女儿说：一种是自己喜欢飞的，一种是不喜欢飞的，还有一种是自己不飞，下个蛋，让蛋飞的。

听完，母亲笑了。

很多父母总是以自己为模板教育孩子，如果想要孩子飞，给他有一双翅膀，给他一点时间和空间，他终会在自己的领域中跌跌撞撞地成长起来的。

第五十二章

【帛书甲本（第十五章）】

天下有始以為天下母既得亓母以知亓□復守亓母沒身不殆塞亓兑閉亓

門終身不堇啟亓悶濟亓事終身□□□小曰□守柔曰強用亓光復歸亓明毋道身殃是为袭常

【帛书乙本（第十五章）】

天下有始以為天下母既得亓母以知亓子既知亓子復守亓母沒身不佁塞亓兑閉亓門冬身不堇啟亓兑齊亓□□□不棘見小曰明守□□強用□□□□□□□遺身央是胃□常

【王弼本】

天下有始，以为天下母。既得其母，以知其子，既知其子，复守其母，没身不殆。塞其兑，闭其门，终身不勤；开其兑，济其事，终身不救。见小曰明，守柔曰强。用其光，复归其明，无遗身殃，是为习常。

【辩证本】

天下有始，以为天下母。既得其母，以知其子，既知其子，复守其母，没身不殆。塞其兑，闭其门，终身不堇；启其兑，济其事，终身不救。见小曰明，守柔曰强。用其光，复归其明。毋道身殃，是为袭常。

【辩证本通解】

天下万物都有其开始的源头，这个开始的源头我们可以称其为“母”，既然懂得了事物的根源，就可以推知发展的结果；知道了将要发生的结果，为了获得好的结果，就要去好好地守护着事情开始的根源，懂得了这个道理，并遵行而做，则永远没有危险的发生。如果能减少追求感官的刺激、享受，关闭欲望的门，那么就会终身富足而不匮乏。如果打开感官的门户，不断地滋生欲望，想要完成众多的事情，则终身不能脱离困苦。见微知著叫作“明”，能够柔弱安忍、韬光养晦是真正的“强”。在使用一个事物的结果的时候，不要忘了回归到产生这个事物的根源，维护好根源的良好运行。如果不遵循大道行事，自身就会有灾祸到来，这是一种被延续下来恒定不变的规律。

【逐句解读】

天下有始，以为天下母

天下万物都有其开始的起源，都有其发生的原因，而这个发生的原因，我们可以称其为“母”，也就是这个事情的源头、开端、根本。用佛家的话，就是因。这一章是老子讲的因果关系。是不是同佛家说的一样?万教归宗，殊途同归。很多原理，只是各人说的名称不同而已，但是原则都是一样的。

既得其母，以知其子，既知其子，复守其母，没身不殆

既然懂得、掌握了一个事物的根源和开端，那么就可以知道它发展下来，会有什么样的结果；而知道了将要发生的结果，为了引导趋向于好的结果，就应该去好好地守护着、经营着这个事情开始的根源，懂得了这个道理，并遵行而做，则永远没有危险发生。

本句就是告诉人们，所有的结果，都是由开始的那个原因发展而成的，我们每个人都想有一个好的结果，每个人都想掌握自己的命运，老子说很简单，那就是守好一个事情开始的根源。我们为什么不能得到我们期望的结果呢?很多时候，是因为太看重事情的结果了，而不去经营事情发展的根源。比如做生意，我们一味地去追求高利润、高回报的结果，这个结果是怎么来的?这个结果产生的根源就是产品质量的不断提升，服务的全方面到位，客户的满意，从而不断增加人脉，这些就是因，就是根源。有智慧的领导者重视的是这个根源，根源做好了，好的结果便自然而然就来了。故老子说“既知其子，复守其母”，我们既然知道想要什么样的结果，就该追溯它的根源在哪里，然后守护好根源，“子”就会源源不断地产生，不守护好“母”，则“子”就是无源之水，无本之木，很快就会枯竭。

塞其兑，闭其门，终身不堇；启其兑，济其事，终身不救

“兑”是口的意思，泛指一切孔、口之类的东西，比喻一些感官，相当于佛学所说的“六识”，即眼、耳、鼻、舌、身、意六根，而人们追求这些感官的刺激、追求，就会产生各种欲望，当人们塞住这些感官的刺激、追求，就是减少这些刺激，那么欲望之门被关闭，“闭其门”就是关

闭欲望的门，则“终身不堇”，堇有少的意思，不堇就是不少、不贫乏。这就是说，一个人如果能减少追求感官的刺激、享受，关闭欲望的门，那么就会终身富足而不匮乏。王弼本里是“终身不勤”，勤可以作劳苦讲，如果用王弼本来解释，可以解释为“终身不劳苦”。

启其兑，济其事，终身不救：济，有众多的意思，也有成就的意思。如果打开感官的门户，一味地追求外界的刺激，不断地滋生众多的欲望，想要达到各种目标，完成众多的事情，则终身不得脱离困苦，以至于达到不可救药的地步。

见小曰明，守柔曰强

能够明察秋毫、见微知著才能叫作“明”，能够柔弱安忍、韬光养晦才是真正的“强”。这个是通常的解释，咱们可以从另外一个角度来解释一下，感觉也是有其道理的：见，古同“现”，就是显示，呈现的意思。所以我们可以理解为，一个有智慧的人，不是爱炫耀的人，他能做到光而不耀，低调为人，对外界表现得非常低调，非常“小”，这样才是明智的，智慧的；一个本身强大的人，能够守候一颗谦卑的心，从而不断地前进，不断地完善，不断地走向新的强盛，这才是真正的强。

用其光，复归其明

这一句话，可以从两个角度来理解：

一是，什么是光？光的基本意思是：“太阳、火、电等放射出来耀人眼睛，使人感到明亮，能看见物体的那种东西。”就是光源散发出来的光辉，就相当于开始的时候说的“子”，我们享用、运用这个光，这个“子”，这个结果的时候，我们不要忘了回归到散发了这个的光的源头，就是“明”，什么是明？日月为明，表示产生光的源头，即光源。它代表了产生这个“子”的“母”，指产生结果的根源，也就是说，在我们得到一个事物的结果的时候，不要忘了回归到产生这个事物的根源，进而维护好根源的良好运行。这里就是因果，明即产生光的源头，就是因，我们维护好这个因，果也就是光，就会自然恒久地存在。

二是，“用其光，复归其明”，光代表光明，代表一切美好的事物，明，也代表了美好和吉祥。所以可以这样理解：我们行走在人世间，不断地散发我们美好的德行，给别人带去美好，那么别人也会回馈给你美好和吉祥。这就是我们常说的“爱出者爱返，福往者福来”，也是符合“反者道之动”的法则，你散发出“光”，则回归“明”，因为你散发的是善良，则你得到的就是善意。

毋道身殃，是为袭常

这一句话，我们采用的是帛书甲本。毋，有“不”的意思，表示否定，毋道，就是不遵循道的法则行事，殃，就是祸害、损害的意思。袭，有传承的意思，所以我们可以理解为一直延续下来的规律；还有人把袭理解为隐藏的、不明的，如袭击。所以也可以理解为隐藏的、不被一般人明白的自然规律，这里，我们采取传承的、可以沿袭的。常，有“规则、规律”的意思，表示恒久不变的准则，如常伦（伦常）、三纲五常。

也就是说，如果一个人、一个团队不遵循大道行事，那么自身就会有灾祸到来，这是一种被延续下来恒定不变的规律。

第五十三章

【帛书甲本（第十六章）】

使我□□有知也□□大道唯□□□□□甚夷民甚好解朝甚除田甚□倉甚虛服文采帶利□□食貨□□□□□□□□□□□□□□

【帛书乙本（第十六章）】

使我介有知行於大道唯他是畏大道甚夷民甚好□朝甚除田甚□倉甚虛服文采帶利劍食銔財□□□□盜□□□非□也

【王弼本】

使我介然有知，行于大道，唯施是畏。大道甚夷，而人好径。朝甚除，田甚芜，仓甚虚；服文采，带利剑，厌饮食，财货有馀；是为盗夸，非道也哉！

【辩证本】

使我介然有知，行于大道，唯他是畏。大道甚夷，民甚好解。朝甚除，田甚芜，仓甚虚；服文采，带利剑，厌饮食，财货有馀；是为盗夸，非道也哉！

【辩证本通解】

通过对事物发展的因果关系的领悟，使我略微有所认知：悟道的人应该遵循大道而行，唯有偏离大道是最令人害怕的。依大道而行，是非常平坦宽广的，而人们非常喜欢废除、停止遵行大道。宫殿建造得非常华丽，田地里极度荒芜，仓库非常空虚，日常用具雕刻修饰得异常华丽，佩戴着锋利的宝剑，各种美食充斥席间，以至于达到了厌倦的状态，收罗各种珍宝财富，这种行为（或人），只是为了过度地满足自己的私欲罢了，不是有道的行为。

【逐句解读】

使我介然有知，行于大道，唯他是畏

介，古通“芥”，有细微纤细的意思。本章开头为“使我介然有知”，那么是什么“使我介然有知”呢？我想这句应该承接了上一章，即“既得其母，以知其子，既知其子，复守其母”“用其光，复归其明”，就是通过这种因果关系，让我知道了一些道理。介然，有人解释为坚定的，故“介然有知”被解释为坚定的明白，而坚定这样的思想，有点不符合老子谦虚、柔弱的言论，而“介”通“芥”，是细微的意思。

“唯他是畏”这一句，我们采用的是帛书乙本，帛书甲本缺失。他在《宋本广韵》解释为：非我也。“他”的基本意思是：你、我以外的第三人，别的，另外的，如顾左右而言他，指离开了主题，这里我可以理解为脱离了大道。《康熙字典》：邪也。《揚子·法言》君子正而不他。我们结合上一句“行于大道”，悟道的人总是遵循于大道，行于大道，“他”就是表示不再遵循大道，偏离了大道。

所以结合上一章，我们可以很清楚地看出，“使我介然有知，行于大

道，唯他是畏”的意思是，通过对事物发展的因果关系的领悟，使我略微有所认知：悟道的人应该遵循大道而行，唯有偏离大道是最令人害怕的。

而王弼本是“唯施是畏”，这个施，在这一句中非常不好解释，施，旗貌。在《詩・周南》中有“葛之覃兮，施于中谷”，这里施被解释为“移”，所以我们可以用这个解释，就是“移”，偏移、偏离的意思。可以看出“施”在这里没有帛书乙本的“他”更贴切，故采用帛书乙本。

大道甚夷，民甚好解

本句采用帛书甲本的“解”字。夷，平，平坦。“解”本义为分解牛，后泛指剖开。“解”用本义，引申为瓦解、分裂；融化、消散；除去，除有废除、停止等意思。因此采用帛书甲本，这句话就很好理解，那就是：依大道而行，是非常平坦宽广的，而人们非常喜欢废除、停止遵行大道。

这样我们可以看出，这一句和“行于大道，唯他是畏”是连贯的，意思就是人们停止遵循大道的法则，偏离了大道。人们停止遵循大道以后是什么样呢？那就会出现下面的这些表现：“朝甚除，田甚芜，仓甚虚；服文采，带利剑，厌饮食，财货有馀。”

王弼本是“大道甚夷，而人好径”，解读是：也许是王弼在看到老子说“大道甚夷，民甚好解”后想，人们不走大道走什么呢？那就走小路，小路就径，也就是依道而行，本是非常平坦宽广的，而人们总喜欢走捷径。但是如果用这样的解释，和下面的“朝甚除，田甚芜，仓甚虚；服文采，带利剑，厌饮食，财货有馀”衔接得就不是很好，因此我们不采用王弼本。

人们为什么喜欢舍弃大道而走小路呢？因为人们感觉小路可以直指我们所需要的结果，而大道需要更长时间的经营，然后结果才能自然而然的发生。比如我们做企业的，更多的是直指结果，追求利润最大化、成本最小化。这样才能赚取更多的钱财，我们都喜欢这样的捷径，直达目的，但是遵循大道的做法是不以挣钱为目的，而是做最好的质量，服务更多的人，更好地服务于人，而这些作为，开始是需要大量的投入成本，甚至是不见收益的，但是随着人脉的积累，规模的扩大，利润会随之而来的，但是人们不愿意做这样的事情，而是选择了低成本高回报。比如有些企业，为了节约生产成本，生产过程中，不进行任何的环保措施，废物、废水直排到田地间，开始的时候，看似成本降低了，获得了丰厚的利润，但是因为涉嫌了犯罪，直接被绳之以法，所有非法所得都被没收。而一些成功的企业总是遵循大道，不会违规走一些小路，从而可以持续长久的发展。

朝甚除，田甚芜，仓甚虚；服文采，带利剑，厌饮食，财货有馀；是为盗夸，非道也哉

朝甚除：朝，封建时代帝王接见官吏，发号施令的地方，与“野”相对，我们可以理解为朝堂，宫殿。除在《说文解字》解释为：殿陛也。殿谓宫殿。殿陛谓之除。因之凡去旧更新皆曰除。取拾级更易之义也。拾级(shè jí)：沿着台阶一级一级地登上。表示逐渐增高。陛在《说文解字》里为陛，升高阶也。殿陛，宫殿的台阶逐渐升高，比喻宫殿越来越华丽。甚，极致。因此“朝甚除”就很好理解了：宫殿的台阶建造得越来越高，表示宫殿建造得非常华丽。

注：这里的“除”通常被理解成扫除，打扫得非常干净之意。所以本句通常被解读为朝堂被打扫得非常干净，而打扫好卫生应该是一件我们该做的事吧？“一屋不扫何以扫天下?”所以，我们在这里不采取这样的解读。

田甚芜：田地里极度荒芜。

仓甚虚：仓库非常空虚，没有一点余粮储存。比喻没有积蓄，内部已经耗空。

服文采，《说文解字》：服，用也。所以这里的服我们可以理解为衣服，更可以理解为日常的日用品，比如车、船等用具；文，事物错综所造成的纹理或形象；刺画花纹。采，多色的丝织品。后来写作“綵”；引申为彩色。后写作“彩”。故本句可以理解为：日常用具雕刻修饰得异常华丽。也有人解释为衣服华丽，衣服只是日常用品的一部分，而应该是所有的用品都追求华丽的外表。

带利剑：在古代宝剑是地位的象征，在汉以前只有士人才有资格佩剑，所以佩剑是为了彰显自己的地位。佩戴着锋利的宝剑，以彰显自己的地位。

厌饮食：厌是“厭”的本字。本义是“吃饱”“满足”。字形原作

“猒”，由“犬”“口”“月”（即肉）组成，意思是狗的嘴里衔着一大块肉，已经饱足。所以本句的意思就是：整天美食充斥席间，以至于达到了厌倦的状态。

财货有馀：收罗各种珍宝财富。

是为盗夸，非道也哉：盗，私利物也。夸，奢也。（《说文解字》：奢，过分、过度）以上的种种行为，只是为了满足自己过度的私欲罢了，不是有道的行为。

这一句可以这样理解，踏踏实实地生产、不断地充盈国库才是遵循于大道的作为，而一般的领导者却追求表面的光鲜，去追求厅堂的高大宏伟、用品的艳丽、食物的鲜美、金钱美玉占有的多少。而这样的领导者，只是为了满足自己的私欲，也可以说是最大的盗贼，不是有道的人。

第五十四章

【帛书甲本（第十七章）】

善建□□撥□□□□□子孫以祭祀□□□□□□□□□□□□□□□□□□□餘脩之□□□□□□□□□□□□□□□□□□□□□□□□□以身□身以家觀家以鄉觀鄉以邦觀邦以天□觀□□□□□□□□□□□□□□□□

【帛书乙本（第十七章）】

善建者□□□□□□□□子孫以祭祀不絕脩之身亓德乃真脩之家亓德有餘脩之鄉亓德乃長脩之國亓德乃夆脩之天下亓德乃博以身觀身以家觀□□□□國以天下觀天下吾何□知天下之然茲以□

【王弼本】

善建者不拔，善抱者不脱，子孙以祭祀不辍。修之于身，其德乃真；修之于家，其德乃余；修之于乡，其德乃长；修之于邦，其德乃丰；修之于天下，其德乃普。故以身观身，以家观家，以乡观乡，以国观国，以天下观天下。吾何以知天下然哉？以此。

【辩证本】

善建者不拔，善抱者不脱，子孙以祭祀不辍。修之于身，其德乃贞；修之于家，其德乃余；修之于乡，其德乃长；修之于邦，其德乃丰；修之于天下，其德乃普。故以身观身，以家观家，以乡观乡，以邦观邦，以天下观天下。吾何以知天下然哉？以此。

【辩证本通解】

善于建树的人，所建功业不会被人抹杀；善于把控的人，能使他所把控的事物永不失控。他的恩惠恒久惠泽后世，子孙对其恒久崇仰。后世子孙能够按照这种法则修炼自身、守持功德，则会绵延世世代代不会断绝。如果人们能够按照这种智慧来修炼自身，其德行就会非常纯正；如果一个家庭能够按照这种智慧来修养，这种德行就会在家中非常丰盈；如果一个村落、城镇的人们都能够按照这种智慧来感悟、修养，那么这个村落、城镇的人的道德修养就会恒久绵长；如果一个邦国能够按照这种智慧来修养，则这个邦国的风气就会充满质朴，这种风气就会丰盈而充足；如果整个天下都能够被这种智慧滋润，就能够在整个天下盛行而惠及万物。因此，从一个人的言行举止，可以观察到他内在的修养；从一个家庭的行为方式，可以感知其家庭内部运行的文化；从一个村落、乡镇上人们的风气，可以推知这个村落、乡镇的人的文化素养；从一个邦国公民普遍的民风，可以感知这个邦国主导的思想；从天下众生的纷争或包容，可以推知滋润整个天下的主导文化；我为什么能够知道呢？正是因为这样啊。

【逐句解读】

善建者不拔，善抱者不脱，子孙以祭祀不辍

我们可以这样理解：善于建立功德者，所建立的功德不会被人抹杀；善于传承道德修养、智慧的人，他传承的道德修养及智慧会时时刻刻地环抱着人们、滋润着人们，不断给人们带来福祉而永不停歇，这种道德传承像水滋润万物一样，使人们不会脱离它的滋养；由于这种功德的宏伟博大而恒久地滋养万民，因此人们就会悠久的尊崇、怀念这种功德而恒久不衰。后世子孙如果能够从这些智慧中参悟大道，用以修炼自身、守持功德，也会绵延世世代代不会断绝。

比如《易经》的智慧、《道德经》的智慧，儒家、佛家的智慧，这些通透的智慧就属于这种不可拔、不可脱的智慧，人们可能没有意识到这种智慧，却无时无刻不在这些智慧的浸润之中。而这种智慧又恒久地被人们所尊崇着。

修之于身，其德乃贞；修之于家，其德乃余；修之于乡，其德乃长；修之于邦，其德乃丰；修之于天下，其德乃普

修之于身，其德乃贞，采用楚简本。贞，端方正直，坚定不移。

能够按照这些通透恒常的智慧来磨砺自身、修养自身，其德行就会非常纯正；如果一个家庭可以按照这些通透恒常的智慧来修养，那么这种德行、智慧就会在这一家非常丰盈、充足；如果一个村落、城镇的人们都能按照这些通透恒常的智慧来感悟、修养，那么这一个村落、乡镇之内的道德修养就会恒久绵长地持续延续下来；如果一个邦国都能按照这些通透恒常的智慧来修养，则这个邦国的风气就会充满了这种质朴、智慧，这种风气就会丰盈而充足；如果整个天下都能被这些通透恒常的智慧来滋润，每个人都能用这种道德智慧来指导自己的人生，则这种淳朴之风，就能够在整个天下盛行而惠及万物。

故以身观身，以家观家，以乡观乡，以邦观邦，以天下观天下。吾何以知天下然哉？以此

因此，从一个人的言行举止，可以观察到他内在的修养；从一个家庭的行为方式，可以感知这个家庭内部运行的文化；从一个村落、乡镇人们的风气，可以推知这个村落、乡镇的人的文化素养；从一个邦国公民普遍的民风，可以感知这个邦国主导的思想；从天下众生的纷争或包容，可以推知滋润整个天下的主导文化；我为什么能够预知天下发展的方向和趋势呢？正是因为这样啊。

这一段，我们还可以再延伸一下，就是老子教导我们，通过观察一个

人、一个家庭、一个乡镇、一个邦国、一个天下的外在表现，可以推知其主导的道德修养、文化导向，而由于这种道德修养，进而由指导了人们下一步的所作所为，从而预料一个人乃至一个国家的运势生灭。比如一个暴君执政下的国家和一个有道的仁慈的君主执政下的国家所推行的政策，会影响到人们的生活、行为方式，从这种行为方式就可以推断出君主执行的政策，从这种政策可以预知这个君主是不是得道，是会得到人们的拥戴，还是遭到人们的抵抗，进而我们可以预知到这个国家的运势是昌盛还是衰败，这就是老子教导我们的伟大智慧，这也正是老子为什么在《道德经》第四十七章中说："不出户，知天下；不窥牖，见天道。"正是根据一个事物、个人、团体外在的表现，推知其内部的思想和素养，进而推知其以后的道路。

第五十五章

【帛书甲本（第十八章）】

□□之厚□比於赤子逄癘虺地弗螫攫鳥猛獸弗搏骨弱筋柔而握固未知牝牡□□而朘□精□至也終日號而不嚘和之至也和曰常知和曰明益生曰祥心使氣曰強□□即老胃之不道不道□□□

【帛书乙本（第十八章）】

含德之厚者比於赤子蜂癘虫蛇弗赫據鳥孟獸弗捕骨筋弱柔而握固未知牝牡之會而朘怒精之至也冬日號而不嚘和□□□□□□常知常曰明益生□祥心使氣曰強物□則老胃之不道不道蚤已

【王弼本】

含德之厚，比于赤子。蜂虿虺蛇不螫，猛兽不据，攫鸟不搏。骨弱筋柔而握固，未知牝牡之合而朘作，精之至也。终日号而不嗄，和之至也。

知和曰常，知常曰明。益生曰祥，心使气曰强。物壮则老，谓之不道，不道早已。

【辩证本】

含德之厚，比于赤子。蜂虿虺蛇不螫，攫鸟猛兽不搏。骨弱筋柔而握固，未知牝牡之合而朘怒，精之至也。终日号而不嚘（yōu），和之至也。和曰常，知和曰明。益生曰祥，心使气曰强。物壮则老，谓之不道，不道早已。

【辩证本通解】

一个拥有深厚德行的人，好比一个出生不久的婴儿一样。那些毒蜂、蝎子、毒蛇等世上剧毒的东西都不去伤害他，那些凶禽猛兽也都不去伤害他。刚出生的婴儿，筋骨非常的柔软，但是他的小手却握得紧紧的、握得很牢固，他还不知道男女交合之事，但是他的小生殖器却不时的勃起，这是因为他的精气达到了充足。小婴儿成天大哭，但是他的气息却还是非常的通顺，因为他体内阴阳二气的调和，达到了最为和谐的境界。这种圆融通达、万事调和的境界，称为恒久不变的规律。能够明白这种调和的规律是智慧的。当内部达到和谐，自然有益于生机流转，称为祥，而在欲望的驱使下强行运行某些事情，这种现象称为“强”，强行运作某种事物到极其强壮，随后就会走向衰亡，这种作为是不符合于道的，不符合于道的事物，会过早的灭亡。

【逐句解读】

含德之厚，比于赤子

一个拥有深厚德行的人，好比一个出生不久的婴儿一样。从这一句，我们就可以看出，老子是在用婴儿的状态来比喻一个悟道的人，那么婴儿是什么样呢？我们看下面的语句：

蜂虿虺蛇不螫，攫鸟猛兽不搏

虿（chài），古书上说的蝎子一类的毒虫；虺（huǐ），古书上说的一种毒蛇；螫（shì），有毒腺的虫子。攫（jué），本意是抓取，攫鸟，就是那种善于抓取猎物的猛禽。搏，有捕捉的意思。所以这一句我们可以理解为：那些刚出生的婴儿，因为他没有丝毫的占有之心，没有任何夺取的欲望，所以他不会对外物构成丝毫的威胁，所以那些毒蜂、蝎子、毒蛇等世上有剧毒的东西都不去伤害他，那些凶禽猛兽也都不去伤害他。

老子究竟要告诉我们什么呢？我想他在告诉我们，如果我们能像婴儿一样，没有私欲、没有掠夺他人之心，别人反过来也不会去侵害你。这些毒虫猛兽，我们可以理解为那些强盛的势力，就相当于老子曾说的“盖闻善执生者……以其无死地”，因为你不去伤害他人，不给别人构成威胁，所以，他即使很强悍，也不会去伤害你。这就是老子告诉我们摒弃私欲，与人为善的道理。

另外，如果你是一个充满善意的人，周围的人对你也会报以善意，比如我们看到可爱的小孩子，我们每个人都会从内心发出那种想要亲近他、呵护他的情感，正是这种无欲、淳朴的内心修为，使得周围的人有一种爱护的心，这种爱护的心，使得外界一些想要侵害的势力，也不敢轻举妄动。这也是“蜂虿虺蛇不螫，攫鸟猛兽不搏”的另外一个原因。

骨弱筋柔而握固，未知牝牡之合而朘怒，精之至也

朘（zuī），男孩的生殖器。怒，气势盛。至，极、最的意思。刚出生的婴儿，筋骨非常的柔软，但是他的小手却能握得紧紧的，握得很牢固，很有力量，他还不知道男女交合之事，但是他的小生殖器却不时地勃起，为什么会有这样的现象呢？是因为他的精气达到了充足，所以才有这样的现象。

那么这一句，老子又想给我们什么样的启发呢？老子再一次阐述，我们做任何事情，只管沉下心来按部就班地去做，当你的功夫达到了充足，就相当于内部的精气充足了，那么那些外在的表象，自然而然地就会出现了，那种“握固”“朘怒”就是外在的表象，我们不用去努力地追求这些表象，而是从内部做起，表象会随之而来。生活中，我们不要刻意地追求外在的结果，做好自己应该做的事情，这些外在的结果会随之而来。

终日号而不嗄，和之至也

嗄（yōu），气逆：“婴儿于号，三日不嗄。”小婴儿成天大哭，但是他的气息却还是非常的通顺，声音也不沙哑，为什么呢？因为婴儿体内阴

阳二气的调和，达到了最为和谐的境界。

那么这一句，我们又能得到什么样的启示呢？作为个人，或者作为团队，要懂得调解自身内部的和谐，只有内部和谐一致，即使有所劳作，也不会伤及根本，还能够保证良好的运行。

比如作为一个团队，不可能像婴儿那样整天睡觉，无所事事，肯定是要有所作为的，就像婴儿也要大哭号叫的，但是我们有所作为的时候，我们怎么才能做到不损伤元气，做到有所作为而不被伤害、不被消耗呢？那就要做到团队内部的和谐，上下同心，要做到攻守兼备，对外输出的能量，和内部不断产生的能量要达到一个平衡的状态，而不是无节制的对外消耗，而内部补给不足，最终走向了衰亡。就是要达到老子说的和的状态。阴阳并济，圆融通达，如此才能恒久而昌盛。

和曰常，知和曰明

这种圆融通达、万事调和的境界，我们可以称为长久，恒久不变的规律。能够明白这种调和的规律是智慧的。

这个“知”还有一种掌管、把控的意思，比如“知县”，我们还可以这样理解，可以把控这种和的境界，并应用这种境界，就是智慧的。

益生曰祥，心使气曰强

能掌控和的境界，则有益于生命，有利于生机，能够让机体更长足地发展，持续而昌盛，这就是我们说的祥和；而如果不顺其自然地从根本做起，而是由欲望驱使气运的运行，努力追求自己想要达到的结果，这种不在根本上做基础，而是更多地追求表面的现象和结果，就是所谓的强。

这里益生，我们可以理解为，当内部达到和谐，自然有益于生机流转，对生命、团队机体的持续发展是从内向外散发出的一种自然现象。

心使气我们可以理解为，当内部还没有达到完全和谐的时候，而在欲望（心）的驱使下强行运行某些事情，这种现象称为“强”。强，有勉强的意思，勉强的运行条件还不成熟的事物就有逞强的意味，就是在内部尚不顺畅的时候，却去追求外部的强壮。

物壮则老，谓之不道，不道早已

老，有极、很的意思，极之后则走向衰老。已，停止的意思。不注重事物内部的和谐运营，而只是一味地按照自己的欲望运行条件还不成熟的事物，追求外部达到强壮，达到极致，极致之后随之走向衰老，这种作为是不符合于道的、不符合于道的事物，会过早的灭亡。

第五十六章

【帛书甲本（第十九章）】

□□弗言言者弗知塞亓悶閉亓□□其光同亓塵坐亓閱解亓紛是胃玄同故不可得而親亦不可得而疏不可得而利亦不可得而害不可□而貴亦不可得而淺故為天下貴

【帛书乙本（第十九章）】

知者弗言言者弗知塞亓兑閉亓門和亓光同亓塵銼亓兑而解亓紛是胃玄同故不可得而親也亦□□得而□□□得而利□□□得而害不可得而貴亦不可得而賤故為天下貴

【王弼本】

知者不言，言者不知。塞其兑，闭其门。挫其锐，解其分，和其光，同其尘，是谓玄同。故不可得而亲，不可得而疏；不可得而利，不可得而害；不可得而贵，不可得而贱。故为天下贵。

【辩证本】

知者不言，言者不知。塞其兑，闭其门。挫其锐，解其纷，和其光，同其尘，是谓玄同。故不可得而亲，不可得而疏；不可得而利，不可得而害；不可得而贵，不可得而贱。故为天下贵。

【辩证本通解】

真正的智慧不在于过多的语音，过多语音的表达是不智慧的。不说过多的话，关闭不同门派间的成见，挫平自己外放的锐气，消解同他人的纷争；柔和自己外放的气势，和周围众人融为一体，达到真正同周围的人没有差异了。悟道之人，不会因为你对他人态度的不同，他人就对你的态度有所区别，从而对你有所亲近，或者疏远；对你有利，或者加害于你；使你尊贵，或者令你贫贱。悟道人的这种不为外界不同而不同的没有偏私之心，是最为珍贵的。

【逐句解读】

知者不言，言者不知

看到这句话，是不是有点矛盾？从字面上解释，会让我们看不懂老子在说什么，就像白居易曾经写诗如此说老子："言者不如知者默，此语吾闻于老君。若道老君是知者，缘何自著五千文?"白居易就说老子如果是智者，那么他为什么又立下这五千言的《道德经》呢？是不是一个悖论呢?

我们可以从不同角度来理解这一句话。

第一种理解：不说，并不是绝对不说，而是不说过多的话，不说不该说的话，就是说智慧的人是不会说过多的话，他说的话总是那么的恰当而简洁，而那种总是夸夸其谈的人，看似无所不知无所不晓的人，往往不是智者。（这一层意思，就是说智者不会说过多的话）

第二种理解：《道德经》第二章里有"是以圣人处无为之事，行不言之教"。所以，可以这样理解这一句话：真正的智者，总是依照道的规则，去积极做事，而不去用语言来标榜自己的所作所为；而那些善于用言语来标榜自己，不能付诸实际行动的人，往往不是智者。这里和儒家的"敏于行而讷于言"是相通的。（这一层意思是说，智者不以语言约束他人，而以实际行动来引导他人）

第三种理解：从团队、国家的层面来理解这一句话，有道的领导者，不会政令频发，朝令夕改。不会过多地干预人们的正常作息，这样会让人们无所适从，所以那些不断地颁发政令、不断地发言的领导者，不是真正的智者。（这一层理解，我们可以用于团队的建设，做到以百姓心为心，而不是以自己的主观臆断去颁布各种政令）

第四种理解：知通智，真正的、通透的智慧是不可以用语言来描绘的，能够用语言来描绘出来的，已经不是那种真正的智慧了。这样理解，就和《道德经》开篇的“道可道，非恒道”相通。

不同的理解角度，在我们日常的生活中，会给我们不同的启发和指引。

塞其兑，闭其门

这句话在《道德经》第五十二章中出现过一次，在那里我们解释为阻断感官的刺激，关闭欲望之门。而在这里，结合上下文，我们可以做另外的解释，因为上文说“知者不言”，兑为口，门，有门户、派别的意思。所以这一句我们可以理解为：把握好我们的口，不要说过多的话，让我们归于平淡，关闭那些门派的纷争，能够做到融于万物，包容万物。

挫其锐，解其纷

挫平自己外放的锐气，消解同他人的纷争。

和其光，同其尘，是谓玄同

光，在《道德经》里，我们可以看到它和明是不相同的，光是光源散发出的光亮，代表的是一种结果，而明代表的是光源。和其光，就是让自己焕发出来的光亮不要太刺眼，做到光而不耀，柔和而舒适，改变的是光而不是明，内心的智慧之源还是那样的通透，只是散发的结果更能让人有亲近的感觉，没有灼灼逼人的强硬；同其尘，就是让自己归于尘土、归于平淡，混同于尘世间，和周围众人融为一体，没有差别，能做到以上几点，就是达到了真正的同周围的人没有了差异。

从这里我们可以看出，真正悟道的人，并不是那种我们想象的仙风道骨，不食人间烟火的模样，真正的悟道者，恰恰应该如同常人一样，不会穿着奇装异服，谈吐不会故意标新立异，不会做那种哗众取宠的事情，只是他的心中却通透于大道，举止间暗含大道的法则，做事不着痕迹的有利于众生的事，这样的人才是真正的悟道者。

故不可得而亲，不可得而疏；不可得而利，不可得而害；不可得而贵，不可得而贱。故为天下贵

这句话很多人理解为圣人使别人不能够亲近他，也不能够疏远他；不

能够利诱他，也不能加害他；不能让他尊贵，也不能让他低贱。这样理解让我们有一种摸不着头脑的感觉，另外我们可以看到这几句都有两个字“得而”，“得”的什么？我们可以这样理解：是世人用不同的待遇去对待得道的圣人，从而想得到圣人对他的态度，故这个“得而”，就是世人想要得到圣人的反馈，而圣人不会因为外界不同的境遇而改变自己的心，改变自己的作为。所以我们可以换一个角度，换一个圣人对待世间万物的态度去思考、理解。悟道之人，归于凡尘，他不会因为你同他亲近，他就会对你有别于他人，而去照顾你、偏袒你、亲近你；也不会由于你对他的疏远，而去憎恨你、疏远你；不会因为你有利于他，给他某些利益，他就改变一视同仁的心去帮助你，而被你利用，去给你争取利益；也不会因为你曾经伤害过他、怠慢过他，他放不下这段恩怨，而回头来伤害你；不会因为你尊崇他，他就不顾原则也去尊崇你，以你为贵；不会因为你轻贱他，他就有所怨恨，对你也产生一种厌恶轻贱之心；得道圣人不会因为外界的评判而动摇自己的心，总会坦坦荡荡地行走于天地间，这样的德行才是天下最为尊贵的存在。这一章和《道德经》的第五章遥相呼应，第五章开篇说：“天地不仁，以万物为刍狗；圣人不仁，以百姓为刍狗。”就是说，天之道是没有偏私的，圣人之道符合于天之道，也没有偏私之心，无论外界对他是“亲、疏、利、害、贵、贱”，他都会怀着一颗平和的心，不会因为外界的不同而影响了公平公正，不会因为对方的不同而违背原则去行事。如果我们能这样理解这一段话，对我们是有所帮助的，我们就会平和自己的心态，不去为外界的风吹草动而改变自己的心，做好自己该做的，用公平公正的心对待我们身边的万物。

我们对待外界可以分为以下几种不同的境界：

第一种境界就是我们大部分人都有的境界，就是镜子的境界，我们就像一个镜子，别人对我们笑，我们就笑；别人哭，我们就哭；别人对我们好，我们就对别人好；别人骂我们，我们赶快骂过去。这就是我们常人的境界。

第二种境界是忍让的境界，别人对我们不好的时候，我们为了不惹是非，默默吞下这口气，委屈了自己，平和了事端。我们会出现一种阿 Q 的心态：“这种人不配我理他”，然后安慰一下自己。

第三种境界心态是宽容的心态，别人对自己不好的时候，我们思考原因，思考也许对方刚好心情不好，也许对方有所误会；思考自己的不足惹怒了对方，思考所有的原因，然后原谅对方，宽容对方，同时也宽了自己的心，自己没有生气，事态也平和的过去了。

第四种心态是悟道的心态，无论别人是否理解自己，对自己好还是坏，我们总按照自己心中存在的道，去做该做的事情，那人遇到了危机，我们不会因为他曾经对我们不好，我们就视而不见，任其灾难降身，而是积极施救。就是我们常说的以德报怨，德就是顺从于道，应该有所作为的时候，就要按照道的法则去作为，而不是区别亲疏远近。

第五十七章

【帛书甲本（第二十章）】

以正之邦以畸用兵以無事取天下吾何□□□□也哉夫天下□□諱而民彌貧民多利器而邦家茲昏人多知而何物茲□□□□□□盜賊□□□□□□□□□我無為也而民自化我好靜而民自正我無事民□□□□□□□□□□□

【帛书乙本（第二十章）】

以正之國以畸用兵以無事取天下吾何以知亓然也才夫天下多忌諱而民彌貧民多利器□□□□昏□□□□□□□□□□□物茲章而盜賊□□是以□人之言曰我無為而民自化我好靜而民自正我無事而民自富我欲不欲而民自樸

【王弼本】

以正治国，以奇用兵，以无事取天下。吾何以知其然哉？以此：天下多忌讳，而民弥贫；民多利器，国家滋昏；人多伎巧，奇物滋起；法令滋彰，盗贼多有。故圣人云：我无为而民自化，我好静而民自正，我无事而民自富，我无欲而民自朴。

【辩证本】

以正之邦，以奇用兵，以无事取天下。吾何以知其然哉？以此：天下多忌讳，而民弥贫；民多利器，邦家滋昏；人多知，而奇物滋起；法物滋彰，盗贼多有。故圣人云：我无为而民自化，我好静而民自正，我无事而民自富，我欲不欲而民自朴。

【辩证本通解】

悟道的人尊道贵德，自然会得到人们的推崇而成为领袖，进而引领国家走向昌盛，在同敌国交战时，善于运用智谋，屡出奇兵而战胜对方；清净无欲，不滋生事端，以德行感召天下，才能得到天下人的追随。我怎么知道这样的道理呢？因为：君主给天下规定的禁忌越多，而人们就会越贫穷。民间滞留有大量的武器、兵刃，社会必然滋生混乱。人们如果过多地推崇智谋、机巧，那么就会产生很多奇异乖戾的事情和器具。法律及处罚器具过多，触犯刑律的人反而增多。因此悟道的领导者说：我不妄为，则人民会自然被教化；我喜欢清静，而人们也会做得自我清静，纯正内心；我不滋生事端，人们会自然生产发展，会逐渐富足；我以不滋生欲望为欲望，人们就会回到质朴的境界。

【逐句解读】

以正之邦，以奇用兵，以无事取天下

王弼本为“以正治国，以奇用兵”，帛书甲本为“以正之邦”，帛书乙本为了避讳刘邦的名字，改为“以正之國”，可以看出都是用的“之”字，而王弼本用的“治”，治有治理之意，治理就是有为，故我们采用“以正之邦”。“之”，本意为往，到……去。所以“之”我们可以理解为以“正”的方式而成为邦国的领袖，并且以“正”的方式带领邦国前进。正，合于法则的；合于道理的。所以，我们可以这样来理解，悟道的人尊道贵德，能够做到淳朴、正直、无欲、清静，自然会得到人们的推崇而成为领袖，进而继续遵道而行，如和风细雨一样滋润万物，自然会带领国家走到政治清明，繁荣昌盛，百业俱兴，人们富足的境界。

我们看王弼本为以奇用兵，帛书甲乙本为“以畸用兵”。畸，不规则的、不正常的，古同“奇”；奇，出人意料，诡变莫测。两字意思相近，我们尊重习惯，故采用王弼本。同敌国交战时，就要善于运用智谋，让对方看不透己方意图，屡出奇兵而战胜对方。

以无事取天下：如果一个君主想要获得天下，就要做到清净无欲，不滋生事端，使人民安居乐业，国力昌盛，以德行感召天下的归附，如此才能得到天下人民的追随。

以正之邦，以奇用兵，就是告诉我们，对内就要淳朴正直，敞开心扉，包容一切，而如有敌人来犯，就要紧缩身躯，全力应对，机智多谋。

之前的众多篇章里，老子是不主张运用智谋的，但是在对敌作战的时候却不尽然，所以说老子的思想是灵活多变的，不能生搬硬套不知变通。由此可见，老子并不像有些人说的消极避世，一味的退让，而是要充实自身实力，做好自我，外敌一旦侵犯，就要奋力反抗，保卫本国人民周全。我们伟大的领袖毛主席曾经说过：“人不犯我，我不犯人；人若犯我，我必犯人。”但我们是站在严格的自卫立场上的，同老子的思想是完全符合的。

吾何以知其然哉？以此

我怎么知道“以正之邦，以奇用兵，以无事取天下”的道理呢？以下所述：

天下多忌讳，而民弥贫

如果君主给天下规定的禁忌越多，而人们就会越贫穷。如果一个社会限制太多，人民什么都不敢做，每次有所作为都会因触犯了法令而受到处罚，那么就会很大限度地限制人们聪明才智的发挥，生产力、创造力就会被压制，因此社会财富的创造就会减少，人民就会越来越贫穷。

民多利器，邦家滋昏

滋，滋生、生长；民间滞留有大量的武器、兵刃，个个好勇斗狠，社会必然滋生混乱。这个字面上可以这样解释，这个解释也很好理解，比如有些国家不禁止民众携带枪支，则时常会发生枪杀事件。这一句话我们还可以在更深一层理解：这个利器不仅仅局限于武器、兵刃，也可以指代那些内心的戾气，怨恨，一些不符合常规的妄念，如果这些妄念任意滋生，就会形成一个又一个的小的团体，比如某些邪教之类的，如果这样的团体不断生长，则国家将会陷入混乱之中，所以国家在思想领域要做到正本清源，不断地推断正统文化的深入开展，引领人们不要产生怨念和戾气，另外，统治者不过多地压榨人民，人民就不会产生这种怨念和戾气，从而令国家祥和安康。

人多知，而奇物滋起

知通智，智我们可以理解为智谋、技巧。王弼本直接把“知”改为了“伎巧”

人们如果过多地去推崇智谋、机巧，那么就会产生很多奇异乖戾的事情和器具。

这里技巧，不是大的智慧，而是那种专营，那种因一己之私，想方设法达到自己的目的，不惜损害他人甚至天下万物的手段。比如咱们说“潜规则”，很多人就是不想正面获取，而是不断地走一些所谓的捷径，使用一些见不得人的手段，做一些见不得光的坏事。奇，出人意料，诡变莫测，不符合常规的。因为人们为了达到自己的目的，不断地钻营，运用各种手段达到自己的目的，就会做出五花八门的奇怪器物和事情来。

比如某些考生，平时不好好学习，等到高考的时候，却运用各种手段作弊，某些人为了从这个方面获取钱财，就制造出各种作弊工具，比如可以放进耳朵内部的一些电子设备，一些镶嵌进钢笔、橡皮内部的电子设备等各种奇形怪状的器具。

法物滋彰，盗贼多有

王弼本为法令，帛书乙本对应位置为“物”字，推断应为“法物”。法者，刑罚也。令，命令，法令。物，万物也。所以，我们可以理解为法物不仅仅包括带有处罚性质的命令，还包括各种器具、场所，如刑具、监狱等。因此法物的涵盖面更大。盗，偷窃，反叛者；贼，本义为破坏。

各种法律、命令颁布过多，处罚器具滋生，会使民众无法适从，稍微行动就会触碰法律，触犯刑律的人日益增多。比如人们本来行走于一个没有限制的空间，某天有人拉起一道线，说这里不准过，不准触碰，一道线，人们还可以留神不去触碰。改天有人又拉了一道线，后天又拉了一道线，如此下来，若干天后，整个空间布满了不能触碰的线，严格限制人们的自由，但是过多的线，总是会让人不小心触碰到的，触碰到线的人，就会被官府定义为盗贼，如此盗贼自然就多了起来。

另外，因为限制过多，处罚过多，而人们为了生存、为了争取更大的生活空间，就不得不去抗争，因为抗争，就会被定义为盗贼，因此盗贼就会多了起来。

故圣人云：我无为而民自化，我好静而民自正，我无事而民自富，我欲不欲而民自朴

因此悟道的领导者说：我顺道而为，不以自己的欲望而妄为，则人们会自然顺应道的原则去做事，会自然被教化；我喜欢清静无为，而人们就会受到这种风气的滋润，也会做得自我清静，内心纯正；我不滋生过多的事情，不去扰乱人民的正常生活，人们自然去生产发展，物质就会逐渐富足；我以不滋生欲望为欲望，人们就会以我为表率，也会自然做到清心寡欲，回到质朴的境界。

这一句就是提醒领导者，不要过多地干预人们自然而然的生产、发展，比如，领导者不去强行干预，人们会在该种稻谷的地方种稻谷，该养桑蚕的地方养桑蚕。

第五十八章

【帛书甲本（第二十一章）】

□□□□□□□□亓正察察亓邦缺缺禍福之所倚福禍之所伏□□□

【帛书乙本（第二十一章）】

亓正閔閔亓民屯屯亓正察察亓□□□福□之所伏孰知亓極□無正也正□□□善復為□□之悉也亓日固久矣是以方而不割兼而不刺直而不紲光而

不眺。

【王弼本】

其政闷闷，其民淳淳；其政察察，其民缺缺。祸兮福之所倚，福兮祸之所伏。孰知其极？其无正。正复为奇，善复为妖。人之迷，其日固久。是以圣人方而不割，廉而不刿，直而不肆，光而不耀。

【辩证本】

其政闵闵，其民屯屯；其政察察，其民缺缺。祸兮福之所倚，福兮祸之所伏。孰知其极？其无正。正复为奇，善复为妖。人之悉，其日固久。是以圣人方而不割，廉而不刿，直而不肆，光而不耀。

【辩证本通解】

如果政令宽厚，不去过多地干预人们正常的生产、生活，则老百姓的性情就非常纯正、质朴；如果政令不断下达，过多地干预人们的正常生活，则人们的淳朴之心就会丧失。灾祸啊，是福的依靠；幸福啊，里面潜伏着灾祸。谁知道哪里是福和祸相互转化的极点呢？它们并没有确定的标准。正常的、理想的状态，会向不正常的、非理想的状态转化；和善的环境、良好的境遇，经过不断转化，会转化为邪恶的、不好的境遇，这种相互转化的现象，人们是知道的，并且知道很久很久了。为了恒久地保持良好的状态，悟道的人会做到：内心方正，但为人处世却比较和缓；有自己的原则，但是不会伤害周围的人；做事虽然是正直的，但是他也不会肆无忌惮地放纵自己的作为；他内心是光明的，但他发出的光不是刺眼的。

【逐句解读】

其政闵闵，其民屯屯

王弼本为“其政闷闷，其民淳淳”，闷闷，可以理解为比较安静，形容政府或管理者不频繁地下达政令，能够做到“以百姓心为心”的境界，形容政令比较宽厚，则老百姓的性情就比较淳厚、朴实。

本句我们采用帛书乙本的“其政闵闵，其民屯屯”：

闵：昏昧、糊涂。如“闵然”，昏昧的样子。屯：金文中“屯”多借为“纯”。金文是指铸造在殷周青铜器上的铭文，因为周朝把铜也叫金，所以铜器上的铭文就叫作“金文”或“吉金文字”，在《道德经》里，我们也能看到一些金文的影子，如《金人铭》里的“强梁者不得其死，好胜者必遇其敌”“众人惑惑，我独不从”“天道无亲，常与善人”等和《道德经》里的语句都基本相同，所以这个“屯”字，我相信应该是老子沿用的金文里的字，故应该通“纯”字，“纯”有纯正、美、善、纯净、不含杂质、质朴等诸多含义。

而这里的“闵闵”并不是说统治者的政令昏昧、糊涂，而是没有那么多政令，好像整天没有人指挥、管辖一样，其实是因为统治者是悟道的人，能够做到“以百姓心为心”的境界，不去过多地扰民，即使发布政令，也是非常宽厚的那种。这样的领导方式，使得人们“屯屯”，达到一种非常纯正、质朴的境界。

所以这一句，我们可以这样理解：如果领导者能够做到“以百姓心为心”，政令宽厚，不去过多地干预人们正常的生产、生活，则老百姓的性情就非常纯正、质朴，社会就一片祥和。

其政察察，其民缺缺

察察，严厉、苛刻的意思，形容领导者对人们时时刻刻进行着监视、监管的状态，表示对下属的一种不信任感，政令比较严苛，使人们时时刻刻能感受到压力，不敢越雷池半步，政令频发，没有休止。缺缺，缺的是什么？相对于前一句的“屯屯”，缺的就是“纯正、美、善、纯净、质朴”等，缺的是纯朴之心，缺少了纯朴之心，就是不纯朴，不纯朴就是狡诈、虚伪、阳奉阴违等一些不好的行为。所以这一句，我们可以这样理解：如果领导者的政令不断下达，过多地干预了人们的正常生活、生产，违背了道的发展规律，运用一些强制的手段驱使人们去做不愿意做的事情，对人们不信任，时时刻刻监视着人们的行为，则人们为了应付这样的高压政策，就会萌生出各种应对策略，原来的纯朴之心就会丧失，增加了虚伪、狡诈之心。从上面这两句我们可以看到，老子明确地指出，处于上位者占主动，上位者的作为符合于道，则下属安分守己，纯朴有加；上位者的作为不符合于道，只为自己着想，把自己的想法强加于民，则人们为了生存，会随之而改变心性，使团队处于不安的状态。

祸兮福之所倚，福兮祸之所伏

这一句话可以这样翻译：灾祸啊，是福的依靠、依赖；幸福啊，里面潜伏着灾祸。这里面值得注意是两个字：一个是“倚”，一个是“伏”。从这两个字，我们能够看到老子文笔的锋利，也能看出老子乐观而告诫我们的思想。倚的基本含义是依傍、依靠、跟随，有一种必然的趋势；而“伏”，是潜伏的意思，有伏而不发的含义，是一种可以谨慎对待，让它永远潜伏而不发作的。那么从这两个汉字，我们能够领悟到老子的什么智慧呢？老子在告诉我们，灾祸不是可怕的，大的幸福，往往必须经历过大的困苦、大的灾难，当我们的心灵被刺激到了，自己内心的潜能被激发了，经过自己的奋起勃发，而幸福就会随之而来，这就是我们常说的“吃得苦中苦，方得甜中甜”，这里也和孟子所说的“天将降大任于斯人也，必先苦其心志，劳其筋骨，饿其体肤，空乏其身”相通，一个有所作为的人，必会经历一些大的困顿，突破了瓶颈，则进入一个更高的境界，这里的“祸兮”不一定就是灾祸，它也代表祸患、困苦、困顿的境界，这里就表达了老子的一个乐观境界，就是这个“倚”字，他告诉我们祸患不可怕，它是通往幸福的必经之路，要想达到一个幸福的至高的境界，必然要经过一段困顿的道路，正如巴顿将军曾说过：“衡量一个人是否成功，不是看他到达顶峰的高度，而是从顶峰跌落谷底的反弹力！”这里，是老子给我们的一种鼓舞、一种信心、一种蔑视任何困境的乐观豁达的境界。这里我们不仅仅可以想到个人可以通过灾难的洗礼走向新的成熟，一个团队、一个国家，有时候在经过一些灾难后，更能凝聚人心，经过痛定思痛的思考，经过困顿的历练，进而打破瓶颈，跃升到一个新的台阶。灾难，并不可怕，可怕的是你那颗被灾难打击后一蹶不振的心！

再看下一句，福兮祸之所伏，那么这一句是不是老子的悲观呢？不是！这一句只是老子在告诫我们，通过了前一段的困苦，突破了瓶颈之后，我们到了一个新的高度，我们达到了“福”的境界。但是他告诫我们，在“福”的境界里，有新的祸患在潜伏着，但是它只是潜伏着，而不一定爆发，是否爆发就在于我们如何去引导，那就是做到谦卑处下，做到后面所讲的几个境界：“是以圣人方而不割，廉而不刿，直而不肆，光而不耀”，能够做到了这几个境界，那么这个祸就会永远地伏在那里而不会爆发，这里只是老子给我们敲的一个警钟而已。

这句放在“其政闷闷，其民屯屯；其政察察，其民缺缺”之后，也许是老子在告诫领导者，作为领导者，在团队经历一些困苦的时候，不要放弃，经历过困苦，随后就会达到一个新的彼岸；更是在告诫领导者，不要到了一个高的位置，感觉自己处在了一个“福”的境界，就为所欲为、无所顾忌、乱发政令，逼得人们由纯朴转化为狡诈，那么这种福的境界不会长久，因为福者，伏也（中国汉字的同音字真的好智慧！），不知道收敛自己，祸患就会接踵而至。

孰知其极？其无正

这一句话的意思是说福祸相互转化的节点究竟在哪里呢？为什么会转化呢？其中好像没有一个确定的标准。

正复为奇，善复为妖。人之悉，其日固久

正，正常的，合乎常理的；奇，非正常的，不理想的状态；善，良好的；妖，邪恶的，不好的；复，反复，不断的转化；悉，知道。

正常的、理想的状态，会向不正常的、非理想的状态转化；和善的环境，良好的境遇，会转化为邪恶的、不好的境遇，这种相互转化的现象，人们是知道的，并且已经知道很久了。

这里老子说的这种正奇、善妖、福祸相互转化的现象，我们常人也是知道的，只是我们很多时候不能避免这些转化。如果我们想要长久地保持良好的境遇，我们可以从以下几个方面来把握事态的进展：

是以圣人方而不割，廉而不刿，直而不肆，光而不耀

每一个人都喜欢良好的境遇，所以悟道的人为了更好地维持良好的境遇，他们会做到“方而不割，廉而不刿，直而不肆，光而不耀”。什么是“方而不割，廉而不刿，直而不肆，光而不耀”呢？

“方而不割”就是一个内心方正、秉持着一定的原则，但是为人处世却比较和缓、圆融无碍，不会给人一种生硬、拒人千里之外的感觉，不会割伤别人。

“廉而不刿”，廉，堂屋的侧边：廉隅（棱角，喻品行端方，有气节）。廉是棱角的意思，刿是刺伤的意思，就是说悟道的人，内心也会有自己的

原则，什么当为，什么不当为，但是他不会用这种原则去刺伤、伤害周围的人，会注意行事、说话的方式，让对方能够接受。这里也指悟道的领导者因为团队的需要，也会推行一些规章制度，但是他会顾及到大家的感受，不会用强硬的态度，伤害大家。

“直而不肆”，肆，放纵，任意行事，意思就是有道的人，即使说的话、做的事是正直的，是符合天下道义的，但是他也会讲究策略，不会因为自己做的是对的事情，就没有任何的避讳，任意行事，肆无忌惮地放纵自己的作为，从而伤害到他人，受到他人的反对。

“光而不耀”，意思就是说悟道人的内心是光明的，他会发出光和热，但是他所散发的这些能量，不会是耀眼的、刺眼的，不会给别人带来不舒服的感觉，做事情不会是那种锋芒毕露的感觉，而是达到了一种柔和的、谦逊的、润物细无声的境界。也就是说，一个得道的人，无论到了多么高的地位，都不会去炫耀自己。

所以，悟道的人，能够做到上面这样的境界，他就是处在了理想的境界里，因为他能谦卑处下，能够和人们很好的相处，人们都不去排挤他，不去反对他，而是拥护他，那么他就会更长时间处在这种理想的境界里。

第五十九章

【帛书甲本（第二十二章）】

□□□可以有國有國之母可以長久是胃深槿固氏長□□□□道也

【帛书乙本（第二十二章）】

治人事天莫若嗇夫唯嗇是以蚤服蚤服是胃重積□重積□□□□□□□□□□□莫知亓□莫知亓□□□有國有國之母可□□久是胃□根固氏長生久

视之道也

【王弼本】

治人事天，莫若啬。夫唯啬，是谓早服。早服谓之重积德，重积德则无不克，无不克则莫知其极。莫知其极，可以有国。有国之母，可以长久。是谓深根固柢，长生久视之道。

【辩证本】

治人事天，莫若啬。夫唯啬，是谓早服。早服谓之重积德，重积德则无不克，无不克则莫知其极。莫知其极，可以有国。有国之母，可以长久。是谓深根固柢，长生久视之道。

【辩证本通解】

治理民众，推行天道，没有比俭省节约更为重要的了。俭省节约，可以说是早早地懂得了顺从于道。早早地服从于道而去作为，称之为着重于积蓄德行。能够重视积蓄德的培育和积蓄，则所遇到的困难，没有不能克服的，符合于道的目标将没有不能达到的。达到了无所不能的境界，则他的实力高深莫测，不能预测他人生的顶峰会在哪里。拥有了这种无法估量的力量，则可以担负起治理国家的重任。具有了可以担负起治理国家重任之根源的德行，则可以长久。懂得了“啬”的道理，就可以做到根基深固，不易动摇，这就是能够长期生存、永久治理天下的根本原则。

【逐句解读】

治人事天，莫若啬

啬，节省；节俭、爱惜的意思，有余不尽用之意（啬，来回用也，汉字智慧）。

治理民众，推行天道、维护社稷的良好运行，没有比俭省节约、收敛精神、积蓄元气更为重要的了。

这里的节省，我们可以从不同的角度进行不同的理解，如果是君王，我们应该理解为要爱惜人民之财，不要过度地耗费民力、民财，团队、家庭也应该如此；如果是从我们个人修身养性的角度理解，我们要懂得爱惜自己的元气，不能过度地消耗，比如不要过度熬夜、不要过度透支自己的健康，那些用自己的健康换取金钱、享乐的人都是不明智的，是不符合于道的。

夫唯啬，是谓早服

服，《说文解字》：服，用也；有服从、顺从之意。俭省节约、收敛精神、积蓄元气这种作为，可以说就是早早地懂得了顺从于道、运用了道。也有人把服解释为备，早早地去做准备，这是一种解释方法。

早服谓之重积德

早早地服从、遵循于道而去作为，称之为着重于积蓄德行。道，就是孕育万物，并主导万物运行的无名无形的最根本的规律、规则、原理；德，就是遵循的道的规律、规则、原理而运转，继而产生的信念、树立的品行、做出的行为，是道的外在思想、语言和行动的体现。所以只有早早地服从于道的运行原理，才是真正地重视了积蓄德的培育。

重积德则无不克

克，有战胜、克服的意思，也有能够的意思。

当一个人、一个团队、一个国家能够重视积蓄德的培育，能够着重于德的积蓄，则所遇到的艰难险阻，没有不能克服的，符合于道的目标将没有不能达到的。

无不克则莫知其极

一个团队、一个人达到了无所不能的境界，则他的实力高深莫测，不能预测他人生的顶峰会在哪里。

莫知其极，可以有国

拥有了这种无法估量的力量，则可以担负起治理国家，造福万民的重任。

有国之母，可以长久

具有了可以担负起治理国家，造福万民的重任之根源的德行，则可以长久。担负起治理国家，造福万民的重任根源是什么呢？就是老子推断的前因，就是有无所不能的实力，要有无所不能的实力，就要有重视积蓄德行的思想，要有重视积蓄德行的思想，就要早早地服从于道，什么是服从于道，就是“啬”，这就是一种追根溯源，反证的思想。就是懂了“啬”的价值，然后就能达到长久的境界。这个长久，我们可以理解为一个国家的长治久安，也可以是一个企业的恒久延续，或者个人事业、品行、荣誉的恒久不衰，而所有的这些长久的根源，最终都源于一个字，那就是“啬”。

是谓深根固柢，长生久视之道

懂得了“啬”的道理，就可以做到根基深固，不易动摇，这就是能够长期生存、永久治理天下的根本原则。

第六十章

【帛书甲本（第二十三章）】

□□□□□□□□□□□天下亓鬼不神非亓鬼不神也亓神不傷人也非亓申不傷人也聖人亦弗傷□□□不相□□德交歸焉

【帛书乙本（第二十三章）】

治大國若亨小鲜以道立天下亓鬼不神非亓鬼不神也亓神不傷人也非亓神不傷人也□□□弗傷也夫兩□相傷故德交歸焉

【王弼本】

治大国，若烹小鲜。以道莅天下，其鬼不神；非其鬼不神，其神不伤人；非其神不伤人，圣人亦不伤人。夫两不相伤，故德交归焉。

【辩证本】

治大国，若烹小鲜。以道立天下，其鬼不神；非其鬼不神，其神不伤人；非其神不伤人，圣人亦不伤人。夫两不相伤，故德交归焉。

【辩证本通解】

治理大国，就如同烹饪小鱼一样，不可频繁地翻动。遵循大道来成就天下，则阴暗的人或事物就不能发挥出他的功能。不是阴险狡诈的人不发挥作用，而是人们也不会受到他的影响，因此无法伤害到民众。不是这些阴暗的人不能伤到人们，而是因为有道的领导者不扰乱人们，得到了大家的拥护。有道的领导者不去伤害人们，那些别有用心的人也无法伤害人们，因此国家的治理符合于德，而归于大道，从而能长治久安。

【逐句解读】

治大国，若烹小鲜

治理大国，就如同烹饪小鱼一样，不可频繁地翻动，如果频繁地翻动，则小鱼就会烂掉，如果这样，这种烹饪就是失败的。治理大的国家也是这样的道理，君主不能过分地去扰民，过分地扰民，就会伤及人民的元气，扰乱了人们的日常生产、生活，使国力逐渐走向衰退。

以道立天下，其鬼不神

本句我们采用帛书乙本的“以道立天下”。立有建立等诸多含义，有一种由内到外都遵循于大道而成立的感觉。王弼本为“以道莅天下”。莅，有走到近处察看的意思，也有治理、统治、管理等意思，给人一种道高高在上，从外向内强行管制的感觉，因此没有“立”的感觉更贴切。鬼，《说文解字》上称“鬼：阴气贼害”，指阴险，不光明，所以这里我们可以理解为一些阴暗的、不光明的人或事；神，有灵验的意思。这句话承接上一句，就是如果像烹饪小鱼那样，清静尊道地治理国家，就是遵循于大道的，就是以道的形式来成立、成就天下，那么天下那些阴暗、狡诈的人或事物就不能发挥出他的功能，不能去蛊惑民众，扰乱社会。

非其鬼不神，其神不伤人

不是这种阴险狡诈的人或事不能发挥作用，而是他即使发挥作用，去蛊惑民众，人们也不会受到他蛊惑的影响，人们不去听信他的蛊惑，因此他就无法伤害到民众。

这一句我们也很好理解，比如我们现在处在太平盛世的时候，属于以道治国的时候，人们生活安居乐业，绝大多数人都非常满足现在的生活方式，如果有一小撮人想要搅乱大局，释放一些蛊惑人心的虚假谣言，想要发动人们跟随他去捣乱，但是国家大局很平稳，人们很热爱国家，所以人们就不会听从这一些人的蛊惑，他的阴险用心就不能得逞，不能得逞就动摇不了国家根基，就无法伤害到大众。

非其神不伤人，圣人亦不伤人

不是这些阴暗的人或事不能够鼓动人们、不能够伤到人们，而是因为有道的领导者，能够遵循道去治理国家，能够不去损伤人们的利益，能够顺应民意，从而得到了广大人民的拥戴和追随，正因为有道的领导者得到了大家的拥护，因此这种阴险的人不能得逞。

所以从这一句我们能够看到，老子的意思就是，有道的领导者要时刻警惕自己的作为，做到不去扰乱民众、不去伤害人民，这样就不会给一些别有用心的人可乘之机，他就无法伤害到自己统治的根基，从而不能伤害到人们。发生动乱的时候，一般都是领导者没有按照道的原则去行事，遭到了人们的抵抗，那些阴险的人趁机蛊惑人们，造成了乱世。

夫两不相伤，故德交归焉

正是因为有道的领导者不去伤害人们，所以那些别有用心的人也无法扰乱时局，也不能伤害人们，因此可以说国家的这种治理策略就符合于德，而归于大道，从而能长治久安。

两不相伤我们也可以这样理解：因为有道领导者的贤德治理方略，使得那些别有用心的人的阴谋不能得逞，所以就没有必要动用过多的军事力量去镇压，就是不去相互伤害，从而使人民免受战乱之灾。这种治理方式是符合于德行，归顺于大道的。

第六十一章

【帛书甲本（第二十四章）】

大邦者下流也天下之牝天下之郊也牝恒以靚勝牡為亓靚□□宜為下大邦□下小□則取小邦小邦以下大邦則取於大邦故或下以取或下而取□大邦者不過欲兼畜人小邦者不過欲入事人夫皆得亓欲□□□□□為下

【帛书乙本（第二十四章）】

大國□□□□□□□□牝也天下之交也牝恒以靜朕牡為亓靜也故宜為下也故大國以下□國則取小國小國以下大國則取於大國故或下□□□下而取故大國者不□欲並畜人小國不□欲入事人夫□□亓欲則大者宜為下

【王弼本】

大国者下流，天下之交。天下之牝，牝常以静胜牡，以静为下。故大国以下小国，则取小国；小国以下大国，则取大国。故或下以取，或下而取。大国不过欲兼畜人，小国不过欲入事人。夫两者各得其所欲，大者宜为下。

【辩证本】

大国者下流也，天下之牝也。天下之交也，牝恒以静胜牡，为其静也，故宜为下。故大国以下小国，则取小国；小国以下大国，则取于大国。故或下以取，或下而取。故大国者，不过欲兼畜人；小国，不过欲入事人。夫皆得其欲，则大者宜为下。

【辩证本通解】

大国者，应该善于谦卑处下，就像处在江河的下游，就像天下柔顺的雌性一样，因此众生都会来归顺于你，和你融为一体，雌性经常以其善下、柔顺获得雄性的追随和归附，正是因为雌性的安静，因此大国应该善于处下。

因此，大国以谦卑的态度对待小国，则会获得小国的归附；小国以谦卑态度对待大国，则会得到大国的帮助和支持。因此，大国和小国能和睦相处，是因为大国以谦卑的姿态获得小国的归附，或者小国用谦卑的姿态，取得大国的帮助。因此大国没有过多的欲望，则会获得小国的归附，继而会容纳、育养更多的人民；作为小国，能保持谦卑的态度，则会被大国接受，进入一个良好的平台，能更好地治理国家和养育人民。二者通过各自谦卑处下的态度，相互交融，会达到各自想要达到的结果，而作为大国，更应该保持谦卑处下的态度。

【逐句解读】

大国者下流也，天下之牝也。天下之交也，牝恒以静胜牡，为其静也，故宜为下

作为大国者，应该善于谦卑处下，拥有宽广的胸怀，就像处在江河的下游，就像天下最柔顺的雌性一样，承载、包容着万物，因此众生都会来归顺于你，众生都可以从你这里吸取到他所需要的供养，和你融为一体。雌性经常以其善下、柔顺、宽容而获得雄性的追随和归附，雌性之所以能够获得雄性的追随和归附，正是因为她的安静、包容，因此大国应该有这种品质，应该善于处下。

本句告诫大国的领导者，不要因为自己的国力强盛，而有居高临下的感觉，不要盛气凌人、颐指气使，如果某个国家因为一时的国力强盛，就不可一世，在全世界范围内不断地打压别国，这样的国家是不会得到人心的，一旦丧失了主导地位，将会迅速地走向衰亡。老子说，一个领悟了道的国家领导人，时刻都懂得谦卑处下，即使自己的国力达到了世界第一，他的态度也是谦卑的，正因为这样的态度和心态，从而不会遭到其他国家的排斥，而能为他国建造一个相互交融的平台，各国都能从中得到各自的需求，故各国都会来归附和追随。因此，大国之所以能让别国朝拜，不是因为使用武力震慑，而是用自己的宽容来吸引别国。

这里的大国，我们可以理解为国家与国家之间的交往，同样，我们也可以理解为团队与团队、个人与个人之间的交往。

故大国以下小国，则取小国；小国以下大国，则取于大国。故或下以取，或下而取

大国和小国之间能够和睦相处，是因为大国以谦卑的姿态获得小国的信任和归附，或者小国用谦卑的姿态，取得大国的支持和帮助。

故大国者，不过欲兼畜人；小国，不过欲入事人

兼，合并的意思，可以理解为增加、更多；畜，容、养育的意思，如天下谁畜之（《左传·哀公二十六年》）；仰不足以事父母，俯不足以畜妻子（《孟子·梁惠王上》）。入，适合、恰好、合适的意思，如入耳，入选。

不过欲，这里可以理解为没有过分的欲望。那么这句我们可以这样理解：因此，大国能保持谦卑的姿态，不要有过多的欲望，不要总是想着征服小国，则会获得小国的归附，会受到更多人的追随，继而会容纳、育养更多的人民；作为小国，能保持谦卑的态度，不要有过分的欲望，则会被大国接受，从而进入一个良好的平台，有一个相互交融的周边环境，从而能够更好、更恰当地治理国家和人民。

不过欲如果理解为“不过是为了；不过是想……”，那么我们也可以这样理解这一句话：因此，大国不过是为了得到更多小国的归附，而养育更多的人；小国不过是为了进入一个良好的平台，而获得更大的发展空间。这样理解比较好懂，并且同下一句“夫两者各得其所欲”的“欲”正好形成一个很好的衔接。

夫两者各得其所欲，大者宜为下

大国和小国，二者通过各自谦卑处下的态度，相互交融，会达到各自想要达到的结果，而作为大国，更应该保持谦卑处下的态度。

为什么说大国更应该保持谦卑的态度呢？大国，不仅理解为疆域辽阔的国家，而是经济、军事等综合国力比较强盛的国家。因为大国本身比较强盛，容易滋生傲慢之气，因此老子告诫大国要懂得谦卑处下，不要滋生侵占他国的欲念。另外，大国本身处在某个领域之巅，就像一个成功的人士，处在一个比较高的位置，而多数国家处在低下处，所以，只有大国甘愿放下身段，才能更好地同其他国家相融合。这种处下的态度，不仅仅适合于国家间，同样也适合于各个团队及我们个人的交往中，越是成功的人士，越应该放下身段，如此才能做到和光同尘，同周围的人融为一体，和谐相处。

第六十二章

【帛书甲本（第二十五章）】

□者萬物之注也善人之保也不善人之所保也美言可以市尊行可以加人

人之不善也何棄□有故立天子置三卿雖有共之壁以先四馬不善坐而進此古之所以貴此者何也不胃□□得有罪以免輿故為天下貴

【帛书乙本（第二十五章）】

道者萬物之注也善人之保也不善人之所葆也美言可以市尊行可以賀人人之不善何□□□□立天子置三鄉雖有□□璧以先四馬不若坐而進此古□□□□□□□□□□不胃求以得有罪以免與故為天下貴

【王弼本】

道者万物之奥。善人之宝，不善人之所保。美言可以市，尊行可以加人。人之不善，何弃之有？故立天子，置三公，虽有拱璧以先驷马，不如坐进此道。古之所以贵此道者何？不曰：以求得，有罪以免邪！故为天下贵。

【辩证本】

道者万物之注。善人之保，不善人之所保。美言可以市，尊行可以加人。人之不善，何弃之有？故立天子，置三卿，虽有共之璧以先驷马，不善坐进此道。古之所以贵此道者何？不曰以求得，有罪以免邪！故为天下贵。

【辩证本通解】

道，灌注于万物之中，是悟道人积极保持遵守的规则，而没有悟道的人又不得不保持遵守的规则。金钱可以购得动听的话语，而只有尊贵的行为可以令他人追随。一些不遵守大道的人，是可以被影响和改变的，怎么可以被抛弃呢？因此，即使拥有天子之位，统领着众多的官员，虽然前有稀世宝玉，后有驷马乘驾的厚礼重仪，也没有真正投身于道美好。以前悟道的人，为什么如此看重道呢？不是因为遵循道去求得什么，而是避免曾经的不足，不断地完善自我。因此，道才赢得了天下的推崇和重视。

道者万物之注

帛书乙本为“注”，故采用帛书乙本。

注，本意为灌注、充满。道，灌注于万物之中。表示道无处不在。

另外注的其他意思有：①用文字来解释词名，如注解、注释；②解释词句所用的文字，如注疏。

所以也可以这样来理解这一句话：道，就是对万物运行法则的一种注解。

什么是道呢？道就是对万物背后那些无名无形的法则的一种文字的解释，是为了便于人们领悟这些法则，而做的一种注解，并且道灌注于万物之中，无处不在。

善人之保，不善人之所保

道，是悟道人积极保持遵守的规则，而没有悟道的人又不得不保持遵守的规则。

因为懂得道运行规律的人，知道道的伟大，故悟道的人以道为至高至上的法则，而时刻主动保持着以道的原则行事；而一般的人还不能领悟道的法则，但是他们会被道的法则所左右，而不得不按照道的法则去行事，被动地保持着道的运行法则。

这一句的解释和多数人的解释也是有出入的（一般的解释为：道是善良人们的珍宝，而不善良的人也可以依靠道来保全自己），笔者认为，这是老子说的两种人对道的不同态度，善和不善，不是好与坏，而是懂得了道的规则的人和没有悟道的人，这和品德的善与不善是不同的。懂得了道的规则的人，会视道为至高至上的宝贝，并且主动地去执行、去遵循道的原则行事。而还没有悟道的人，会按照自己的想法去做事，但是由于他偏离了道的法则，到最后总是会被道的法则所左右，而又不得不回到道的法则上，接受道的“惩罚”，乖乖地按照道的法则去做事，是一种被动的保持道的法则的行为。

比如拔苗助长的故事，遵循道的法则的人，会按照时令播种、浇水、施肥，到头来获得良好的结果。而不懂得道的法则的人，去拔苗助长，刚开始，看到了一时的成绩，但是因为违背了道的法则，后来就会得到惩罚，颗粒无收，第二年他就不得不遵守道的法则去做事，不得不被动地去遵守。

美言可以市，尊行可以加人

金钱可以购得动听的话语，而只有尊贵的行为可以令他人追随。

美好的言辞、动听的话语可以用来交换，可以用金钱、财富去购买得到，也可以用美言取悦于人，而获得财富；而只有尊贵的行为才可以感化他人，从而得到他人的追随和加入。通常的解释为：美好的语言可以赢得他人的尊重，美好的行为可以使他人仰慕而跟从。

这一句和一般的解释也有所出入，只代表个人的一点看法而已。在《道德经》第八十一章："信言不美，美言不信"中可以看出，老子并不推崇那种刻意美化的言辞，因此我认为，这一句，是老子对于言语和行动的一个比较，在美言和尊行之间，他更推崇行动的力量，只有切实的行动，才会被人尊重和追随。

人之不善，何弃之有？

不善之人，可以转变，怎么会被弃之不顾呢？

用尊贵的行为去影响世人，得到世人的尊重和追随，故那些本来没有悟道的人，也会跟随着悟道的人尊道行事，因此哪有什么不善的人呢？又怎么会去抛弃所谓不善的人呢？这一句，是老子在告诉领导者，世上没有不可用之才，只要领导者善于用自己的行为去影响他人，人们就会逐渐成为有用之人，就会发挥自己的作用，故"圣人常善救人，故无弃人"。

故立天子，置三卿，虽有共之璧以先驷马，不善坐进此道

王弼本为"故立天子，置三公，虽有拱璧以先驷马，不如坐进此道"。帛书甲本中采用的"共之璧"，共，甲骨文中"共"字是两手捧着一个方形物，表示"供奉"或"共同"的意思。"共"又通"恭"，有"供奉""恭敬"之意，所以，"共之璧"可以理解为人们供奉的美玉，表示非常珍惜的物品。

立天子，天子就是一国最高的位置，是人们追求的极致。卿：古时高级长官或爵位的称谓。置三卿，我们可以理解为设立各种官职，表示君王统领着众多的官员，形容地位无比的尊崇。

不善坐进此道，帛书乙本是"不若"，王弼本是"不如"，帛书甲本是"不善"，采用帛书甲本。善是什么意思呢？甲骨文的善从羊从目，表示十分美好。不善，就是不美好。所以本句我们可以这样理解：即使拥有

天子之位，统领着众多的官员，虽然前有稀世宝玉，后有驷马乘驾的厚礼重仪，也没有真正投身于道的美好。这一句，老子给予了道无上的推崇，即使天下至尊至贵的地位和财富，也不如领悟了道的原理，并静心地去遵循道的原则行事。

我们可以这样想一想：如果一个没有悟道的人，欲望无限膨胀，即使身处至高无上的位置，依然无法满足那颗膨胀的心，根据“幸福＝效用、欲望”，只要欲望无限膨胀，幸福感就会不断减少，比如秦始皇，一统六国后，他真正快乐吗？为了把持自己千辛万苦建立的业绩，费尽心机寻找长生不老药，最后还不是郁郁而死。而如果一个悟道的人，即使拥有很少，而心里却无比的幸福，比如颜回“一箪食、一瓢饮，在陋巷。人不堪其忧，回也不改其乐”；比如庄子，虽物资无比匮乏，但是却能“不滞于物，追求无条件的精神自由”。

古之所以贵此道者何？不曰以求得，有罪以免邪！故为天下贵

以前悟道的人，为什么如此看重道呢？不是因为遵循道去求得什么，而是避免曾经的不足，不断地完善自我。因此，道才赢得了天下的推崇和重视。

此句老子阐明了学习道、领悟道的目的，不是运用道去博取什么、获得什么，比如名誉、地位，而是在道的指引下，不断地发现自己以往的不足，感悟今后可能犯下的错误，从而去弥补过去的缺失，避免以后道路上的失误。

第六十三章

【帛书甲本（第二十六章）】

為無為事無事味無未大小多少報怨以德圖難乎□□□□□□□□□□天

下之難作於易天下之大作於細是以聖人冬不為大故能□□□□□□□□□□□□必多難是□□人猷難之故終於無難

【帛书乙本（第二十六章）】

為無為□□□□□□□□□□□□□□□□□□□□□□乎亓細也天下之□□□易天下之大□□□□□□□□□□□□□□□夫輕若□□信多易必多難是以聖人□□之故□□□□

【王弼本（第二十六章）】

为无为，事无事，味无味。大小多少，报怨以德。图难于其易，为大于其细；天下难事必作于易，天下大事必作于细。是以圣人终不为大，故能成其大。夫轻诺必寡信，多易必多难。是以圣人犹难之，故终无难矣。

【辩证本】

为无为，事无事，未无未。大小多少，报怨以德。图难于其易，为大于其细；天下难事必作于易，天下大事必作于细。是以圣人终不为大，故能成其大。夫轻诺必寡信，多易必多难。是以圣人猷难之，故终无难矣。

【辩证本通解】

作为的最高境界是无为；做事的最高境界是无事；品味的最高境界是无味。大，由小组成，多，因少聚合。以德的方式来对待怨恨，计划一件困难的事情，从容易的地方开始，作为大的事业，从其细微处开始。轻易许诺，会成为一个缺少信用的人，总是喜欢做容易的事情，困难最终会暴露出来。因此，智慧的人会认真地谋划每一件看似困难的事情，因而他就没有什么困难了。

【逐句解读】

为无为，事无事，未无未

楚简本（网络资源）为“未亡未”，亡通无；帛书甲本为“味無未”；乙本缺失，“未”，下面为木上面多出一横，表示一棵树长出许多枝叶，象形字。字像树木枝叶繁盛形。枝叶繁盛，果实皆成，本义为“茂盛”。《说文解字》：“木老于未，象木重枝叶也。”所以，可以看出，未，并不是没有的意思，而是繁盛、茂盛之意。故本句可以这样解读：为最圆满的境界来源于无为的心态，事最高的成就取之于无事，繁盛的景象起源于繁盛之前。

继续剖析什么是无为。我们可以对无为做以下几个方面的理解。

无我而为：做事情，不是为了一己之私而去作为，是为了天下众生的福祉而作为，无为不是不作为，而是积极地为众生有所作为，而不为私欲作为。

不妄为：不超越自己的能力，狂妄地以为自己无所不能，而恣意妄为。

不强势而为：顺应自然之道，顺势而为，不逆潮流而动，顺应自然的发展规律而为。

默默而为：不张扬做事，在无声无息中做事，不张扬、不炫耀，像水一样滋润万物而不表功。

无言而为：以自己的德行做出榜样，以潜移默化的形式让他人自化，而不是以高压的政策，强行、武断地扭转他人的思想、行为。

无目的而为：做自己当下该做的，不奢求结果。

从无处而为：在事情还没有开始的时候就去作为，正如《道德经》第六十四章所说的“为之于未有”。所以，“为无为”，就是从以上几个方面来作为，以无为的规则来作为。

那么什么是无事？无事就是不去滋生一些不该发生的事情，这里我们可以想到在《道德经》第四十八章里有“取天下恒无事，及其有事，不足以取天下”，和这个意思是相通的。

如领导者不因为自己的政绩而做一些表面文章，不去粉饰自己政绩，而是真心地为百姓所想，务实地去做一些该做的事情；不去为了自己的私利做事。再如古代的君王不去修建自己的宫殿、陵墓，不做劳民伤财的事情；天下本来清静，领导者为了自己的丰功伟绩，为了所谓的载入史册，发动不必要的战争，这些就是无端生事。

作为个人，不要为了虚名，为了争夺面子而去滋生事端，如为了面子，倾其所有购置豪车豪宅，暗地里财政却入不敷出，自讨苦吃，这些也是无端生事的表现，这样的事情不胜枚举，而做事的最高境界就是不要做这些事情。

未无未，就是说一件事情之所以达到繁盛的状态，是这件事情在繁盛之前，就已经付出了自己的努力，而不是突兀到来的结果。这就和下面的“图难于其易，为大于其细；天下难事必作于易，天下大事必作于细”的意思是相通的。

大小多少

寥寥几个字，留白太多，让人可以天马行空地去联想，所以不知道谁说的更对，不同的角度、不同的思维会有不同的解读，咱们姑且这样来解读：所有的大，都是由细微的小组成的；所有的多，都是以零星的少来聚合的。因此可以积小成大，聚少成多，这样的思维可以很好地顺延到老子的下一句话：“图难于其易，为大于其细。”

报怨以德

这一句在这里出现，感觉有点不合适，有人把它放在《道德经》第七十九章中的“和大怨，必有余怨”之后，但是感觉更不合适，只好在这里和大家解读一下。

本句常常被误解为老子息事宁人的退让态度，因为本句一般被解释为：“用道德仁爱去对待仇恨怨咎”或者“用德来报答怨恨”，也就是说，别人对我们有仇恨，我们还要用恩德去回报他人。这样确实不好让人接受，所以，在论语里就有一句话，好像直接就是针对了这一句，在《论语·宪问》里有，或曰：“以德报怨，何如？”子曰：“何以报德？以直报怨，以德报德。”（有人说：“用恩德来报答怨恨怎么样？”孔子说：“用什么来报答恩德呢？应该是用正直来报答怨恨，用感激、恩德来报答恩德”）孔子的回答好像同老子的说法不同，并且孔子的说法容易被人们所接受。因为直有公正合理、不偏不倚的意思，也就是说，当别人对我们有了仇怨的时候，我们怎么对待他呢？孔子说，用公平公正的心对待他。

那么老子说的是什么呢？是用恩德、仁德对待他吗？我们可以这样来理解：

第一，这里关键的一个字是德，什么是德？我们通过学习《道德经》，可以领悟到，《道德经》里的善，很多时候不是解释为善良。同样，“德”在这里我们也不解释为“恩德、仁德”，因为德在《道德经》里的基本含义是，道运行的方式，道没有善恶之分，同样德遵循道的运行，也没有善恶之分，是没有分别心的，它只是按照道的法则去行事而已。因此，“报怨以德”就是说，一个悟道的人，即使对方对他有所怨恨，他也不会因为对方的态度，而改变自己的行为方式，还是会按照道的法则去行事，也就是依然遵行于德。这里和《道德经》第四十九章的“善者，善之；不善者，亦善之，德善”有相通之处，不论对方如何，悟道的人都会按照道的运行方式，即德来行事，这样的德才是上好的德行。如果我们能这样理解，就可以看出，孔子和老子的观点是不谋而合的，孔子说以直报怨，而老子说以德报怨，意思是一样的，就是用公平公正的心、用没有偏私的心、用符合于大道的心去对待对方。

比如一个人曾经对你有仇怨，当他突然遇到了危险，悟道的人会按照道的法则做利他的行为，就是进行施救，儒家也会用公平公正的心去施救，同样的境遇，同样的行为而已。

从这一句，我们也可以联想到在《道德经》第五十六章的“不可得而亲，不可得而疏；不可得而利，不可得而害”。悟道的人，无论外界对他如何，他都会用德的方式去对待对方，他不仅不会用冤冤相报的方式对待对他不好的人，他同样也不会用偏私的心对待对他亲近的人。

第二，可以把德理解为恩德，因为我们知道，《道德经》可以说是给君王的一部执政法则，那么如果你作为一个君王，或者一个团队的领导者，你的下属对你有些误会，甚至是怨恨，你将如何对待呢？这时候我们要想到《道德经》第八章那一句话“予善天”，你要像天地一样，即使下属对你有所误解，甚至有所怨恨，你依然没有偏私的施惠与他人，无私的给予你团队的每一员，包容他们、关爱他们，如此一来他们会慢慢地感动你的真诚，他才会更热爱这个团队，为这个团队贡献出自己的光和热。这还是按照道在行事，只是我们也可以理解为是一种恩德的行为，而正是这样的领导者，不计恩怨，团队成员会慢慢懂得，继而团队能够和谐运行。

图难于其易，为大于其细

图，有谋划、计划的意思。如果我们要计划完成一件看似比较困难的事情的时候，我们要从比较容易的地方开始着手，如果我们想要做一番大的事业的时候，我们必须从其细微处开始。这一句话我们都能理解，并且也基本认同，只是在日常生活中我们有时却不会应用。比如，我们都曾经有过梦想，但是我们很少去实现，因为我们的梦想太大，大的我们自己怀疑稚嫩的肩膀无法扛起这样沉重的担子，所以我们选择了放弃。如果我们能够按照老子说的这一句话去执行，也许没有如此的难，一个人如果想要有成就，就必须有目标，一个人成就的大小，取决于他梦想的大小，而大的目标我们怎么来实现呢？老子给了我们具体的方法，那就是将大的目标分割成小的，十年的目标分割成以一年、一个月、一天为具体的时间段，如此一来，我们每天完成应该完成的事情，积累下来，大的梦想，在不知不觉中就会成就。

天下难事必作于易，天下大事必作于细

老子进一步阐释了大由小组成的规律，天下的难事必然从其容易处着手，天下的大事也必然从其细微处开始，如此我们沉下心，做好当下应该做的事情，必然会解决掉大的问题，会成就大的事业。另外，这一句话，我们还可以从另外的角度去解读：一些大的恶习往往是从人们容易接受的小事上逐渐养成的，铸成大祸的事情往往是从小的细节慢慢滋生的。这正如刘备去世前给其子刘禅的遗诏中的话："勿以恶小而为之，勿以善小而不为。唯贤唯德，能服于人。"时刻告诫我们从细微处着手，防微杜渐。

是以圣人终不为大，故能成其大

悟道的人每天从细微处努力，最后反而成就大业。很多伟大的人，你可能感觉不到他整天做什么大事，但是他每天做好自己该做的事，看似很小的事，日积月累，多年后他却成就了一番大事。

另外这一句还可以这样理解，悟道的人不会总是认为自己不可一世，认为自己多么的强大，因此，会不断地完善自己，最后却自然成就了自己的伟大。

夫轻诺必寡信，多易必多难

寡，少的意思。老子告诫我们，一个人不应该轻易地去许诺，当你承诺的时候，你就要有完成诺言的担当，如果轻易地许诺自己没有把握的事情，到头来自己的能力不能完成，如此一来，就会失信于人，就会成为一个寡信的人。

多易必多难：如果总是回避困难，不愿意做本应该做的事情，总是挑拣比较容易的事情去做，但是问题却在不断地积累，到头来总会暴露出来，堆积成大的困难，甚至造成不可挽回的损失。比如作为学生不愿意学习，总是玩耍，待到高考将会名落孙山；士兵不愿意操练，散漫无形，一旦敌人来侵，付出的也许就是生命。

另外还可以这样理解这一句话：如果一个人眼高手低，认为完成一些事情是很容易的，过高地估计了自己的能力，如此一来就会把事情看成很容易的样子，不去做应该做好的准备，但是当他真的去实施的时候，他才知道因为他把事情想得太容易，因此没有做充分的准备，因此，会遇到更多的困难。

是以圣人猷难之，故终无难矣

猷，计划、谋划。

因此，智慧的人会认真地谋划每一件看似困难的事情，最终会很顺利地完成每一件事情，因而他就没有什么困难了。

第六十四章

【帛书甲本（第二十七章）】

亓安也易持也□□□□易謀□□□□□□□□□□□□□□□□□□□□□□□□□□□□□□□□□□□□□毫末九成之臺作於羸土百仁之高台於是□□□□□□□□□□□□□□□□□□也□無敗□無執也故無失也民之從事也恒於亓成事而敗之故慎終若始則□□□□□□□□□欲不欲而不貴難得之貨學不學而復眾人之所過能輔萬物之自□□弗敢為

【帛书乙本（第二十七章）】

□□□□□□□□□□□□□□□□□□□□□□□□□□□□□□□□□□□□□□木作於毫末九成之臺作於欙土百千之高始於足不為之者敗之執者失之是以聖人無為□□□□□□□□□□□□□民之從事也恒於亓成而敗之故曰慎冬若始則無敗事矣是以聖人欲不欲而不貴難得之貨學不學復眾人之所過能輔萬物之自然而弗敢為

【王弼本】

其安易持，其未兆易谋。其脆易泮，其微易散。为之于未有，治之于未乱。合抱之木，生于毫末；九层之台，起于累土；千里之行，始于足下。为者败之，执者失之。是以圣人无为故无败，无执故无失。民之从事，常于几成而败之。慎终如始，则无败事。是以圣人欲不欲，不贵难得之货；学不学，复众人之所过。以辅万物之自然，而不敢为。

【辩证本】

其安易持，其未兆易谋。其脆易泮，其微易散。为之于未有，治之于未乱。合抱之木，生于毫末；九层之台，起于羸土；千里之行，始于足下。为者败之，执者失之。是以圣人无为故无败，无执故无失。民之从事，恒于几成而败之。慎终如始，则无败事。是以圣人欲不欲，不贵难得之货；学不学，复众人之所过。能辅万物之自然，而不敢为。

【辩证本通解】

事物处于安定的状态时，很容易把持控制它；问题在还没有出现兆头的时候，很容易就能够把它处理掉；事物在很脆弱的时候，很容易就会被化解掉；事情在非常微小的时候，很容易就能够让它消散。想要达成某件事情，就要在事情还没有开始的时候，做好准备，早早地开始计划；要治理动乱的时候，就要在动乱还没苗头的时候开始治理，不给这种动乱以发生的条件。茁壮而粗大的大树是由非常小的幼苗逐渐长成的；雄伟的高台是用土一点点堆积而成的；千万里的行程，是从脚下一步步走出来的。为目的而为之就会失败，把持就会失去。圣人做事情不怀有目的性，因此，他就没有失败。因为不去把持某件事情，那么他就不会失去。人们做事，往往会在事情快要成功的时候，却失败了。即使事情到了最后的关头，也要如同事情刚刚开始时，谨慎从事，如此则不会有失败的事情。因此，圣人的欲望是以没有欲望为欲望的，不以难以获得的事物为珍贵。学习不以学习达到欲望的技能为目的，以避免重复常人容易犯下的过错，以帮助、佐助万事万物按照自然规律运行，而不敢为了自己的私欲去做那种违背天道的行为。

【逐句解读】

其安易持，其未兆易谋。其脆易泮，其微易散

“泮”，有化解、消散的意思。

事情处于安定的状态时，很容易把持控制它；问题在还没有出现兆头的时候，很容易就能够把它处理掉；事情在非常微小的时候就重视它，很容易就能够处理并让它消散。

为之于未有，治之于未乱

想要达成某件事情，就要在事情还没有开始的时候，做好准备，早早地开始计划；要治理动乱时，就要在动乱还没苗头的时候，就开始治理，不给这种动乱以发生的条件。

【事　例】

根据《扁鹊三兄弟》的典记讲述，魏文王曾求教于名医扁鹊：“你们家兄弟三人，都精于医术，谁是医术最好的呢？扁鹊：大哥最好，二哥差些，我是三人中最差的一个。魏王不解地说：请你介绍的详细些。”

扁鹊解释说：“大哥治病，是在病情发作之前，那时候病人自己还不觉得有病，但大哥就下药铲除了病根，使他的医术难以被人认可，所以没有名气，只是在我们家中被推崇备至。我的二哥治病，是在病初起之时，症状尚不十分明显，病人也没有觉得痛苦，二哥就能药到病除，使乡里人都认为二哥只是治小病很灵。我治病，都是在病情十分严重之时，病人痛苦万分，病人家属心急如焚。此时，他们看到我在经脉上穿刺，用针放

血，或在患处敷以毒药以毒攻毒，或动大手术直指病灶，使重病人病情得到缓解或很快治愈，所以我名闻天下。”魏王大悟。

合抱之木，生于毫末；九层之台，起于羸土；千里之行，始于足下

羸（léi），《说文解字》：瘦弱，羸，瘦也。羸又通累。累：连续，重叠，堆积。所以，这一个羸字，我们可以理解为两个意思，当它表示为本义的时候是瘦弱。瘦弱，我们可以理解为是弱小的，羸土，就是很少的土。如果通累的时候就是积累。那么两个意思连起来，就是积累很少的土。一个字表示两层意思，真是我们汉字的美，汉字的精炼！因此这句话可以这样理解：茁壮而粗大的大树是由非常小的幼苗逐渐长成的；雄伟的高台是用土一点点堆积而成的；千万里的行程，是从脚下一步步走出来的。这几句话我们都不陌生，所以字面的意思大家都懂，老子用排比的句式，强调很多大的事情都是一点一点累积而成的，大的成功是由细微的作为积累而成的，同样，大的祸患，也是由小的不善积累而成的，这里老子再一次阐述了第六十三章所说的“天下难事必作于易，天下大事必作于细”的思想。

为者败之，执者失之

老子讲述了“合抱之木，生于毫末；九层之台，起于欙土；千里之行，始于足下”这样的观点。而从这些观点我们能够看出，老子说大的事情，就是在这些细微之处不断地作为才会有所成就，而在这里他突然出现了一句“为者败之，执者失之”，这里明显的表示：为就会失败，把持就会失去。那么老子究竟想表达什么意思呢？我们可以这样来理解老子的思想，老子所说的“为者败之，执者失之”，这个“为”不是作为的意思，而是为了什么目的、为了自己的欲望的意思。老子刚刚说了所有大的成就，都是由细小的不断努力而逐渐成就的，这是不可颠覆的自然规律，也可以说是道之使然。而我们还没有悟道的人，不愿意从细小处着手，而就是怀着强烈的目的心，有着强烈的占有欲和自私的名利之心，不去做基础的事情，而就想得到对自己有利的结果，这样的人必然会失败。正如我们所能够理解的，一个人如果不为因，而只求果，并且这个果在很大程度是为了自己，那么这个果是不会到来的。老子在这里所表示的意思就是，我们要脚踏实地的作为，而不是只是盯着结果，如果那样的话，势必会失败。

执者失之：执，把持、控制。一个人如果欲望太强，总是想把持太多东西，而这些东西总是要失去的。随着拥有，人就会高兴，随着失去，人就会痛苦，情绪起落间，哪得清净心？人的痛苦，皆源于所求不得。而如果没有了这些欲望，没有把持之心，万丈红尘流转，我皆淡然处之，本无心拥有，何来失去，无喜亦无悲，清净空明，如此方可近道矣。

是以圣人无为故无败，无执故无失

圣人做事情不怀有目的性，因此他就没有失败，因为不去执着于某件事物，不去把持某件事情，那么他就不会失去。这句话暗合了那句“但行好事，莫问前程”，就是圣人怀着一颗空灵的心，但求做好当下应该做的事情，不去执着于我做好这些事情得到什么样的结果，一旦你有了这个要求结果的心，如果结果没有如期而至，那么就会有失败的感觉，如果在你心中本来没有这样的一个结果作为目标，来则受之，不来随缘，本来心中无一物，何来的失败？你如果从内心对万物没有占有欲，没有把持的心里，那么，何来的得失？

民之从事，恒于几成而败之

这里的民，我们可以理解为还没有领悟道的规则的人，就是我们这些普通的人，这样的人做事情，往往会在事情快要成功的时候，却失败了。这是为什么呢？这就是我们做事情的时候，往往心中有那个结果，当我们看到了事情即将成功的时候，就会失去一开始做事的时候那种谨慎、那种敬业。我们往往会被即将取得的胜利冲昏了头脑，还没有成功就喝起了庆功酒，还没有成功，就计划着成功后利润的分配，还需要鼓足劲继续拼搏的时候，却因为看到了终点而懈怠。这就是因为我们有为，就是老子说的“为者败之”，我们不是脚踏实地地做当下该做的事情，而是为了还没有到来的结果放松了自己。

慎终如始，则无败事

即使事情到了最后的关头，也要如同事情刚刚开始时，谨慎从事，如此则不会有失败的事情。正如在《战国策》里说道：“行百里者半九十。”

事情往往是在最后的时候，由于自己的懈怠和大意，功亏一篑。

是以圣人欲不欲，不贵难得之货；学不学，复众人之所过。以辅万物之自然，而不敢为

圣人的欲望是不以常人的欲望为欲望的，不以难以获得的事物为珍贵。我们常人的欲望无外乎就是名利，而得道者不把这些看作自己的追求目标，世间那些难以得到的东西，往往会被我们视为珍宝，而圣人是不看重这些难得之货的。另外，“欲不欲”，我们还可以理解为，圣人的欲望就是能够达到没有欲望的境界，也就是说圣人的欲望是以没有欲望为欲望，能够让自己做到清虚无欲，超脱于物外。

学不学，复众人之所过。这一句不好理解，圣人所学的，不是以常人所学为学。我们可以这样理解，我们常人的欲望是世间名利，而人的动力来源于欲望的驱使，所以在名利欲望的驱使下，我们常人所学的也就会为自己的欲望服务，所学自然就会是一些展示自我、征服世界、取悦他人等为名利服务的一些知识和技能。而圣人的目标和常人的欲望是完全不同的两个方向，所以，圣人所学的方向就和常人所学的完全不同。比如我们平时所学就是不断地增强自己的能力，增加改变世界、征服自然、控制他人的能力，这些能力的增强，无外乎就是为了不断地满足自己的欲望。而老子所说的不学，就是不学这种看似增强自己能力，却是为了满足自己私欲的技能，所以老子说，不要去学习这些使自己欲望膨胀的技能，以重复常人容易犯下的过错。

另外，这个“学不学”，我们还可以从另外一个角度来理解，这里和孟子说的“尽信书，则不如无书”，就是我们学习的时候，不能完全依赖于前人。因为人和人的境遇是不同的，如果完全按照别人的途径去学习，不能从自己的实际出发，那么，就会重复前人的过错。如果前人走过的路本就是错误呢？我们如果不能辩证地去认识，就会重蹈覆辙，犯下同样的过错。

【事　例】

传说在无垠的沙漠深处，有一座埋藏着许多宝藏的古城。要想获取宝

藏，必须穿越沙漠，沿途还有数不清的机关和陷阱。有一个人准备了充足的干粮和饮水，踏上了寻宝之路。为了能够在回程的时候不至于迷失方向，他每走出一段路，便要做一个明显的标记。他试探着在沙漠中走，虽然充满了艰险，但还是走出了一大段路。就在古城遥遥相望的时候，这个人因为过于兴奋而不小心一脚踏进了充满毒蛇的陷阱，眨眼间便被毒蛇噬咬成了一具白骨（民之从事，常于几成而败之）。许多年后，又有一个寻宝人走进了这片沙漠，当他看到前人留下的那些醒目的标记时，心里想，这一定是有人走过的，沿着别人指引的道路行进，一定不会有错。他沿着前人留下的标记走了一大段路后，发现果然没有任何危险。可就在他放心大胆地往前走时，一不留神，也同样落进了陷阱，成了毒蛇口中一顿丰盛的美餐。如此，很多寻宝人走进了沙漠，同样跟随前面两人所走的道路。结果，他们的命运也是可想而知。最后走进沙漠的寻宝人是一位智者，当他看到前人留下的那一个个醒目的标记后，心想：这些标记不一定就那么可靠。前人所指引的路，不一定就是正确的。要不然，这些寻宝者为什么都一去不复返呢？于是，智者凭借自己的智慧，在一望无际、险象环生的沙漠中，重新开辟了一条崭新的道路。他每迈出一步都小心翼翼，扎实平稳。最终，这位智者战胜了重重险阻，取回了价值连城的宝藏。

这个故事告诉我们，不要过分地依赖前人的经验，不要一成不变地跟随别人的步伐，而是要根据自己的实际情况，探索属于自己的路，只有这样，才不会重复别人曾经犯下的错误。

学不学，复众人之所过，在这里我们给出了两种解释，也许你会问哪个是正确的，我认为没有对错，只是角度不同而已，我更喜欢第一种解释，就是圣人所学的，不以常人所学为学，那么以什么为学呢？应学习天道运行规律，学习清空欲望，学习道的利他无我，不与他人争夺名利，不以控制万事万物为乐趣。

能辅万物之自然，而不敢为

有道之人所学不以常人所学为学，而是学习天道的运行规律，然后用自己悟到的大道，能做到帮助、佐助万事万物按照自然规律来良好地运行，而不敢为了自己的私欲去做那种违背天道的行为。这一句就是提醒我们，不要总是想着谋取私利，而应学习道的运行规律，进而在自己力所能及的范围之内，让自己统帅的人或物自然孕育生长，而不是为了自己的私利去妄加干涉，扰乱民众。

第六十五章

【帛书甲本（第二十八章）】

故曰為道者非以明民也將以愚之也民之難□也以亓知也故以知邦知邦之賊也以不知知邦□□德也恒知此兩者亦稽式也恒知稽式此胃玄德玄德深矣遠矣與物□矣乃□□□

【帛书乙本（第二十八章）】

古之為道者非以明□□□□□之也夫民之難治也以亓知也故以知國知國之賊也以不知國知國之德也恒知此兩者亦稽式也恒知稽式是胃玄德玄德深矣遠矣□物反也乃至大順

【王弼本】

古之善为道者，非以明民，将以愚之。民之难治，以其智多。故以智治国，国之贼；不以智治国，国之福。知此两者亦稽式。常知稽式，是谓玄德。玄德深矣，远矣，与物反矣，然后乃至大顺。

【辩证本】

故曰：为道者非以明，民也，将以愚之。民之难治也，以其智也。故以智治邦，邦之贼；以不智治邦，邦之德。知此两者亦稽式。恒知稽式，是谓玄德。玄德深矣，远矣，与物反矣，然后乃至大顺。

【辩证本通解】

有道的领导者不去彰显自己的圣明，普通的民众，把这样的领导者看成是愚钝的。民众的难以治理，就在于统治者过多地运用智巧权谋。因此运用智巧权谋来治理国家，这是在给国家制造祸患；不使用智巧权谋来治理国家，才是国家的祥福。知道这两种治理国家的模式就是懂得了如何治理国家的法则，知道如何治理国家的法则，这就是最为深远的德。这种德是如此的深邃而久远，和我们平时所理解的以私欲利己的规律背道而驰，我们懂得了这样深邃而久远的德，并能时刻遵守运用，必将达到最大的和顺。

【逐句解读】

本章断句的解析和各家解析有很大的出入，也许会遭到很多人的指责甚至嘲讽，但《道德经》本就是一个开放的系统，我还是想把自己的一点理解解读一下，这也许不能代表老子的本意。

故曰：为道者非以明，民也，将以愚之

帛书甲本是以“故曰”开头的，这个开头可以看出应该是衔接着上一章的，上一章老子最后说“能辅万物之自然，而不敢为”，意思就是说悟道的领导者，能够做到的就是来辅助人们以及万事万物去自然地孕育发展，而不要为了自己的私利、名誉而妄加干涉，扰乱事物本来发展的规律。接着老子在这一章讲述的一些领导法则是“故曰：为道者非以明，民也，将以愚之”。这一句可以这样来理解：有道的领导者不去彰显自己的圣明，普通的民众，把这样的领导者看成是愚钝的。这一句如此断句，和平常断句完全不同，其他的断句都是“故曰：为道者非以明民也，将以愚之”，如此断句，就可以翻译成：善于运用道来治理国家的人，不是去开启人们的智巧，而是用道来使他们淳朴安分。这样一来，就把本句中要“愚”的对象完全变了，把对象变成了民众，也正是这一句，让人们误解老子在帮助统治者推行愚民政策。而如果我们看一下我刚刚的断句方式，就完全把“愚”的对象变成了领导者本身，而这样更能和下文的“故以智治邦，邦之贼；以不智治邦，邦之德”相呼应，老子这一章的主旨就是“以不智治邦”，这种不智，说的不是老百姓，而正是说的领导者本身。

民之难治也，以其智也

这一句很好翻译，就是：民众的难以治理，就在于其过多地运用智巧权谋。这里关键的不是这句话的翻译，而是这里的一个代词：“其”，这个“其”是谁？如果上一句我们把愚的对象看成是老百姓，那么这个其，自然而然就是指老百姓。而如果我们把上一句愚的对象理解为领导者，那么这个“其”代表的就是领导者。如果把“其”理解为老百姓，那么领导者就会害怕老百姓掌握更多的智巧，继续进行淳朴教育，而如果我们把“其”理解为领导者本身，又如何去解读这一句话呢？那就是说：民众的难以治理，就在于领导者过多地运用智巧和权谋。领导者为什么运用智巧和权谋呢？那就是因为领导者总是想着自己的私利和名誉，不断地运用自己的权力去和下属争夺名利，正如我们所知道的“哪里有压迫，哪里就有反抗”，正是因为领导者以其智巧和权谋与民众夺利，从而导致了民众的抵抗，因此他才感觉下属不好治理。老子这句话正是在点醒领导者，民众之所以不好治理，其根源，往往在于领导者本身，所以领导者应该先从自身找原因，而不是总是埋怨下属。这样的思想也正好和儒家思想里“行有不得，反求诸己”的理念相同，并且，如果我们在这一句把“其”理解为领导者，就能更好地衔接下文。

故以智治邦，邦之贼；以不智治邦，邦之德

贼，有伤害的意思；德，有福的意思，故王弼本为“国之福”。所以这一句我们可以翻译成：因此运用智巧权谋来治理国家，这是在给国家制造祸患；不使用智巧权谋来治理国家，才是国家的福德。

我们怎么理解这一句话呢？为什么用智巧治理国家反而不好呢？这里我想到在《道德经》第十七章，老子所说的几个领导者的境界：“太上，下知有之；其次，亲而誉之；其次畏之；其次侮之。”就是说最好的领导者，是下属只是知道有这么一个人而已，而最下层的领导者的下属会诅咒他、辱骂他。人们为什么辱骂他呢？很大的原因就是这样的领导者会不断地和下属争夺利益，因此会遭到大家的一致反对，而这种总是和下属争夺利益的领导者，往往会运用各种智巧来扩大自己的私利，因为他不断地运用智巧扩大自己的私利，不断地压迫下属，下属为了自己的生存，也不得不用智巧来和他对抗，如此一来，戾气滋生，团队越来越不好管理，所以老子说：“以智治邦，邦之贼。”这就是说，有道的领导者，不去争夺私利、不去运用智巧，而是像上一章所说的那样“能辅万物之自然，而不敢为”，这样的领导者，能够帮助自己所管辖的民众自然发展，民众都能够安居乐业，呈现一片祥和。因此，老子说：“以不智治邦，邦之德。”

知此两者亦稽式。恒知稽式，是谓玄德

稽式是法则、考求效法的意思。知道这两种治理国家的模式就是懂得了如何治理国家的法则，知道如何治理国家的法则，就是最为深远的德。

玄德深矣，远矣，与物反矣，然后乃至大顺

这种德是如此的深邃而久远，和我们平时所理解的以私欲利己的规律背道而驰，我们懂得了这样深邃而久远的德，并能时刻遵守运用，必将达到最大的和顺。

第六十六章

【帛书甲本（第二十九章）】

□海之所以能為百浴王者以亓善下之是以能為百浴王是以聖人之欲上民也必以亓言下之亓欲先□□必以亓身後之故居前而民弗害也居上而民弗重也天下樂隼而弗猒也非以亓無諍與故□□□□□諍

【帛书乙本（第二十九章）】

江海所以能為百浴□□□亓□下之也是以能為百浴王是以聖人之欲上民也必以亓言下之亓欲先民也必以亓身後之故居上而民弗重也居前而民弗害天下皆樂誰而弗猒也不□亓無爭與故天下莫能與爭

【王弼本】

江海所以能为百谷王者，以其善下之，故能为百谷王。是以欲上民，必以言下之。欲先民，必以身后之。是以圣人处上而民不重，处前而民不害。是以天下乐推而不厌，以其不争，故天下莫能与之争。

【辩证本】

江海之所以能为百谷王者，以其善下之，是以能为百谷王。是以圣人欲上民，必以其言下之。欲先民，必以其身后之。故居前而民弗害也，居上而民弗重也。天下乐推而弗厌也，以其无争，故天下莫能与之争。

【辩证本通解】

江海之所以能让山涧、小溪归附，而成为它们的君王，是因为江海处在山涧、小溪的下方，因此能成为山涧、小溪的君王。所以，圣明的领导者想要统御万民，就要保持谦下的言行举止；想要走在民众的前面成为统帅，就要把自身的利益得失放在民众的后面。因此他处在上方，民众也感觉不到沉重的负担，他处在领导的位置，民众也非常信任他，感觉不到危害。因此天下众生都乐于推举有这样品行的人作为领导者，正因为悟道的人不和人们争夺名利，因此也没有人能同他相争。

【逐句解读】

江海之所以能为百谷王者，以其善下之，是以能为百谷王

江海之所以能让众多山涧、小溪归附，而成为山涧、小溪的君王，是因为江海处在山涧、小溪的下方，因此能成为众多山涧、小溪的君王。这一句楚简本写得更好理解，几近于白话文：“江海所以爲百浴王以丌能爲百浴下是以能爲百浴王。”这里的“浴”，表示有水的山谷。

是以圣人欲上民，必以其言下之。欲先民，必以其身后之

由江海和小溪这样的道理，我们可以看到，英明的君主想要统御万民，一定要注意保持谦下，言行举止要谦下柔和，不要有那种盛气凌人的态度；想要走在民众的前面成为统帅，必须把自身的利益得失放在民众的后面，不能和民众争夺名利。

故居前而民弗害也，居上而民弗重也

领导者保持了这种谦让随和的言行，不同民众争名夺利的心，因此他处在领导的位置，民众也非常信任他，不会感觉到有什么危害；他的位置处在民众的上方，民众也感觉不到有什么沉重的负担。

天下乐推而弗厌也，以其无争，故天下莫能与之争

因为悟道的人有这样的品行，因此天下众生都乐于推举有这样品行的人作为领导者，也正因为悟道的人没有和人们争夺任何名利的心，因此天下没有人能和他相争。

这里我们看一下帛书甲本是“以其无争”，王弼本是“以其不争”，无和不的含义还是有所不一样的，无，表示从内心自然而然地流露出的那份淡泊名利，内心就没有那份分别心的自然状态；而“不”，内心有了分别心，有了对与错的分别，然后控制自己做正确的行为，不去做同民争利的事情，这就有点像我们学习《道德经》第三十八章里的“仁”的境界或“义”的境界，加入了人为的因素，多了一些自控的感觉，而“无”是自然地流露，没有人为的因素，自然而然的作为，就有了“德”甚至是“道”的那种境界。

这里的“不”争，包含两个含义：一是，因为悟道的人不同人争，所以，即使有人同他争，他却没有争抢的心，你的争抢就没有对立面，没有着力处，因此谈不上相争；二是，因为悟道的人不去同人们争夺名利，因此受到了大家的爱戴，天下人都归附于他，推举他，因此天下那些喜欢争抢名利的人想争，也争不过他。

第六十七章

【帛书甲本（第三十二章）】

□□□□□□□□夫唯□故不宵若宵細久矣我恒有三葆之一曰茲二曰檢□□□□□□□□□□□□□□□□□故能廣不敢為天下先故能為成事長今舍亓茲且勇舍亓後且先則必死矣夫茲□□則勝以守則固天將建之女以茲垣之

【帛书乙本（第三十二章）】

天下□胃我大大而不宵夫唯不宵故能大若宵久矣亓細也夫我恒有三保

市而保之一曰茲二曰檢三曰不敢為天下先夫茲故能勇檢敢能廣不敢為天下先故能為成器長今舍亓茲且勇舍亓檢且廣舍亓後且先則死矣夫茲以單則朕以守則固天將建之如以茲垣之

【王弼本】

天下皆谓我道大，似不肖。夫唯大，故似不肖。若肖，久矣其细也夫。我有三宝，持而保之。一曰慈，二曰俭，三曰不敢为天下先。慈故能勇；俭故能廣；不敢为天下先，故能成器长。今舍慈且勇，舍俭且廣，舍后且先，死矣！夫慈以战则胜，以守则固。天将救之，以慈卫之。

【辩证本】

天下皆谓我道大，大而不肖，夫唯不肖，故能大。若肖，久矣其细也夫。我恒有三宝，持而保之。一曰慈，二曰俭，三曰不敢为天下先。夫慈故能勇，俭故能广，不敢为天下先，故能成事长。今舍其慈且勇，舍其俭且广，舍其后且先，则必死矣！夫慈以战则胜，以守则固。天将建之，如以慈垣之。

【辩证本通解】

天下的人都说我说的这个道很大，大得没有什么具体的事物和道相似，因为没有具体的事物可以和道相似，因此道才永远这样大。如果有具体的事物可以和道相比拟，那么经过长期的流传，道就会慢慢变得细小了，道虽然如此宏大而不可比拟，但还是可以从中参悟到恒久流传的三种智慧，并把这三种智慧视为珍宝，作为行为修养的法则，恒久地保持。这三种智慧：第一个叫作慈；第二个叫作俭；第三个叫作不敢为天下先。因为心怀慈爱，才会更加勇敢。节俭，才能积蓄力量，因此，才能走得更远。不敢同天下人去争夺名利，因此成为大家的首领。如果舍弃了慈爱，还要追求勇武；舍弃节俭、克制，而去追求扩张；舍弃谦下退让，而去争先要强，则必然走向灭亡。推行慈爱的政策，则会有战必胜、守必固的结果。如果天道将要使什么东西成立、成长、发展，就会像用慈爱建造的围墙一样呵护着他。

【逐句解读】

天下皆谓我道大，大而不肖，夫唯不肖，故能大

天下的人都说我说的这个道很大，大得没有什么具体的事物和道相似，大得没有办法用语言去描绘它，正因为没有具体的事物可以和道相似，因此道才永远这样大。

若肖，久矣其细也夫

帛书甲本为“细久矣”，和王弼本意思相通，因为大家熟悉王弼本，故采用王弼本。

如果有什么具体的事物可以和道相比拟，那么经过长期的流传，就会慢慢变得细小，不会再如此宏大。这一句我们可以这样来理解，如果有一个看得到、摸得着、听得见的物体可以和道相似，那么经过恒久的传承，必定会有所损耗、有所改变，那么道就会慢慢地消减，慢慢地变得细小，如果道可以用具体的语言去描绘，那么随着时间的传承，这种描绘也会被逐渐地更改而有所变化。这里的“细”，我们可以理解为改变，就是失真的意思，这里老子再一次阐述了，道的不可描述、道的虚无缥缈。

我恒有三宝，持而保之。一曰慈；二曰俭；三曰不敢为天下先

这一句和上一句是连贯起来的，因为老子说道非常大、非常幽深，以至于没有任何东西可以和道相类似，没有办法用语言来确切地描述道，老子说了这些话以后，那么人们可能会发出疑问：既然道这样抽象而不可捉摸，我们如何来学习道，来悟道呢？为了解除人们的这个疑问，便于大家从悟道中得到智慧，老子说了这一句：“我恒有三宝，持而保之。一曰慈，二曰俭，三曰不敢为天下先。”这就是说，虽然道那么大、那么幽深，不可捉摸、不可描述，但是我们还是可以从中提炼出三种智慧的，并把这三种智慧视为珍宝，作为自己行为修养的法则，恒久地保持。老子帮我们提炼出这三个智慧，那就是“慈”“俭”“不敢为天下先”。这一句在王弼本里，为了避讳刘恒的字，而把“恒”字去掉了。

夫慈故能勇

这一句话字面意思很好理解，那就是因为心怀慈爱，才会更加勇敢。

有很多例子在不断地诠释着这样一个道理。

【事　例】

北京时间2008年5月12日14时28分04秒，“5·12”汶川地震在没有任何预兆下，突然发生了，而就在这没有给人们任何时间考虑的情况下，却涌现了好多感人的事迹：

（一）2008年5月13日22时12分，救援人员扒出了德阳市东汽中学教导主任谭千秋的遗体。只见他双臂张开趴在一张课桌上，死死地护着桌下的4个孩子。孩子们得以生还，而他们的谭老师却永远地走了……“要不是有谭老师在上面护着，这4个娃儿一个也活不了”。被救女生刘红丽的舅舅流着泪说：“在我们学校的老师里谭老师是最心疼学生的一个，走在校园里的时候，远远看见地上有一块小石头他都要走过去捡走，生怕学生们不小心摔伤。”

（二）当汶川县映秀镇的群众徒手搬开垮塌的镇小学教学楼的一角时，被眼前的一幕惊呆了：一名男子跪仆在废墟上，双臂紧紧搂着两个孩子，两个孩子还活着，而他已经气绝！由于紧抱孩子的手臂已经僵硬，救援人员只得含泪将之锯掉才把孩子救出。这就是该校29岁的老师张米亚。“摘下我的翅膀，送给你飞翔。”多才多艺、最爱唱歌的张米亚老师用生命诠释了这句歌词，用血肉之躯为他的学生牢牢把守住了生命之门。

这样的事迹还有很多很多，从古至今，多少感人的故事，多少人用自己的生命去拯救了他人，比如我们都熟知的罗盛教、张思德。

更有大勇者，为了国家、为了民族，用看似瘦弱的身躯，承担着国之重任，肩负着人民的重托，勇往直前，无怨无悔，面对侵略者的枪林弹雨，奋不顾身，面临严刑拷打，拒不低头。所有的这些人，都是心怀大爱的人，正是心中的那份慈爱，那份对国人的爱、对孩子的不舍、对国家的忠诚，激发了内心无比的勇气，视生死而无悔。我们平时常说的一句话是：“女子本弱，为母则刚。”一个弱弱的女子，正是心中的那份慈爱，当孩子遇到了危难，这个孩子也许不是她的孩子，但是这种母性的慈爱，就会激发出她无畏的勇气，宁愿付出生命，也在所不惜。

这所有的事迹，都为老子这句话做了生动的诠释。

俭故能广

俭：节省，不浪费，有而不尽用。和《道德经》五十九章中的“啬”字同义。这一句我们可以这样理解：节俭，才能积蓄力量，把积蓄的力量，用在该用的地方，才能走得更远更广。

这里的俭，不仅仅是指物资上的节俭，还包括在精力上、国力上等诸多方面的节俭。这个道理大家都很好理解，比如日常生活中，只有我们平时懂得节俭，懂得积蓄，在需要建设、投资的时候，才能有这份力量，完成一项事业。从个人的精气神来说，也有这个意义，如果平时我们懂得不损耗我们的精气神，不过度熬夜、饮酒，不去损耗我们的身体，那么我们的身体就会健康，就会走得更长久。走得更长久，就是广。

从这一句话里，我们还可以得到另外一个智慧，我们要明白，这里的俭，不是对别人的刻薄，也不是对下属的苛刻，而是对自己欲望的克制，你不去和别人争夺利益，那么别人就会尊崇你、成就你，你却成就了自己的广。

【事　例】

安东尼·罗宾谈起李嘉诚时说：“他有很多哲学理念我非常喜欢。有一次，有人问李嘉诚的儿子李泽楷，你父亲教了你一些怎样成功赚钱的秘诀？李泽楷说赚钱的方法他父亲什么也没有教，只教了他做人处世的道理。李嘉诚这样跟李泽楷说，如果你和别人合作，假如你拿七分合理，八分也可以，那李家拿六分就可以了。”也就是说：他让别人多赚二分。所以每个人都知道，和李嘉诚合作会赚到便宜，因此更多的人愿意和他合作。

这个事例很好地诠释了老子的这句话，正是自己对自己的俭，对自己的克制，在给予别人利益的时候，却成就了自己的人生。

不敢为天下先，故能成事长

这一句，王弼本里是“不敢为天下先，故能成器长”；帛书乙本里是“故能为成器长”；而帛书甲本是“故能为成事长”。在这里采用王弼本的句式，采用帛书甲本里的“事”字，故本句我们写成“不敢为天下先，故能成事长”。为什么采用“事”？因为，“事”的本义是官职，引申为职守、政事、事务。《说文解字》："事，职也。"也有"大曰政，小曰事"以及"在君为政，在臣为事"的说法。所以这个事长，我们可以理解为做事情的领袖，一些职位的领导者。本句意思：悟道之人不敢同天下人争夺名利，人们反而跟随他、推崇他，而成为了大家的领袖。

今舍其慈且勇，舍其俭且广，舍其后且先，则必死矣

今，作为连词，有"假使，如果"的意思；且，有"尚、还，表示进一层"的意思。所以这一句我们可以这样来理解：如果舍弃了慈爱，还要追求勇武；舍弃节俭、克制，而去追求扩张；舍弃谦下退让，而去争先要强，则必然走向失败。

帛书甲本为"则必死矣"；帛书乙本为"则死矣"；王弼本为"死矣"。帛书甲本的意思表达得更强烈，表示老子对"舍其慈且勇，舍其俭且广，舍其后且先"三种行为的强烈反对。这里的"死"，我们可以理解为死亡，更多地可以理解为衰败、失败、灭亡等。

今舍其慈且勇

慈爱是勇武产生的内在原动力，是你内心对万事万物的慈爱之心，萌发的有所担当的胸怀，而如果你没有这份慈爱之心，没有对别人的慈爱，而一味地追求、彰显自己的强势，去凌驾于别人之上，一味地征伐别人，你就会遭到众人的反对和抛弃，最后走向失败。

舍其俭且广

这一句大家也好理解，一个人、一个团队或国家，不懂得积蓄力量，还一味地想要扩张，那么等待他的就是灭亡。

舍其后且先

事事唯恐落得人后，处处和人比较，这样的人内心就会充满强烈的计较心、妒忌心，看到别人比他强他就不高兴、不快乐，这样的人一辈子都不会快乐的，因为任何一个人都不可能拥有所有的优点，总有比别人差的地方。

夫慈以战则胜，以守则固

一个人、一个团队、一个国家如果处处充满了慈爱之心，他不去同他人争抢利益，不同别人发生纷争，对万事万物都充满了慈爱之心，老子说"反者道之动"，你对别人慈爱，别人就回馈你慈爱，你就同万物融为一

体，你所作所为都会得到万人的尊崇和追随。那么这样一个对万事万物充满慈爱的人为什么参与战争呢？如果发生战争，多半是因为别人的侵略，是万不得已而应战，为了更广大人民的利益而发生的正义之战，这样的战争是代表了最广大人民意愿的，是会受到人们最广泛的支持的，正如孙子兵法里说："道者，令民与上同意也，故可以与之死，可以与之生，而不畏危。"这样的一个军队，万众一心，生死相随，故战必胜，守必固。

天将建之，如以慈垣之

垣，墙也。这句话的本意就是，如果天道将要使什么东西成立、成长、发展，就会像用慈爱建造的围墙一样呵护着他。比如，一棵小树，如果上天想让它长成参天大树，那么，就会给它阳光、雨露、富饶的土地。在这一章的结尾，老子用了一个天道的规则，告诉我们慈爱的力量。在整个《道德经》里，老子总是用天道的规则来提醒我们，要不断地从天道的规则中感悟智慧。那么这一句，老子也是要告诉我们，要从天道的这个规则中，来理解慈爱的力量，慈爱永远是人类最伟大的力量，是最受上天赞美和佑护的。

第六十八章

【帛书甲本（第三十三章）】

善為士者不武善戰者不怒善勝敵者弗□善用人者為之下□胃不諍之德是胃用人是胃天古之極也

【帛书乙本（第三十三章）】

故善為士者不武善單者不怒善朕敵者弗與善用人者為之下是胃不爭□德是胃用人是胃肥天古之極也

【王弼本】

善为士者不武，善战者不怒，善胜敌者不与，善用人者为之下。是谓不争之德，是谓用人之力，是谓配天，古之极。

【辩证本】

善为士者不武，善战者不怒，善胜敌者不与，善用人者为之下。是谓不争之德，是谓用人，是谓天，古之极也。

【辩证本通解】

善于在某个领域做统帅的人，不会用勇武之力迫使别人服从；善于作战的人，不会因外界的刺激而引起情绪的波动；善于战胜敌人的人，不与敌人正面冲突。善于用人的人把自己的名利之心处在下方，这种善于处下的境界，是不争的德行、是用人的法则，这种法则是至高无上的，是自古以来最高的法则。

【逐句解读】

善为士者不武

《说文解字》里对士的解释为：士者，事也。任事之称也。通古今、辩然不（评判对与错）、谓之士。孔子曰。推十合一为士。数始一终十。学者由博返约。数字是从一到十而终，博学多才的人，能从众多的事物之中提炼出他们共同的法则，这样的人被称之为“士”。所以，士就是对品德好、有学识、有技艺的人的美称。

所以，这一句，我们可以这样来理解：善于在某个领域做统帅的人，不会用勇武之力迫使别人服从。言外之意，不用武力，就是用德行、慈爱来带领团队。

善战者不怒

战，战斗，作战之意。怒，怒者，心在奴下，心成为奴隶，成为什么的奴隶呢？成为情绪的奴隶，成为欲望的奴隶，心不再清明、不再沉静，丧失了智慧的判断。我们常说的一句话是“冲动是魔鬼”，当一个人的心变成了情绪、欲望的奴隶，被情绪或者欲望牵着走的时候，就迷失了本性，缺乏了明智的判断，此时就是疯狂的开始，就将走向失败的深渊。所以，一个善于领兵作战的人，是不会被情绪或欲望牵着鼻子走的，是不会动怒的。他会时时刻刻都保持着冷静的思考，时刻都明了敌我双方的实力，什么时候攻、什么时候守，他都有一个客观的判断。这里的怒，我们可以扩展一下，不仅仅表示怒，它还应该表示一切情绪的波动，比如狂喜、骄傲、悲伤、畏惧等影响客观判断的一切情绪。

这一句，我们同样可以用到团队的建设中，就是有道的领导人，不会因为自己的情绪或者欲望，而丧失理智的判断，他会时刻遵循道的原则，明智地带领团队健康地向前发展。

善胜敌者不与

本句我们可以解释为：善于战胜敌人的人，不与敌人发生正面冲突。

这个思想，在孙子兵法里有很多次的体现，如孙子兵法的谋攻篇里说："故上兵伐谋，其次伐交，其次伐兵，其下攻城。"（所以上等的用兵策略是以谋取胜，其次是以外交手段挫敌，再次是出动军队攻敌取胜，最下策才是攻城）

另有"故善用兵者，屈人之兵而非战"（因此，善于用兵的人，使敌人屈服而不是靠战争）。从这两句，我们可以很明确地看出，善于胜敌的人，并不靠同他人面对面的战争，而是靠强盛的综合国力、靠强大的军事实力、靠把控全局的谋划、靠德行的感召等，使有非分之想的人不敢轻举妄动。常言道："伤敌一千，自损八百。"

善用人者为之下

这句话更多地被解释为："善于用人的人，对人谦下。"这样解释应该还不全面，可以补充如下：

第一，人们之所以会结成团队，而努力地去奋斗，往往不是因为某个人的个人魅力，而是因为人们有一个共同的目标，而正是这个目标才是人们为之奋斗的原始动力。所以从这个意义上我们可以这样理解这句话：一个有道的人之所以会被人们追随，而能够更好地用人，是因为这个人始终把自己的利益放在下方，而把众人的共同目标、共同理想放在上方，只有这样人们才会全心全意地为了这个共同的目标而奋斗，看似人们都是在被领导人利用，其实人们都是为了这个共同的目标在奋斗，正是因为这个悟道的领导者善于把自己的利益放在众人的理想之下，甚至达到忘我的境界，根本就没有自己的利益而言。这样的人带领大家共同奋斗，不是以强压的手段，而是以符合于道的理想，带领大家共同奋斗。所以，这一句，我们也可以看作是对上面三句的总结：上面三句的核心是不武、不怒、不與。

第二，善于用人的人，对人谦下，不逞能，这个就是符合我们平时的理解。善于用人的人，不是像某些领导那样，好像在任何领域都无所不知、无所不能，一旦他到来了，其他任何专家都要听他的，别人只有唯唯诺诺的份，都要听他的指点，这样一手遮天的领导方式，就会极大地打击人们的积极性。因为每个人都有被人看重的需求，一个有道的领导者，会尊重每一个人，以自己谦和的态度，调动每一个人的专长，正是领导者的谦下随和，使得每一个人都感到自己被尊重，感到自己在团队中的重要性，这种自尊心的被调动，最大限度地调动了人们的向上的积极性，从而带动了整个团队的健康发展。

第三，善于用人的人，总是结交那些能力比自己强的人，也就是说，不惧怕自己处在别人的下方，有些人，为了彰显自己在团队中的重要性，所以总是找一些能力不如自己的人，宁可自己做“鸡头”，而不去做“凤尾”。总是害怕别人超越自己的人，那么他带领的团队，就不会走得太远，因为，一旦他的才智发挥殆尽，也就是团队走到尽头的时候。所以，有道的领导人，总是寻找那些能力比自己强的人，自己善于处其下方，集众人之力，为完成共同的目标而奋斗。如刘邦赞张良、萧何、韩信时说的：“夫运筹帷幄之中，决胜千里之外，吾不如子房；镇国家，抚百姓，给饷馈，不绝粮道，吾不如萧何；连百万之众，战必胜，攻必取，吾不如韩信。三者皆人杰，吾能用之，此吾所以取天下者也。”可以看出成大事者，不惧处在人下，而善于运用人的专长。

是谓不争之德，是谓用人，是谓天，古之极也

帛书甲本为：“是胃（同谓）天”，王弼本为“是谓配天”，这里采用帛书甲本。

天，中华文化信仰体系的一个核心，狭义仅指与地相对的天；广泛意义上的天，即道、太一、大自然、天然宇宙。天有神格化、人格化的概念，指最高的神。《说文解字》：天，颠也。……颠者，人之顶也。至高无上，是其大无有二也。极，极限，顶点，最高处；最高准则、标准等意

思。故本句我们可以理解为：这种善于处下的境界，是不争的德行，是用人的法则，这种法则至高无上，是自古以来最高的法则。

第六十九章

【帛书甲本（第三十四章）】

用兵有言曰吾不敢為主而為客吾不進寸而芮尺是胃行無行襄無臂執無兵乃無敵矣禍莫於於無適無適斤亡吾吾葆矣故稱兵相若則哀者勝矣

【帛书乙本（第三十四章）】

用兵又言曰吾不敢為主而為客不敢進寸而退尺是胃行無行攘無臂執無兵乃無敵禍莫大於無敵無敵近亡吾保矣故抗兵相若而依者朕□

【王弼本】

用兵有言：吾不敢为主而为客，不敢进寸而退尺。是谓：行无行，攘无臂，扔无敌，执无兵。祸莫大于轻敌，轻敌几丧吾宝。故抗兵相若，哀者胜矣。

【辩证本】

用兵有言曰：吾不敢为主而为客，不敢进寸而退尺。是谓：行无行，襄无臂，执无兵，乃无敌。祸莫大于无适，无适几丧吾宝。故称兵相若，哀者胜矣。

【辩证本通解】

善于用兵的人曾经这样说："我不敢主动挑起战争，只是在不得已的时候被迫应战，我不敢有丝毫逞强好胜，宁可忍辱退让。"这就是说：行军作战的最高境界，是不去行军作战；辅佐邦国良好运行的最高境界，是不使用手臂；掌控战争局势最高的境界，是不动用武器，从而达到无敌的状态。祸患没有比到处征战更大的，如果到处征战就几乎丧失了我们所依靠的珍贵的法则。权衡兵力综合情况差不多的双方军队，心情悲愤、同仇敌忾的军队会获得胜利。

【逐句解读】

用兵有言曰：吾不敢为主而为客，不敢进寸而退尺

这里的为主，是指主动；为客，是指被动。不敢进寸而退尺，并不是说软弱得总是退让，甚至把领土都丧失掉了。这里老子只是比喻，在逞强好胜方面，他宁可选择隐忍退让，也不会主动为了一寸土地挑起战争。他在这里说的退尺，并不是告诉我们丢失自己的领土，只是告诉我们隐忍的重要性。所以这句话可以这样来解释：善于用兵的人曾经这样说："我不敢主动挑起战争，只是在不得已的时候被迫应战，我不敢有丝毫逞强好胜，宁可忍辱退让。"

是谓：行无行，襄无臂，执无兵，乃无敌

帛书甲本为"襄无臂"，王弼本为"攘无臂"。襄的含义有：帮助、辅佐、完成、相助而成、冲上、上举、昂起，"攘"，有扫除的意思。襄比攘的词义要丰富得多，故采用帛书甲本。

这一句怎么来理解呢？联想到老子曾经用过类似的句式，那就是"为无为，事无事，未无未"，可以用理解这一句话的方法来理解"行无行，襄无臂，执无兵"，意思是：行军作战的最高境界，是不去行军作战；辅佐邦国良好运行的最高境界，是不使用手臂；掌控战争局势最高的境界，是不使用武器。是不是很难理解？下面分析一下，这一章从总体可以看出，老子是不提倡作战的，作战也是在万不得已的情况下才去的，所以他说"吾不敢为主而为客，不敢进寸而退尺"，但是作为一个国家，有时候作战确实是无法避免的，因为，总有那些贪得无厌的人想要侵略别国的领土。从《孙子兵法》上我们也可以看出，最上层的用兵之道是不去动用军队，最高的境界是使用谋略，控制整个天下局势，使那些别有用心的人不敢妄动。

【事　例】

2016 年 7 月 12 日，海牙国际法庭作出对我国不利的南海仲裁后，美国《侨报》7 月 13 日报道称：这一结果的公布，显然不能“服众”。正所谓“得道者多助”，中国在坚持不接受、不承认南海仲裁结果的同时，得到了至少 70 个国家的支持。同时，在 2016 年 7 月 13 日，联合国发文：南海仲裁庭和联合国没有任何关系。国际上的这些呼声及联合国的声明，都是对我国非常有利的，我国没有动用一兵一卒却取得了形式上的主动，让所谓的南海仲裁不了了之。又如我国倡议的“一带一路”，秉持和平合作、开放包容、互学互鉴、互利共赢的理念，全方位推进务实合作，打造政治互信、经济融合、文化包容的利益共同体、命运共同体和责任共同体，如同整合在一起的一块巨大的蛋糕，这种模式，使得更多的人一损俱损、一荣俱荣，因此那些想要破坏这个蛋糕的人必然会遭到更多人的反对，从而使和平能够更大限度地延长。

从这里我们就可以比较透彻地理解老子说的“行无行，襄无臂，执无兵，乃无敌”，那就是，真正高明的君主，会把行军作战的谋略隐藏在国家综合国力中，与其他国家共同发展之后，不会经常地去行军作战，不去彰显武力（行无行）；辅佐国家良好运行，不需要张牙舞爪，看不到不断挥舞的手臂，邦国同他国邦交却非常良好（襄无臂）；这样的国家能够把控整个局势而不是依靠强大的兵器、强盛的军队（执无兵）；正是他不使用武力，所以他就没有树立敌人，从而达到无敌的状态（乃无敌）。

祸莫大于无适，无适几丧吾宝

这一句采用的是帛书甲本中的“无适”，而帛书乙本是“祸莫大於無敵，無敵近亡吾保矣”。这里的无敌近亡吾保，我感觉不妥，因为上一句刚说了“行无行，襄无臂，执无兵，乃无敌”，可以看出这里老子是赞赏这种“无敌”的状态的。孟子也曾经说：“仁者无敌”，因此说无敌是一个良好的状态，所以帛书乙本的“无敌近亡吾保”，就有点无根据，因此不采用。王弼本是“祸莫大于轻敌，轻敌几丧吾宝”，如果采用轻敌，这个很好理解，但是和帛书本是不同的，帛书甲本是“无适”，帛书乙本是

“无敌”，都有一个无字，所以这个“无”字应该是正确的。那么帛书甲本里的无适的“適”是不是把“敵”字错抄成了“適”字呢？显然不是，因为就在本章的帛书甲本里出现了“無敵”，这个“敵”是正确的，那么紧接着这两个“無適”的“適”字就不该抄错，所以老子的原文就应该是“無適”，那么老子说的“无适”是什么意思呢？“适”有一个最基本的含义就是“往”，那么无适，就是“无往”，在《荀子》礼论篇里有一句是这样的“无适不易之术也”（这是无论到什么地方也不可改变的措施）。在这里“无适”的意思是“犹无往，到处”。而我们说到无往，就会想到相关的成语，如“无往不克”“无往不利”，这里就可以更好地理解无适的意思，无适就是无往，就是到处的意思。本章老子阐述的是作战的思想，那么无往就是指军队无处不达，到处征战。而这种到处征战的行为，显然违背了老子的思想，所以老子说“祸莫大于无适，无适几丧吾宝”。这句话，我们用白话文来解释，就是：祸患没有比到处征战更大的，如果到处征战就几乎丧失了我们所依靠的珍贵的法则。这里的宝，采用的是王弼本里的宝贝的宝，而什么是老子说的宝贝呢？在《道德经》第六十七章说：“我恒有三宝，持而保之。一曰慈，二曰俭，三曰不敢为天下先。”所以老子说的意思就是不要到处征战，如果到处征战，就会丧失“慈、俭、不敢为天下先”这三种宝贵的法则。这三种宝贵的法则是什么，可以参阅《道德经》第六十七章。

故称兵相若，哀者胜矣

本句采用的是帛书甲本，帛书乙本和王弼本都是“抗兵相若”，而帛书甲本是“称兵相若”，没有采用“抗兵相若”，是因为抗有对抗的意思，有点违背了道的原则，而帛书甲本的“称兵相若”的称字有更好的解释，所以采用了称字，“称”在读第四声“chèng”的时候，通“秤”，而“秤”的基本意思就是权衡、衡量，所以用在这里更贴切，更好解读。权衡兵力综合情况差不多的双方军队，心情悲痛、悲愤、同仇敌忾的军队会获得胜利。

第七十章

【帛书甲本（第三十五章）】

吾言甚易知也甚易行也而人莫之能知也而莫之能行也言有君事有宗夫唯無知也是以不□□□□□□□我貴矣是矣聖人被褐而褱玉。

【帛书乙本（第三十五章）】

吾言易知也易行也而天下莫之能知也莫之能行也夫言又宗事又君夫唯無知也是以不我知知者希則我貴矣是以聖人被褐而褱玉。

【王弼本】

吾言甚易知，甚易行。天下莫能知，莫能行。言有宗，事有君。夫唯无知，是以不我知。知我者希，则我者贵。是以圣人被褐怀玉。

【辩证本】

吾言甚易知，甚易行。而人莫能知，莫能行。言有宗，事有君。夫唯无知，是以不我知。知我者希，则我者贵。是以圣人被褐而怀玉。

【辩证本通解】

我所说的话很容易知道、很容易理解，也很容易去执行。但是却有很多人不能理解，更不能遵照而去执行。我所阐述的语言，都有其内在的主旨含义；我所描述的事情，背后都有道的主宰。很多人之所以缺少智慧，是因为他还没有懂得道的法则。知道、领悟道的法则的人很少，能够领悟道的法则，并遵照道的法则去行事的人更是难能可贵，所以，悟道的人是那种外表看似普普通通，而内心却极其丰富的人。

【逐句解读】

吾言甚易知，甚易行

我所说的话很容易知道、很容易理解，也很容易按照所阐述的道理去执行。

而人莫能知，莫能行

但是却有很多人不能理解，更不能遵照而去执行。

言有宗，事有君

宗，主旨；君，主宰。这句话我们可以这样理解：我所阐述的语言，都有其内在的主旨含义；我所描述的事情，背后都有道的主宰。这里老子在提醒我们，不要总是浮于文字的表面，而不去领悟文字背后的深意；不要总是看到事情的表象，而看不到主宰事情发展背后的规律。

夫唯无知，是以不我知

我们这样理解，前面的那个知，是智慧的意思，而后面的这个知，是知道、懂得的意思。而这个“我”，我们可以理解为是老子所描述的道的法则。所以，这一句我们可以这样理解：很多人之所以缺少智慧，只是因为他还没有懂得道的法则。还没有明白上一句所说的透过表象，去领悟背后的道。所以，世人总是太注重表面的浮华，而忽略了内心的修养。

知我者希，则我者贵

知道、领悟道的原理的人很少，能够领悟道的法则，并遵照道的法则去行事的人更是难能可贵。

是以圣人被褐而怀玉

被读 pī，古同“披”，覆盖在肩背上，穿戴；褐是指粗布或粗布衣服，表示简朴、朴素。那些领悟了道的圣人，明白每件事情都有其内部精髓的人，并不看重事物的外部表象，而是更注重事物内部更深邃的部分，正是因为他们理解了这个法则，所以，他们不太看重自己的外表，往往是那种外表看似普普通通，而内心却极其丰富的人。

“被褐而怀玉”，并不是说悟道的人总是穿得特别的不好，不修边幅的模样，也许有人还会因为自己不注重外部形象，而自诩为悟道者，其实不然，一个人注重仪表，让自己洁净端庄，也是对他人的尊重。这里的被褐，只是相比较那些太追求外表华丽的人，过分地注重外表，已经脱离了普通人的审美观，这就违背了老子说的“和光同尘”，就是告诉我们悟道者外部形象，是和我们普通人是一样的。而这里有一个重点，那就是“怀玉”，悟道者之所以和我们常人不一样，不在于外表的穿戴举止，而最根本的是在其内部，在自己的修养，因此，悟道之路不在衣着打扮，而在内心的感悟。

第七十一章

【帛书甲本（第三十六章）】

知不知尚矣不知不知病矣是以聖人之不病以亓□□□□□□

【帛书乙本（第三十六章）】

知不知尚矣不知知病矣是以聖人之不□也以亓病病也是以不病

【王弼本】

知不知上，不知知病。夫唯病病，是以不病。圣人不病，以其病病，是以不病。

【辩证本】

知不知尚矣，不知不知病矣。圣人不病，以其病病，是以不病。

【辩证本通解】

知道自己在什么领域是自己不知道的、是欠缺的，那么这样的人是智慧的。不知道自己在什么领域擅长，不能客观地对自己有一个认识，这样的人是不足的，圣人没有不足，是因为他把自己的不足当作不足，所以没有不足。

【逐句解读】

知不知尚矣

尚，假借为“上”，尊崇。

这一句话我们可以这样来理解：知，不知，尚矣。就是知道自己在什么领域是自己不知道的、是欠缺的，这样的人是明智的，值得尊崇的。一个人知道自己在什么地方是不知的、是欠缺的，同时他也就知道自己在什么领域是自己所知道的，哪些是自己所擅长的，所以这里老子说“知不知”。我们还应该想到它包含了一个意思，那就是不仅知道自己不擅长的，同时也知道自己所擅长的，所以他就能够充分地认识自己的能力，就能够客观地对自己进行一个评价，这里和《道德经》第三十三章里说的“自知者明”是相通的。和孔子所说的“知之为知之，不知为不知，是知也”也是相通的。就是自己在什么地方擅长，就明确地展示自己的所知所能，在什么领域不懂得，也明确地展示自己的不足，只有这样的人才是智慧的。

不知不知病矣

病就是不足的、欠缺的。

本句在帛书甲本为“知不知尚矣不知不知病矣”，帛书乙本和王弼本均为“不知知病”，帛书甲本更符合逻辑、更容易理解，也更符合老子说的“吾言甚易知也甚易行也”，故采取帛书甲本。这句话的解释是：一个人如果不知道自己在什么领域是自己不知道的、不懂的，那么这样的人就是不足的，是有所欠缺的。

那么这一句同上一句就表达了一个完整的意思：一个人有自知之明，是明智的、是智慧；一个人没有自知之明，是欠缺的、是不足的。这和《道德经》第三十三章中说的“知人者智，自知者明”的意思是相通的。

【事　例】

一个没有自知之明的人，有时候会酿成大祸，这里有一个血的教训，就是“马谡失街亭”。故事的梗概是：诸葛亮想要派人前去占领街亭这个地方，在诸葛亮身边，有一个叫马谡的人，平时熟读兵书，谈起兵法来头头是道，于是，诸葛亮就派了马谡前往街亭。到了街亭以后，马谡不听诸葛亮的建议，不去坚守城池，而是把军队驻扎在旁边的一座山上，待到魏军将领张郃到来，看到马谡领军违背常理，随后张郃率军将马谡军队团团围困到山上，后来马谡多次突击，好不容易杀出重围，却损失了很多人马，败逃而归，最后被诸葛亮定了死罪，终其一生。这里的马谡，就是对自己没有一个客观的评价，不知道自己有没有能力把控整个战局，却固执地认为自己熟读了兵书，就可以百战百胜，不听王平的建议，违背诸葛亮的部署，以至于兵败，并搭上了自己的性命。他用自己的性命和众多官兵的鲜血解释了老子这句话："不知知病。"还有一个血的教训是"纸上谈兵"的主人公赵括，这是一个历史故事，也是因为自己对自己能力的判断失误，损失了40万赵军，并丧失了自己的性命。

圣人不病，以其病病，是以不病

王弼本里还有一句是"夫唯病病，是以不病"，而帛书甲乙本里没有这一句。

"圣人不病，以其病病，是以不病"是什么意思？"病"是不足、欠缺的意思，那么"圣人不病"，字面意思上就是说圣人没有不足，圣人没有欠缺。那么为什么说圣人没有欠缺呢？因为他知道自己的不足，并且不掩盖自己的不足，也就是说，他能把自己的不足明白地展示给大家，告诉大家我有不足，不足在什么地方。这里的以其病病，以其就是因为的意思，病病，第一个病，就是给大家展示说自己是不足的、是有缺陷的；第二个病，是明确地告知大家，自己有什么"病"，就是自己有哪些不足，有哪些缺陷。"是以不病"就是说正因为圣人能够这样客观地、明确地展示了自己的不足，因此就没有了不足，没有了缺陷。

圣人不病，不是说圣人本身没有不足，而是圣人会让他所处的每一种情况，通过运作而趋向于没有缺陷，比如他的团队，他所要办理的某一件事情，他都会避免那些不足，为什么呢？因为他能够明确地知道自己有哪些不足，同时也明白自己团队里各个方面的不足，因此他以及他的团队在处理事情的时候，就会避免这些不足。哪些是自己的弱项，就会提前绕开或者弥补；哪些是自己的强项，就会充分地发挥自己的能力，从而把这个事情做到尽量没有缺憾。所以这里的"是以不病"，并不是说圣人个人没有缺陷，而是通过正确地认识自己、团队、队友的缺点，能够绕开这些缺点，或者用不同的人来互相弥补彼此的缺点，从而能够让所办的这个事情趋向于没有缺陷，能够更好地达到想要达到的结果。

对待缺点不同的态度，会产生不一样的结果，比如大禹和他父亲鲧[gǔn]的治水方式不同，带来的结果就有所不同。鲧治水是采用堵的方式，这种方式，在小水的时候还是有效果的，但是到了大水的时候，越堵水位越高，落差越大，以至于最后决口的时候，给人们带来的危害更大；而大禹采用疏导的方式，通过挖开沟渠，将水引进大海，水患就减少了很多，并且沟渠沿途可以灌溉民田。我们可以把这个水患看成缺点，如果你像鲧这样一味地围堵、掩盖，总有一天它会酿成大的祸患，造成大的灾难，而如果像大禹一样正视这个缺点，不掩盖、不隐瞒，而是正确地疏导，如此，本来给人们造成灾难的水患，却成为灌溉农田的水利，这正是以其病病，是以不病。

那么在孩子教育问题上我们也可以从老子这句话得到智慧，每一个孩子都有他自身的特点，而孩子的这些特点，很多时候会被人当作了缺点，不断地打压，以至于本来很有天赋的孩子，特长没有发挥。

【事　例】

大发明家爱迪生只上过3个月的小学，老师因为总被他古怪的问题问得张口结舌，竟然当着他母亲的面说他是个傻瓜，将来不会有什么出息，被老师以“低能儿”的名义撵出了学校，由母亲亲自教育。这时，爱迪生的天资得以充分地展露。在母亲指导下，他阅读了大量的书籍，后来成为伟大的发明家。这就是对待问题不同的态度，会带来截然不同的结果。对待问题不要一味地打压、掩盖和扭转，而是正视它、研究它、引导他、运用它。

还有一个故事就是田忌赛马。

孙膑以刑徒的身份偷偷地来到齐国。齐国将军田忌非常赏识他，待如上宾。田忌经常与齐威王赛马，并设重金赌注。以往比赛的时候，田忌总是用上马对上马，中马对中马，下马对下马。由于齐威王每个等级的马都比田忌的马强一些，所以比赛了几次，田忌都失败了。孙膑发现他们每个层次的马脚力都差不多。于是孙膑对田忌说：“您只管下大赌注，我能让您取胜。”田忌相信并答应了他，与齐威王用千金来赌注。比赛即将开始，孙膑说：“现在用您的下等马对付他们的上等马，拿您的上等马对付他们的中等马，拿您的中等马对付他们的下等马。”于是经过三场比赛，田忌以一场败而两场胜，最终赢得齐王的千金赌注。

通过本章的学习，我们也可以领悟到，老子说的“以其病病，是以不病”，就是说有智慧的人，会正视自身的缺点，能够很坦荡地把这个病看成是病，不回避、不掩盖，所以，能够改正就改正，无法回避的缺陷，就去变通、引导或弥补，最大限度地做到最好的结果。

第七十二章

【帛书甲本（第三十七章）】

□□□畏畏則大□□□矣毋閘亓所居毋猒亓所生夫唯弗猒是□□□□□□□□□□□□□□□□□而不自貴也故去被取此。

【帛书乙本（第三十七章）】

民之不畏則大畏將至矣毋狹亓所居毋猒亓所生夫唯弗猒是以不猒是以聖人自知而不自見也自愛而不自貴也故去罷而取此。

【王弼本】

民不畏威，则大威至。无狎其所居，无厌其所生。夫唯不厌，是以不厌。是以圣人自知不自见，自爱不自贵。故去彼取此。

【辩证本】

民不畏威，则大畏至。毋狭其所居，毋厌其所生。夫唯不厌，是以不厌。是以圣人自知不自见，自爱不自贵。故去彼取此。

【辩证本通解】

如果人们不再畏惧上位者威压的时候，那么大的畏惧、大的威胁就要到来了。不要侵犯人们的生活环境；不要压迫人们的生计。上位者不压制、压迫下属，那么下属就不厌恶上位者。所以悟道的人能够做到有自知之明，而不去彰显自我；能够做到爱惜自己的人格和尊严，但不会认为自己比他人高贵。所以悟道的人会舍弃自见、自贵，而保持自知、自爱。

【逐句解读】

民不畏威，则大畏至

民不畏威，威，有威压、威严、刑罚的意思；畏，有畏惧和威胁的意思。这里的民可以理解为人民，也可以理解为下属，那么这一句话就是说：如果下属不再畏惧上位者的威压、威严、刑罚的时候，那么大的畏惧、大的威胁就要到来了。

这一句不是说上位者过于慈爱，没有威严，而使下位者不害怕。而是说上位者太过于严厉，压迫过重，使得下位者民不聊生，已经到了生死的边缘，当生命受到威胁的时候，人们被逼奋起反抗，人们已经不再害怕统治者的威压、刑罚了，这个时候，统治者大的威胁、大的灾难就要来临了。那么如何避免这样事情的发生呢？老子在下一句就告诫了上位者。

毋狭其所居，毋厌（yā）其所生

这一句我们采用的是帛书乙本，把王弼本里的无（没有），换成了毋（不要，不可以），这样就很明显地有告诫的意思，狭，有狭窄、小的意思；厌（yā），泛指压制、抑制的意思。所以这句话就是老子在告诫上位者，如何避免民不畏威现象的发生，那么就要做到不剥削下属，不要让其生活的环境非常艰难、简陋；不要压制、压迫人们的生计。也就是说要让人们能够过上安居乐业的生活。

夫唯不厌（yā），是以不厌

第一个“厌”是压制、压迫的意思；第二个“厌”是讨厌、厌恶的意思。所以这句的意思是：唯有上位者不压制、压迫下属，那么下属才会不讨厌、不厌恶上位者。这样上位者的统治才会牢固。

是以圣人自知不自见，自爱不自贵。故去彼取此

见，通现。所以悟道的人能够做到自知之明，而不去彰显自我；能够做到爱惜自已的人格和尊严，但不会认为自己比他人高贵。

如果我们把见解释为见地，那么可以这样来理解：高明的领导者有自己的认知，但不会固执己见；有自己的人格尊严，但绝不妄自尊大。守住做人的根本，不去做过分的事情，所以悟道的人会舍弃自见、自贵，而保持自知和自爱。

第七十三章

【帛书甲本（第三十八章）】

勇於敢者□□□於不敢者則栝□□□□□□□□□□□□□□□□□□□□□□□□□□□不言而善應不召而自來彈而善謀□□□□□□□□□。

【帛书乙本（第三十八章）】

勇於敢則殺勇於不敢則栝□兩者或利或害天之所亞孰知亓故天之道不單而善朕不言而善應弗召而自來單而善謀天罔恢恢疏而不失。

【王弼本】

勇于敢则杀，勇于不敢则活。此两者，或利或害。天之所恶，孰知其故？是以圣人犹难之。天之道，不争而善胜，不言而善应，不召而自来，繟然而善谋。天网恢恢，疏而不失。

【辩证本】

勇于敢则杀，勇于不敢则活。此两者，或利或害。天之所恶，孰知其故？天之道，不争而善胜，不言而善应，不召而自来，繟然而善谋。天网

恢恢，疏而不失。

【辩证本通解】

勇气用在逞强好胜上就会遭到诛杀；用在忍辱负重、收敛锋芒、安静谦和上就能更好地生存。这两种不同行为，有的会得到上天的眷顾，有的会遭受上天的惩罚。上天对敢和不敢有所讨厌和喜欢，谁知道其中的原因呢？上天的法则是：不去争斗却善于超越；不张扬自己却善于回应；不去召唤却获得万物的追随，在宽松舒缓的情况下却做好了一切的安排。天道的法则就像一张大网一样宽阔而宏大，好像并不严密的样子，但是万事万物都不可能脱离这种法则而存在。

【逐句解读】

勇于敢则杀，勇于不敢则活

在解读这一句之前，先看一下这个“勇”字，什么是“勇”呢？在《说文解字》里说：“古文勇从心”，也就是说在古代的时候，这个字的下面是心字，后来演变成了力字。那么什么是勇的本意呢？《说文解字》说：“勇者，气也。气之所至。力亦至焉。心之所至。气乃至焉。”我们通俗地来理解，勇就是咱们的心劲儿，就是内心的那股力量，这种力量非常饱满、充足，就是勇。为什么这样说呢？咱们看看这个勇字的结构，它下面是力，古代是心，上面这个是“甬”字，而这个甬有什么意思呢？《说文解字》说：“甬之言涌也，若泉涌出也。”所以，可以很明显地表示出这个勇字的意思，就是内心有一股力量，非常饱满，像泉水涌动一样。

“敢”是什么意思呢？“敢”在甲骨文里面，是表示一个人，手拿着猎叉，就是武器，去刺杀野猪的这样一个画面。表示一个人的胆子比较大。《康熙字典》里说：凡言敢者，皆是以卑触尊，不自明之意。表示一种犯上，不自量力的意味。

所以，从对这两个字的分析，我们可以看出，勇和敢虽然我们经常组词在一起，其实意思是完全不同的。勇是内心充盈的那份力量，非常饱满、充足，也可以引申为团队、国家的自我建设非常好，实力非常雄厚。而敢则表示一种不计后果的冲动，敢的作用，就是将内心的这份力量引向一个方向，你如果不计后果，将这股力量引向人们认为是比较冒险的方向，以彰显自己的能力，那就是敢。那么什么是不敢呢？不敢的意思就是不去违背自然发展的规律，不去为了彰显自己而去做违背大道的事情。

那么这句话，我们可以这样来解释：勇气用在逞强好胜上就会遭到诛杀；用在忍辱负重、收敛锋芒、安静谦和上就能更好地生存。

我们要明白，勇就是要做到实力的充足，而敢和不敢就是引动这股力量的走向，引动的方向正确，就生存；引动的方向错误，就被诛杀。老子在这里用了“杀”字，不是死字，就是说，方向的重要性，方向不对就会引来外界的反对、反抗乃至诛杀，最后走向死亡。

这里好理解的是勇于敢，去做一件冒险的事情，当然是需要勇气的，比如本来河水湍急，而你为了表现自己水性超群，为了博取别人的赞叹，你就鼓起勇气跳进河水中逞强，最后被河水淹死，这就是勇于敢则杀。

那么老子为什么说勇于不敢？不敢本来就是很胆小的表现了，没有必要用到“勇”字吧？其实在很多“不敢”的时候，往往需要更大的勇气，因为很多“不敢”是在谋划更大的局，很多“不敢”在常人面前是那样的胆小懦弱，是要承受很多人的蔑视甚至咒骂的，但是为了符合于天道，为了成就更大的事业，往往需要用更大的勇气承受着别人的非议。

【事　例】

这里有一个故事，可以非常好地解释这一句话，那就是《三国演义》第一零三回：诸葛亮同司马懿对战，诸葛亮想速战速决，而司马懿却坚守不出兵，于是，诸葛亮送一件女人衣服给司马懿。这是诸葛亮使用的激将法，但是司马懿并不上当，将女人衣服收下，依然不出兵。魏将皆知孔明以巾帼女衣辱司马懿，懿受之不战。众将不忿，入帐告曰：“我等皆大国名将，安忍受蜀人如此之辱！即请出战，以决雌雄。”但是司马懿审时度势，假借皇上不让出兵为由，绝不出兵。最后使得诸葛亮无功而返。而正是司马懿这种顾全大局，不顾别人非议自己懦弱，最终成就了魏国的一统天下，进而建立了晋朝一百五十余年的帝王之业。

此两者，或利或害

这两种不同的行为：一种冒险前行；一种隐忍不发。有的会得到上天的眷顾，有的遭受上天的惩罚。

天之所恶，孰知其故？

上天对敢和不敢有所讨厌和喜欢，谁知道其中的原因是什么呢？当然上天是没有感情，也没有喜好的，因为老子曾说“天地不仁以万物为刍狗”。这里只是用一种拟人的写法来反问我们，是什么让敢和不敢，一个被诛杀，一个长存呢？

是以圣人犹难之

这一句话，在帛书甲乙本里是没有的，而在王弼本里却出现了这样的一句话，应该是王弼加上的吧，也就是说“圣人也很难知道其中的原因啊”，老子在下面的几句话里就已经回答了“天之所恶，孰知其故”的原因了。所以这句“圣人犹难之”应该没有必要出现的。这句话的出现反而让整篇失去了连贯性。

天之道，不争而善胜，不言而善应，不召而自来，繟然而善谋

这句话是承接了“天之所恶，孰知其故？”所以，老子接着说上天的法则是：不去争斗，却善于超越；不张扬自己，却善于回应；不去召唤，却获得万物的追随，没有任何紧张的气氛，在宽松舒缓的情况下却做好了一切的安排。

不争而善胜

不要总是想着同别人争高下，做最好的自己就好，个人是这样，团队、国家也是这样，我们每一个人、每个团队都有各自的长处和优势，没有必要把目光总是盯在别人的身上，看别人的多，那么看自己的就少，不去和别人比，努力地完善自己，把自己做到最好，这样会在你不经意间超越了他人。这里的胜，不一定就解释为战胜，而是解释为超越，优于。另外，这个胜字，还有优美的意思，那么我们还可以这样理解，我们不去和别人争高下，而是一心一意地完善自己，最终会成就一个优秀的自己。胜，不一定就是同别人比，而是同昨天的自己比，一个优秀的存在，何必需要别人来衬托呢？

不言而善应

这句话同别人的解释有点不同，河上公的解释是这样的：天不言，万

物自动以应时。就是说上天不言语，万事万物该萌发就会萌发，该成熟就会成熟，一切都遵循于天道。这样解释也很好，只是这样解释就要和下一句的不召而自来的意思相近。为了避免意思的重复，我们从另外一个角度去理解，就是说，天之道，或者是符合天之道的人，不去用言语标榜、炫耀、彰显自己的能力，但是当事情到来的时候，他却能够很好地应对。这就和孔子所说的“君子贵讷于言而敏于行”的意思是相通的。

不召而自来

这一句也比较好理解，就是说，一个悟了天道的人，行为和德行都符合于天道，符合于“不争而善胜”，不同别人争取任何名利，符合水的德行“善利万物而不争”，这样的人和团队，不需要振臂高呼，不需要进行召唤，人们会自然地追随，自然地到来。

繟然而善谋

繟（chǎn）：舒缓；坦然的意思。感悟天道的人，在谋划事情的时候，总是会从细小处已经开始，会在平时的生活中已经开始规划宏大的事业，就像参天大树一样，你感觉不到它那种急速的增长状态，却会在不知不觉中成就了自己的伟岸。而那种没有悟道的人，平时无所事事，突然有了什么事情的时候，他就会手忙脚乱、无比紧张，最后却以失败而告终，这样的人怎么能够做到繟然呢？所以老子说，悟道的人，即使成就大业，你也看不到他慌慌张张的样子，他总是很舒缓、平和的模样，但是他会很早就有计划，并按照这个计划每天达到既定的目标，最后成就了大的事业，这和“善行无辙迹”是相通的。

天网恢恢，疏而不失

恢恢：宽阔广大貌。天网，我们可以理解为天道，那么为什么老子在这里用了一个天网呢？我们可以这样来理解，老子在告诉我们，天道，就像一张或者无数张网一样，宽阔而宏大，覆盖在天地宇宙之间，它是无形无相的，好像并不严密的样子，但是万事万物都不可能脱离这种法则而存在，万事万物的流转都要遵循于天道。言外之意，就是说那些勇于敢的人，违背道的法则、过分逞强的人，终逃不脱天道的惩罚。

第七十四章

【帛书甲本（帛书第三十九章）】

□□□□□□□奈何以殺愳之也若民恒是死則而為者吾將得而殺之夫孰敢矣若民□□必畏死則恒有司殺者夫伐司殺者殺是伐大匠斲也夫伐大匠斲者則□不傷亓手矣

【帛书乙本（帛书第三十九章）】

若民恒且不畏死奈何以殺愳之也使民恒且畏死而為畸者□得而殺之夫孰敢矣若民恒且必畏死則恒又司殺者夫代司殺者殺是代大匠斲夫代大匠斲則希不傷亓手

【王弼本】

民不畏死，奈何以死惧之？若使民常畏死，而为奇者，吾得执而杀之，孰敢？常有司杀者杀，夫代司杀者杀，是谓代大匠斫，夫代大匠斫者，希有不伤其手矣。

【辩证本】

若民恒且不畏死，奈何以杀惧之？若民恒且畏死，则而为奇者，吾将得而杀之，夫孰敢矣？若民恒且必畏死，则恒有司杀者杀，夫代司杀者杀，是代大匠斫也，夫代大匠斫者，则希不伤其手矣。

【辩证本通解】

如果使人们常常处于几乎不害怕死的境地，如何可以用杀死他们来让他们感到恐惧呢？如果使人们常常感到了生命的可贵，在这种情况下若还有人不遵守法则，那么我将把这样的人抓获并杀掉他，如此还有谁敢不遵守法律制度呢？如果人们处在生活安详、珍惜生命的环境，统治者还要建立一套法制系统，来掌管法律的执行。私自代替司法机构对触犯法律的人进行处罚，就好像一个不懂得任何技术的人，代替技艺高超的工匠去砍伐、做工一样。一个不懂任何技艺的人，代替能工巧匠去作为、去砍伐，那么这样就很少不伤到自己的手的。

【逐句解读】

若民恒且不畏死，奈何以杀惧之？

这里帛书乙本比王弼本多了两个字：恒、且。这样整个句子和整章的意境更贴切，这两个字的解释是：恒的本意是常，有经常、常常的意思；且有将近、几乎、接近的意思。所以这句话我们可以这样来解释：如果使人们常常处于几乎不害怕死的境地，如何可以用杀死他们来让他们感到恐惧呢？

我们都知道"蝼蚁尚且贪生"，作为有高等智慧的人，为什么会不怕死呢？那是因为统治者过分的压榨，剥夺了人们赖以生存的最基本的条件，使人们的生活极其困难，到达了生死的边缘，如果任由统治者压榨就是死路一条，所以不如奋起反抗，也许能博得一线生机。

若民恒且畏死，则而为奇者，吾将得而杀之，夫孰敢矣

奇，有一个基本的意思就是非法的。如果能够使人们常常感到了生命的可贵，害怕失去生命，在这种社会状态下，如果还有人不遵守法则，胡作非为、为非作歹，那么我将这样的人抓获并杀掉他，如此还有谁敢不遵守法律制度呢？

这个社会环境就和刚刚说的那个环境不同了，这个社会环境比较宽松，统治者对人们非常慈爱，人们都能够感觉到生活的美好，幸福感非常强，所以人们都很热爱这样的生活，不想失去这样的生活，因此畏死，就是不想失去生命，而如果这个时候还有个别的人，个人欲望非常的强烈，不断地为非作歹，那么统治者把这种人抓住后，严厉地惩罚他。这里的杀之，并不一定都是使其丧失生命，也许有多种多样的处罚，通过对个别人的严厉惩罚，达到杀一儆百的效果，使人们知道违反法律制度的严重后果，再想想自己美好的生活，所以，就很少有人再敢去触犯法律了。

从这两句我们可以看出，同样都是杀，为什么第一种人们不怕，而第二种人们又怕了呢？这正是统治者统治社会的时候，给人们是不是宽松，是不是让人们能够安居乐业，从而使法制达到不同的效果。从这一点来看，法制还是要建立在有道的治理国家的基础之上，没有一个有道的治理，使国家动荡不安，民不聊生，那么，就是再严厉的法律也不能平定人们心中的戾气，如果人们能够安居乐业，社会祥和，那么，不需要太严厉的法律制度，人们也会安分守己。

若民恒且必畏死，则恒有司杀者杀

这句话老子是在告诉我们，在给人们创造安居乐业、祥和的社会环境的同时，还要建立必要的法律制度和执法部门，以监督、维护这种良好状态的持续运行。

道家同样是讲究法制的，是需要专门的机构来维护道的良好运行的，可见，法制是在很久之前我们就提倡并建立的，只是我们的法不是冷冰冰的，是首先要有有道的领导者，以社会的祥和为基础，法是为了社会更好地运转去服务的，而不是打压人们的，这才是符合于道的规则的。这里的“杀”，我们不要理解为就是使人们丧失生命，而应理解为刑罚，按照对方所犯错误，给予不同的处罚，并不完全都是杀头的意思。

夫代司杀者杀，是代大匠斫也

当国家建立了一个完善的司法机构，那么遇到有人触犯了法律的时候，就要由司法机构去公平地判决，而不应该由领导者代替司法机关按照自己的意愿而任意地处罚触犯了法律的人。如果一个领导者不遵守这种法制，而是超越了司法机构，私自代替司法机构对触犯法律的人进行处罚，那么就好像一个不懂得任何技术的人，代替技艺高超的工匠去砍伐、做工一样。

这里可以看出老子的法制思想非常先进，他反对那种一言堂的制度，而是要建立完善的司法机构，在处罚的时候，只有司法机构去秉公执法，而不允许领导者肆意妄为。因为术业有专攻，一个领导者如果任意地使用自己的权力，去左右各个部门的工作，就会丧失了公平、公正。这里我们不仅仅只想到司法部门，还有其他各种部门都是一样的，比如科研、卫生、教学等，每个部门都有它自己的专长。

夫代大匠斫者，则希不伤其手矣

就是说，如果领导者要超越司法机构，按照自己的意愿去惩罚触犯法律的人，这就是一个不懂任何技艺的人，代替能工巧匠去作为、砍伐，那么，这样就很难不伤到自己的手。

这个只是表面现象，我们可以引申一下，这里的“代大匠斫”，还包括各个部门，如果一个领导者在什么行业里都想表现自我，都想按照自己的意志去作为，那么就很少没有不造成损失的。这里的“伤其手”，可以理解为损害他人、团队整体的利益。

在这里“代大匠斫者”，也不一定就是领导者，也可能是我们常人，如果我们抓到一些违反法律的人，很多人会冲动地过去揍他，美其名曰“伸张正义”，比如抓住一个小偷，你过去把他打得鼻青脸肿的，这就是代大匠斫，有司法机关会去对他的行为做出相应的惩罚，而你如果按捺不住火气，上去揍了别人，你的这种行为本身就构成了违法，情节严重的，就会被处罚，这就是所谓的“伤其手”的情况。

第七十五章

【帛书甲本（第四十章）】

人之飢也以亓取食稅之多也是以飢百姓之不治也以亓上有以為□是以不治民之巠死以亓求生之厚也是以巠死夫唯無以生為者是賢貴生。

【帛书乙本（第四十章）】

人之飢也以亓取食稅之多是以飢百生之不治也以亓上之有以為也□以不治民之輕死也以亓求生之厚也是以輕死夫唯無以生為者是賢貴生

【王弼本】

民之饥，以其上食税之多，是以饥。民之难治，以其上之有为，是以难治。民之轻死，以其求生之厚，是以轻死。夫唯无以生为者，是贤于贵生。

【辩证本】

民之饥，以其取食税之多，是以饥。民之不治，以其上有以为，是以不治。民之轻死，以其求生之厚，是以轻死。夫唯无以生为者，是贤贵生。

【辩证本通解】

人们的生活饥寒交迫，是因为统治者收取的税赋太高，因此人们才会饥寒交迫。百姓不可治理，是因为统治者不遵循大道，而是肆意妄作，所以才会不可治理。人们之所以漠视死亡，是因为统治者过分厚养自身，压榨人们，使人们无法生存，因此人们才会不再害怕死亡。唯有那些不是为了把自己的生活修整得更舒适刻意为之的人，贤于那些把自己的生命看得太贵重的人。

【逐句解读】

民之饥，以其取食税之多，是以饥

以其取食税之多，这个取字，我们可以看出是针对着统治者，取税，只有统治者才有这个权力。所以，人们之所以生活饥寒交迫，是因为统治者收取的税赋太多的缘故，因此人们才会饥寒交迫，极其贫困。

老百姓辛辛苦苦种一年地，到头来却被地主、长官都掠夺走了，导致人们饥寒交迫。这种故事很多，比如大家耳熟能详的白毛女的故事。

民之不治，以其上有以为，是以不治

不，有不可之意。不治，即不可治理，难以治理。

百姓不可治理，是因为统治者不遵循大道，而是肆意妄作，所以才会不可治理。

我们可以理解为：①领导者过分地追求自己的享受，不断地掠夺人们的物质财富，不断地建造大的工程，大量占有人力，从而让人们不能维持正常的生活，于是人们就会反抗，因此难以治理；②领导者不遵循大道的运行规律，为了彰显自己的能力或者为了表现自己的政绩，乱作为。这样的领导者怎么能获得民心？怎么会不遭到抵抗呢？所以说，不是人们不可治理，是很多时候，领导者脱离实际情况，过多地干涉人们正常的生产生活，所以人们不听从他的领导，领导者才感觉到人们不好治理。

民之轻死，以其求生之厚，是以轻死

老百姓之所以漠视死亡，敢于用生命去抵抗上位者的统治，是因为统治者太过穷奢极欲，过分厚养自身，不断地压榨老百姓，以至于老百姓无法生存，因此老百姓才会看轻死亡，奋力反抗。

这里的求生之厚是指统治者，为了过度的享受，过分要求自己生命的滋养，不断同民争利，以至于把人们逼迫到生死的边缘，人们在没有办法生存的时候，以生命来抵抗统治者的情形。这里老子再一次告诫统治者不要与民争利，以至于遭到人们的誓死抵抗，和《道德经》第七十四章中的“若民恒且不畏死，奈何以杀惧之”，以及第七十二章中的“民不畏威，则大威至”意思是相通的。

夫唯无以生为者，是贤贵生

夫，语气助词；贤：胜过、超出，有道德、有才能的。

唯有那些不是为了把自己的生活修整得更舒适刻意为之的人，贤于那些把自己的生命看的太贵重的人。

老子告诉我们：只有那些不以自身利益为出发点的领导，他们的作为，不是为了满足自己的生活需求，而是为了广大的老百姓着想，为了整个团队，乃至为了万物去着想，那么这样的领导者，比那种只是看重自己的生活享受，不去关心老百姓生死的领导者有德行。

第七十六章

【帛书甲本（第四十一章）】

人之生也柔弱亓死也恒仞賢強萬物草木之生也柔脆亓死也桔槁故曰堅

強者死之徒也柔弱微細生之徒也兵強則不勝木強則恒強大居下柔弱微細居上。

【帛书乙本（第四十一章）】

人之生也柔弱亓死也恒信堅強萬□□木之生也柔脆亓死也桔槁故曰堅強死之徒也柔弱生之徒也□以兵強則不朕木強則兢故強大居下柔弱居上。

【王弼本】

人之生也柔弱，其死也坚强。万物草木之生也柔脆，其死也枯槁。故坚强者死之徒，柔弱者生之徒。是以兵强则不胜，木强则兵。强大处下，柔弱处上。

【辩证本】

人之生也柔弱，其死也坚强。万物草木之生也柔脆，其死也枯槁。故坚强者死之徒，柔弱者生之徒。是以兵强则不胜，木强则兢。强大处下，柔弱处上。

【辩证本通解】

人在生命力强盛的时候，躯体是柔软的，当生命走向衰弱，乃至死亡后，躯体却变得僵硬。有生命的万事万物，比如草木，在它们生命力旺盛的时候，也是非常柔弱的，而等到其死亡以后，形体也会变得干硬而不柔韧。因此凡是貌似坚硬强大者，都是趋向死亡的一类，而柔韧弱小者，往往却富于生命力。因此，如果一个国家过分地依赖军队的强大，这个国家是不会取胜的，草木过分地强硬，其就会有恐惧产生。那些看似非常强大的事物，正是走向衰亡的开始，最终会处在下方；而那些看似柔弱的事物，却充满了生机，最终会优于曾经的强者，而处于上方。

【逐句解读】

人之生也柔弱，其死也坚强

人在生命力强盛的时候，躯体是柔软的，当生命走向衰弱，乃至死亡以后，躯体却变得僵硬。我们看看小孩子生命力非常强盛，新陈代谢非常快的时候，躯体非常柔软，平时摔摔碰碰的，也很少骨折；而随着年龄的增长，人们的躯体日渐强壮，强壮达到顶峰以后，走向衰老，而骨质慢慢地从富有韧性，变得没有了弹性，皮肤也由原先的娇嫩，变得失去了光泽和弹性。

万物草木之生也柔脆，其死也枯槁

有生命的万事万物，比如草木，在它们生命力旺盛的时候，也是非常柔弱的，而等到其死亡以后，形体也会变得干硬而不柔韧。

故坚强者死之徒，柔弱者生之徒

因此凡是貌似坚硬强大者，都是趋向死亡的一类，而柔韧弱小者，往往却富有生命力。

我们除了可以从有形的躯体上来理解这一句，还可以从无形的思想上有所感悟。我们联想一下，那些思想活跃的人，容易变通的、豁达的、智慧的、充满活力的人，他们的思想一般也是柔软的、灵活的，很容易接受新生事物，能够很快顺应社会发展，而那些不容易改变、思想僵硬、对新生事物接受非常缓慢甚至抵触的人，就很容易被社会淘汰，所以这种“其死也坚强”，并不一定就是形体的死，而是思想过分僵硬，被早早地淘汰出局。

另外，坚强，我们也可以理解为为人处世非常的强硬，与外界产生过多的争执，进而发生争斗、战争，直至死亡；而柔弱，是人内心的宽容、慈爱，善于同人们和谐相处，没有纷争，故而能长久生存。

是以兵强则不胜，木强则兢

这一句话，我们采用的是帛书乙本里的“木强则兢”，帛书甲本里是“木强则恒”，王弼本里是“木强则兵”，可以看出众多的版本都不相同。结合上文，可以看出，老子是告诫我们坚强不是我们应该采取的态度，坚强者死之徒，是我们应该回避的，所以，无论我们采用哪一个字，只要能符合老子的原意，都应该是对的。王弼本里的“木强则兵”，更多的解释是当树木足够强大的时候，就会遭到兵刃等利器的砍伐，所以会丧失生命，成为人们利用的器具；木强则折，我们可以从字面上理解，就是树木过分强大、容易被折断的意思。

那么，我们为什么采用了帛书乙本的“木强则兢”呢？因为兢有战栗、恐惧的意思，有小心谨慎的意思，所以，本句可以这样理解：如果一个国家过分地依赖军队的强大，不断交战，最后这个国家是不会取胜的，草木过分的强硬就会有危险，比如也许会被人砍伐成为器具，也许会被强风刮断，“木秀于林，风必摧之”，故而，如果草木有思想的话，它也应该会有战栗和恐惧产生。

这里的强，我们也可以理解为那种外表看似强盛，而思想比较僵化，不知道变通，在敌人锐气强盛的时候，也不知道暂避锋芒，还是一味地逞强斗勇，以强硬的作风对待一切事物，这样的军队总有一天会被消耗殆尽的。

同时，这个强，我们也可以理解为逞强的意思，就是任何时候总是想表现出自己比别人更强大，一味地穷兵黩武，使得自己的国力被掏空，最后走向失败，这样理解，我们应该更好接受。

强大处下，柔弱处上

这一句是对以上几句的一个总结，就是那些看似非常强大的事物，正是走向衰亡的开始，最终会处在下方；而那些看似柔弱的事物，却充满了生机，最终会优于曾经的强者，而处于上方。

还有很多个人、团队，在开始成长的时候，善于接纳外部的建议，能够根据时代的发展不断调整自己的路线，这个时候，他就是柔弱的、灵活的，就是柔弱处上的一个过程。但是，当它做大做强的时候，就感觉自己有了一定的资本，积累了很多成功的经验，那些来自外部的建议就再也听不进去了，时局在不断地变化，而他认为他已经足够强大，任何风浪都再也撼不动他了，所以，他不再去适应时局的转变，而试图让时局因他而转变，如此一来，他或者他的事业就会逐渐地被时局淘汰，最后走向衰败。

另外，这一句我们从以下不同的角度去理解：

其一，一个悟道的人，会把真正的强大做到韬光养晦，不显露于外表，因此他会把这种强大作为一个人、团体、国家立足的根本和基石，所以会把强大处在下方，不彰显于外；而对外行为处事则是柔和的、谦虚的、宽容的，会把这种柔和的一面展露出来，放置在上面，从而会和周围的人和谐相处。

其二，这种看似强大的事物，往往会走向衰败，因此，以强大作为行事方式的做法不是明智的，是处于下方的思维方式，而那些看似柔弱的事物，往往会走向昌盛，所以这种看似柔弱的行事方式，往往会走向成功，会更加长久，因此这种思维方式是更符合于道的、明智的、上层的思维模式。

第七十七章

【帛书甲本（第四十二章）】

天下□□□□□者也高者印之下者舉之有餘者損之不足者補之故天之道損有□□□□□□□□□不然損□□□奉有餘孰能有餘而有以取奉於天者乎□□□□□□□□□□□□□□□□□□□□□□□□□見賢也

【帛书乙本（第四十二章）】

天之道酉張弓也高者印之下者舉之有余者云之不足者□□□□□□□云有余而益不足人之道云不足而奉又余夫孰能又余而□□奉於天之唯又道者乎是以聖人為而弗又成功而弗居也若此亓不欲見賢也

【王弼本】

天之道，其犹张弓与？高者抑之，下者举之；有余者损之，不足者补之。天之道，损有余而补不足。人之道则不然，损不足以奉有余。孰能有余以奉天下？唯有道者。是以圣人为而不恃，功成而不处，其不欲见贤。

【辩证本】

天之道，犹张弓也，高者抑之，下者举之；有余者损之，不足者补之。天之道，损有余而补不足。人之道则不然，损不足以奉有余。孰能有余以奉天下？唯有道者。是以圣人为而不恃，功成而不处，其不欲见贤。

【辩证本通解】

天道的运行，就像张开的弓箭一样。天道会把高的压低，把低的抬高；让富余的有所减损，把缺乏的加以补足。天道的运行规律，是削减富余的，补益贫乏的。而人类，总是减损贫乏的，去增益富余的，谁能把富余的事物拿出来贡献给天下呢？只有那种悟道的人。所以，悟道的人有所作为，但是却不会自恃有功，取得了成功，却不会占据这些功劳，他不希望自己显露得比别人更有才能、更高明。

【逐句解读】

天之道，犹张弓也

本句采用帛书乙本的句式，王弼本为“天之道，其犹张弓与?”意思相同，可以解释为：天道的运行，难道不像拉开的弓吗？帛书乙本，改为陈述句，我们可以这样解释：天道的运行，就像张开的弓箭一样。

古代没有现在的武器，在冷兵器时代，弓箭可以百步而夺人性命，是很具有威慑力的一种武器，而老子用弓在弦上、张弓拉箭的这种强大的威慑力来比喻天道，也可以从另一个角度看出，天道不仅只具备颐养的作用，同时也具备惩罚不遵循天道的严厉。由此我想到老子在《道德经》第七十九章中说道：“天道无亲，恒与善人。”天道对任何事物都是一视同仁的，没有亲疏远近，只要你遵循天道行事，就会得到天道的赞许，你就会走向昌盛。而这句话，我们解释到这里，还应该有下文，那就是如果你不遵循大道呢？那么大道就会向一柄张开的大弓一样，时刻在监视着你，对你所做的不符合于天道的事情，进行惩罚。

高者抑之，下者举之；有余者损之，不足者补之

帛书甲乙本为“高者印之”，“印”是“抑”的本字，意思是向下按压，字形像一只大手把跪着的人强按下去。后来引申为印章的“印”，因为盖印章时也要有按下去的动作。本句我们采取王弼本，和帛书甲乙本的意思是相同的。

天道会把高的压低，把低的抬高；让富余的有所减损，把缺乏的加以补足。

从地球表面的自然现象来说，地壳的运动，会让原来低洼的地方隆起一座大山，而日晒雨淋的结果又不断地把大山之高来弥补河谷之低。这个过程是经久不衰的。从日月循环来看也是这样，当然现在我们知道这是地球旋转的结果，而在古人来看，夜里太阳在下方的时候，天道把它慢慢地举起，到了一定的位置，又慢慢地把他抑制到下方，如此往复循环，也正是这种不断地循环，才产生了动力。

天之道，损有余而补不足。人之道则不然，损不足以奉有余

天道的运行规律，也可以理解为自然规律就是削减富余补益贫乏，从而取得均衡。而人类社会不是这样，总是减损贫乏的去增益已经很富余的，这样的结果，就会导致贫富的不断分化，社会矛盾的不断加深，社会不稳定因素不断增加，进而发生战争，影响人类社会的发展。这是我们看人类社会，如果放之整个自然界，我们人类自认为是世界的主宰，本来已经处在很高的位置了，但是还不断地向自然界掠夺资源，以至于处在下位的各种动物、植物，因为人类无休止的掠夺，物种不断灭绝，如果这种“损不足以奉有余”的做法不得到遏制，总有一天，人类也会走向灭亡。

这一句话，我们还可以把顺序颠倒一下看，我们可以把人道放在前面看，正是因为人们总是有太多的欲望，本来很富足的人，运用自己富足的资源，进一步掠夺贫困者，以至于达到贫富差距极大，底层人民无法正常生活的时候，人们就会誓死反抗，推翻腐朽的朝代，建立新的朝代，让财富进行一次新的平衡。这种由下而上的反抗，我们可以看出是天道使然，也就是，当人道一直这样运行，一直拉大贫富差距，到了极限的时候，天道就会运行，重新平衡社会。

同样，如果人类总是认为自己是强大的，一直掠夺自然资源，破坏生态环境，到了一定程度，天道就会运行，海啸、地震爆发，物种灭绝，人类赖以生存的环境严重破坏，进而人类灭亡，亿万年后，重新开始新的一轮生物，这也是有可能的。

当人类顺应了天之道，天之道就会造福于人类，当人类不顺应天道，

积累到一定程度后，天之道就会对人类进行惩罚。

孰能有余以奉天下？唯有道者

谁能把富余的事物拿出来贡献给天下呢？只有那种悟道的人。因为悟道的人能够看到这种不均衡的加剧，最后会让整个国家、世界都走向崩溃的边缘，所以他就会努力地去维持社会和世界处于均衡状态，让社会能够持续发展。

这种“有余以奉天下”，可以是用自己的有余奉天下，比如很多事业成功者，晚年的时候会拿出自己聚集的财富做慈善事业，以促进社会的均衡。

另外，“有余以奉天下”，也可以是把他人的有余来奉天下，比如一些贪官污吏聚集太多的财富，比如一些奸商采用各种手段囤积人们生活必需品，这些行为都会导致人们生活困苦，社会动荡。有道的君主就会及时地纠正这些不好的现象，就像一张拉开的弓箭一样：“高者抑之，下者举之；有余者损之，不足者补之”，一方面惩罚那些贪官污吏、奸商恶霸；另一方面加强生产建设，为人们创造更多的工作岗位，提高基层人们的收入，从而使社会长久健康发展。

是以圣人为而不恃，功成而不处，其不欲见贤

见，通现。所以，悟道的人为天地万物去作为，但是他却不会自恃有功，他个人取得成功，或者他带领大家做成功某件事情后，他不会占据这些功劳，他不希望自己显露得比别人更有才能、更高明。

圣人为什么会有“为而不恃，功成而不处，其不欲见贤”的思想呢？这是因为他已经悟道，他做事总是会遵循天道的，悟道之人，无私地为他人、万物而作为，成功地做成某些事情，就会自然得到人们的崇仰，而悟道之人顺应天道，就会把这种被人崇仰的现象尽量的降低。因此他不会自恃有功，而是遮掩光芒，让自己形同常人，这种思想正是符合了天之道的“损有余而补不足”，他会把这些功名谦让给他的下属或者旁人，让那些名声不足的得以显现，从而可以鼓励更多的人为团队，为国家贡献自己的力量。

第七十八章

【帛书甲本（第四十三章）】

天下莫柔□□□□□堅強者莫之能□也以亓無□易□□□□□□□勝強天□□□□□□□行也故聖人之言云曰受邦之訽是胃社稷之主受邦之不祥是胃天下之王□□若反。

【帛书乙本（第四十三章）】

天下莫柔弱於水□□□□□□□□以亓無以易之也水之朕剛也弱之朕強也天下莫弗知也而□□□□也是故聖人之言云曰受國之訽是胃社稷之主受國之不祥是胃天下之王正言若反。

【王弼本】

天下莫柔弱于水，而攻坚强者莫之能胜，其无以易之。弱之胜强，柔之胜刚，天下莫不知莫能行。是以圣人云：受国之垢，是谓社稷主；受国不祥，是为天下王。正言若反。

【辩证本】

天下莫柔弱于水，而攻坚强者莫之能胜，以其无以易之也。弱之胜强，柔之胜刚，天下莫弗知也，而莫能行也。是以圣人云：受国之诟，是谓社稷之主；受国之不祥，是谓天下之王。正言若反。

【辩证本通解】

天下没有比水更柔弱的了，而在治理坚强的时候，没有什么能够胜过它的，也没有什么可以代替它的。柔弱的优于强硬的；柔和的胜于刚强的，这种道理，天下的人没有不知道的，却没有能遵行的。所以圣人说：

能接受国家的污垢、耻辱的人，才能被称为国家的主人；能接受、承担国家的灾难祸患的人，才能成为天下的王者。这些符合于规则的、符合于道理的语言，听起来像反话一样。

【逐句解读】

天下莫柔弱于水，而攻坚强者莫之能胜，以其无以易之也

天下没有比水更柔弱的了，而在治理坚强的时候，没有什么能够胜过它的，也没有什么可以代替它的。

这一句有一个字和通常的解释有所不同，那就是“攻”字。攻，更多地被解释为攻击，因为攻的一个最基本的意思就是“击”，但是攻还有另外一个意思“治”，在《说文解字》里有“攻犹治也”。如果我们用“治”这个意思，就能够很好地同本章的下半部分衔接，并且更好理解，也更符合老子的思想，如果用攻击的意思，就表示强烈对抗，而这样就有相争之意，不符合老子不争的思想。

如果我们采用“治”这个意思，可以这样来理解，很多看似牢不可破的坚固的存在，在水的浸润和包容下却会被溶解、软化、涣散，进而听从水的指挥，跟随水的流动而迁移。比如山石，看似牢固，而在水的浸润下，会慢慢松动，进而随着水流从高高的山上进入低洼的河床，又在水的包容推动下，不断迁移。这种以柔治理的方式，避免了硬碰硬的冲突，从而减少了彼此的伤害，是用一种包容、顺势的态度，完成治理的目的。

这里老子只是举了一个水的例子，我们不要纠结于水，而是从水的柔中学到柔、宽容和爱，进而运用到我们的生活和管理中。在生活中，很多事情不能采取硬碰硬的态度去处理的时候，我们就要从这句话里来汲取智慧。比如在家庭中，夫妻双方总要有一个柔情的，如果都是那种不服输的性格，每个人都想按照自己的意志去行事，到头来就会两败俱伤，走向分离。同样教育孩子也一样，对于孩子，如果不包容、不温柔，而是一味地用命令式的方法去强迫孩子，小时候他不知道反抗，也不敢反抗，这样就会慢慢地养成自卑的心里，等他长大了，逆反心理生成后，你再用这种强硬的态度去教育他，这种硬碰硬的处理方式，势必会造成伤害。

弱之胜强，柔之胜刚

柔弱的优于强硬的；柔和的胜于刚强的。

如果把上一句的“攻”解释为进攻、攻击，这里的“胜”就自然被解释为战胜。因为有进攻，就要有伤害，就要有成功或失败。而如果我们遵循上一句的解析，把“攻”字理解为治，那么这里的“胜”，我们也就不会理解为战胜，而是可以理解为“优于、胜于”。所以这句话我们可以这样理解：在家庭、团队、国家治理中，柔弱的手段和态度往往优于强硬的手段；柔和的方式往往胜于刚强的方式。这里的柔弱、柔和，不要理解为软弱无力，而是方式柔和，比如国家治理中，不能一味地运用法律做硬性的规定，而是多采用道德层面的引导。同样，在家庭教育中，如果用一系列的硬性规定，如每天的作息时间、奖惩措施等都规定得很死板，孩子的一举一动都可能触碰到红线，那么这种方式不一定是好的，就会让孩子做什么都怕触碰了红线，进而产生不自信的心理，这种生活方式就会很累，就会索然无味。而如果用柔和的方式让孩子知道什么是符合于道的，什么是不符合于道的，他就会从心底里慢慢懂得该怎么做，进而达到孔子所说的那种“随心所欲不逾矩”的境界，能按照自己的心愿做事，但是却不会逾越道德和法律。

这种以柔和的态度去行事、治理的方式，更多层面还表现为用慈爱做引导，用慈爱去包容、鼓励。这种包容和鼓励会更好地激发人们内心的动力，让人们心情愉悦，并且潜力不断地发挥出来，团队和家庭越来越和谐，而如果总是用刚性的方法去管理，不断地限制人们的行动，反而会让人们产生很大的反感，产生抵抗的心，大大地削弱人们的主观能动性，降低了人们的潜能发挥。

天下莫不知，莫能行

老子说，这种“弱之胜强，柔之胜刚”的道理我们都懂，只是我们不去执行。言外之意，就是这种道理很浅显，只是我们大家都不愿意执行而已。这句话里包含了以柔和的方式去引导、管理别人。如果我们用柔和态度让别人帮助我们去做什么事情，人们就很少去反抗，而是心情愉悦地帮你完成某件事，而我们的领导者，往往觉得态度柔和了，就无法彰显自己的权威，所以就喜欢用命令式的，甚至强制式的方式去管理别人，这样就会触及人们内心深处的自尊，就会遭到抵抗，管理就会带来难度。所以老子说，这个道理人们都知道，却不去执行，为了什么呢？就是我们不愿意语言谦和，不愿意放下自己的架子，不愿意丢掉自己的权威，从而让本来能顺利完成的事情，无法完成。

是以圣人云：受国之诟，是谓社稷之主；受国之不祥，是谓天下之王。正言若反

社稷：土神和谷神，古时君主都祭祀社稷，后来就用社稷代表国家；所以圣人说：能接受承担国家灾难祸患的人，才能成为天下的王者。这些符合于规则的、符合于道理的语言，听起来往往像不对的，像反话一样。

从这一句的开头“是以圣人云”，帛书甲乙本是“是故圣人之言云曰”，意思都一样。从这一句可以看出，老子前面所写的水的柔弱，以及“弱之胜强，柔之胜刚”都是为了这句话来做铺垫，就是告诫领导者，不要认为自己应该是高高在上的存在，而是要像水一样，能够做到容纳污垢，要去承担国家所有的责任，带领大家治理好所有的灾难，要像水一样柔和、宽容，这样才能称得上国家的主人，才能成为天下的王者。而这样的话，往往不被人理解，认为领导者应该高高在上，应该得到无上的荣光，怎么能承担污垢和不祥呢？这里就可以看出老子那种荣耀和责任是同等的思想，一个人不是只为了接受荣耀而来的，你所有的荣耀和地位，都源于你能承担多大的责任，如果你只是接受荣耀、接受好处，而责任都让别人替你承担，那么就会遭到大家一致反对，没有承担责任的心胸，就不配获得同等的荣耀。

在这里，我想到了《道德经》第十三章里的那句话：“故贵为身于为天下，若可托天下；爱以身为天下，若可寄天下。”（因此，如果一个人能以天下的得失忧患为自身的得失忧患，那么天下的重任就可以托付于他；如果一个人能够爱护天下万物如同爱护自身一样，那么天下万物就可以寄托于他）和“受国之诟，是谓社稷之主；受国之不祥，是谓天下之王。”是相通的，正是一个人能以天下为己身，无论什么样的苦难灾祸，都能甘心承受，并不断地通过自己的努力来改善天下的命运，这样的人才能配得

上“社稷之主”，才有资格称得上“天下之王”。

第七十九章

【帛书甲本（第四十四章）】

和大怨必有餘怨焉可以為善是以聖右介而不以責於人故有德司介□德司徹夫天道無親恒與善人。

【帛书乙本（第四十四章）】

禾大□□□□□□□□為善是以聖人執左芥而不以責於人故又德司芥無德司徹□□□□□□□□。

【王弼本】

和大怨，必有余怨，安可以为善？是以圣人执左契，而不责于人。有德司契，无德司彻。天道无亲，常与善人。

【辩证本】

和大怨，必有余怨，安可以为善？是以圣人执左介，而不责于人。故有德司介，无德司彻。天道无亲，恒与善人。

【辩证本通解】

如果有了大的仇恨，即使被调解了，但是还是会残留下怨恨的。那么怎么才可以做到更好呢？悟道的人会执守于事先制定好的规则、界线，而不去责怪于他人。因此，遵循德而行事的人，会按照事先制定的规则行事；而不遵守德的人不按规则，会做极端的事情。天道对待万物是没有亲疏远近的，而是会帮助遵循大道的人。

【逐句解读】

和大怨，必有余怨，安可以为善

如果有了大的仇恨，即使被调解了，但是还是会残留下怨恨的。那么怎么才可以做到更好呢？

这一句比较好理解，一旦有了大的裂痕，即使经过调解，表面和好了，但是心里的结缔总是无法消除的，就像是一只碗，破了就很难再恢复原状，即使粘上了，裂痕也永远都在。那么怎样才可以避免这种裂痕的发生呢？

是以圣人执左介，而不责于人

这一句我们采用了帛书甲本的“介”字，而帛书乙本是“芥”字，而这两个字在古代是相通的，所以用“介”字，帛书甲本是右介，因为我们已经熟悉了左契，左右应该没有什么区别，所以还是用左。

这一句通常是这样解释的：因此圣人保存借据的存根，但是并不向人索取偿还。如果这样解释，总感觉有一种不舒服的感觉，是不是有一种太纵容了那些赖账的人？岂不是助长了邪恶之风？

我们现在看到了帛书甲乙本以后，知道了这个字是介字，通过这个“介”字的含义，就能很好地明白这一句话的意思了。介，在《说文解字》里是这样注解的：介，画也、畍也，人各守其所分也。而“画”在《说文解字》是这样注解的：画，界也。而畍通界。界，就是界线，就是规则，而这个规则就是一个事物运行开始就要事先制定的。执，有坚持、执守等意思。

所以这句话我们可以这样来理解：悟道的圣人会执守于事先制定好的规则、界线，而不去责怪于他人。

就是说在一个团队开始运作之前，有智慧的人，会在这个系统开始运作之前，就同大家一起制定好大家都需要遵守的法则。这个法则会维护绝大多数人的根本利益，并被大家一致认可，法则一旦制定完毕，大家都要遵守，所以，在法则的约束下，每个人都不去逾越界线，就没有了纷争，从而没有了怨恨。这样的行事规则，才是智慧的、高明的，而不是在系统运作之前，几个人为了面子，都不愿意制定必要的法则，认为相互间的情谊会化解一切，但是随着系统的运行，各自的利益出现了交错纷争，开始的时候各自忍让，再后来，各自提防，再后来互相争夺，直到发生了争吵，矛盾爆发，到这个时候，再去调解、再去制定规则，而人们内心的结缔已经存在，再没有了以前的和睦。

故有德司介，无德司彻

司，主管，操作的意思。彻，毁坏，通透到底的意思。所以这句话我们可以这样理解：因此，遵循德而行事的人，会按照事先制定的规则行事，按照规则界线来执行；而不遵守德的人不遵守各种法则，而做极端的事情。

这个在日常生活中，我们也好理解，看那些德行好的人，总是中规中矩的，不愿意越雷池半步，而那些不遵守道德的人，无视道德底线、法律底线，不断地打破法则而行事，于是就会侵犯了别人的利益，从而同别人结怨。

天道无亲，恒与善人

与，有赞许、赞助、给等意思。天道对待万物是没有亲疏远近的，是不存在偏私的，只是天道一贯地会赞许遵循大道的人，会帮助遵循大道的人。这里的善，我们并不解释为善良，而是善于遵守大道的人。

这一句话和《道德经》第五章的“天地不仁，以万物为刍狗；圣人不仁，以百姓为刍狗”的意思是一样的，都是表示天道是没有偏私的。你只要遵循大道行事，就会获得成功。

第八十章

【帛书甲本（第三十章）】

小邦寡民使十百人之器毋用使民重死而遠送有車周無所乘之有甲兵無所陳□□□□□□□□用之甘亓食美亓服樂亓俗安亓居鄰邦相望雞狗之聲相聞民□□□□□□□□。

【帛书乙本（第三十章）】

小國寡民使有十百人器而勿用使民重死而遠徙又周車無所乘之有甲兵無所陳之使民復結繩而用之甘亓食美亓服樂亓俗安亓居鄰國相望雞犬之□□聞民至老死不相往來。

【王弼本】

小国寡民。使有什伯之器而不用，使民重死而不远徙。虽有舟舆，无所乘之；虽有甲兵，无所陈之。使人复结绳而用之，甘其食，美其服，安其居，乐其俗。邻国相望，鸡犬之声相闻，民至老死，不相往来。

【辩证本】

小邦寡民。使十百人之器毋用，使民重死而远徙。虽有舟舆，无所乘之；虽有甲兵，无所陈之。使人复结绳而用之，甘其食，美其服，安其居，乐其俗。邻邦相望，鸡犬之声相闻，民至老死，不相往来。

【辩证本通解】

缩小封地，减少人民；使得需要耗费太多人力的器具不被使用。人们都非常珍惜生命，而远离迁徙，虽然有先进的交通工具，也没人去乘坐。虽然有精锐部队和武器也没有地方布阵攻击，使人们回归到淳朴守信的状态，人们生活非常的满足：有香甜的美食、漂亮的衣服、安适的居所、良好的习俗。因此，相邻邦国的人们虽然可以相互看到对方，彼此饲养的家禽鸣叫的声音都能够互相听得到，但是各自都非常喜欢家乡的生活，因此，一生都不想着离开自己的家乡，去别的地方生活。

【逐句解读】

小邦寡民

邦，本义为古代诸侯的封国。这里我们不理解为国家，国家在过去叫天下。所以小邦，并不是说国家要小，而是封地小。寡，在《说文解字》里有分的意思，“合于上而分于下也。故始多而终少”。这里我们也很清楚地能看出来，并不是整个国家的人民少，而是增加封地的数量，封地的面积自然就小了，那么每一块封地内，人们的数量就少了。

也许这是老子的一个治国方略吧，那么这样做有什么好处呢？这样应该便于整个国家的稳定，我们可以把老子说的“邦”，理解为现在的一些行政单位，比如现在的省、县等，就是当时的诸侯国，而当时的诸侯国权力挺大的，可以拥有自己的军队，一个个可以拥有自己军队的诸侯国，如果分的太少，那么每个诸侯国的领地就很大，经过长时间的孕育，这些大的诸侯国就容易拥兵自重，越来越不受国家政权的约束，就会在自己的封地任意作为，甚至做出威胁国家政权的行为，而如果封地小了，那么每个诸侯的权势就自然被分割，就不能一家独大，就不足以影响国家政权的稳定。另外，封地小了，诸侯的权势小了，傲气就会减少，欲望也会减小；封地小了，地方领导接近下层人民的机会就会增多，就更能了解人民的疾苦，更便于融于群众中，便于施行慈爱政策。

对这个治国策略运用最好的，就是汉武帝时的推恩令。推恩令是汉朝汉武帝时期推行的一个旨在减少诸侯封地、削弱诸侯王势力范围的一项重要法令。主要内容是将过去由诸侯王只能把封地和爵位传给嫡长子的情况，改为允许诸侯王把封地分为几部分传给几个儿子，形成直属于中央政权的侯国。这样一来，诸侯国越分越小，中央集权加强，国家达到长治久安。

使十百人之器毋用

使得需要耗费太多人力的器具不被使用。

这一句也很不好理解，因为这里对“十百人之器”没有统一的解释，一说“十百人之器”就是众多的、各式各样的器具；一说“十百人之器”指一人用的等于十人百人用的器械，即功效很大的器械；一说“十百人之器”指的是兵器，因王弼本里的什、伯都是代表军队人数的数字。所以“十百人之器”的解释没有定论，既然这样，我们不妨也做一个新的解释，我们可以把“十百人之器”理解为是那种需要很多人才能完成的，而对人们的生活又没有太大帮助的徭役，比如修建大型宫殿之类。毋，有不要、禁止的意思。

因此，这一句可以这样理解：如果各个诸侯的封地被削减了，那么统辖的人口自然减少，如此就使得诸侯不得不禁止一些大型的徭役，从而减轻了人们的负担。

使民重死而远徙

帛书乙本是“使民重死而远徙”，而后来的版本，比如王弼本是“使民重死而不远徙”。重死有看重生死之意。“远”有远离的意思；“徙”本身就有迁徙的意思。因此这两个字合在一起，就是“远离迁徙”，故而后来加的“不”字就没有必要存在了。所以本句我们可以理解为“人们都非常珍惜生命，而远离迁徙，远离了背井离乡”，表示人民安居乐业的平定生活。

虽有舟舆，无所乘之

由于诸侯施行天道，遵守天道行事，人民能够安居乐业，不再羡慕别的邦国的生活，因此虽然有先进的交通工具，但是人民不愿意远行，因此没人去乘坐。

虽有甲兵，无所陈之

各个邦国虽然会操练一些精锐的部队，会拥有一些精良的兵器，但是由于邦国数量比较多，邦国的面积比较小，你如果想拥兵自重（其实也没有多少军队，因为邦国本来就很小），做一些不符合道义的事情的时候，周围众多的邦国就会群起而攻之，由于各个诸侯国相互牵制，使得某个有野心的诸侯君主不得不打消称霸天下，甚至取代天下的念头，使得拥有的精锐部队和武器没有地方布阵攻击，进而使整个天下太平呈现祥和的景象。

使人复结绳而用之

这样天下一片祥和，诸侯封地地域较小，人口较少，所以就便于管理，人们相互之间的信用就比较好，因此在相互交往的过程中，不需要制定繁琐的合同契约，而是单凭个人的信誉就可以很好地交往。这里的结绳而用之，并不是说让人们回归到古代那种文明还不发达的时代，而是使得人们的心没有那么复杂，比如今天我去借你什么东西，不需要做合同，只需要双方简单地记录一下，甚至连简单的记录都不需要，也不会出现背信弃义的事情，表示人们都非常重视信用，回归到了纯朴守信的状态。

甘其食，美其服，安其居，乐其俗

如此天下大治，使得各个诸侯国的人们生活非常的满足：有香甜的美食、漂亮的衣服、安适的居所、良好的习俗。

邻邦相望，鸡犬之声相闻，民至老死，不相往来

人们各自的生活都甜美、富足，因此，相邻的邦国的人们虽然可以相互看到对方，彼此饲养的家禽鸣叫的声音都能够互相听得到，但是各自都非常喜欢家乡的生活，因此，一生都不想着离开自己的家乡，去其他的邦国生活。

这里的不相往来，并不是不相互交往的意思，而是不羡慕彼此的生活，因为每个人都过得非常好，愿意幸福地在自己家乡生活一辈子。

第八十一章

【帛书甲本（第三十一章）】

□□□□□□不□□者不博□者不知善□□□□者不善聖人無積□以為□□□□□□□□□□□□□□□□□□□□□□□□□□□□□□□□□。

【帛书乙本（第三十一章）】

信言不美美言不信知者不博博者不知善者不多多者不善聖人無積既以為人己俞有既以予人矣己俞多故天之道利而不害人之道為而弗爭。

【王弼本】

信言不美，美言不信。善者不辩，辩者不善。知者不博，博者不知。圣人不积，既以为人己愈有，既以与人己愈多。天之道，利而不害；圣人之道，为而不争。

【辩证本】

信言不美，美言不信。知者不博，博者不知。善者不多，多者不善，圣人无积，既以为人己愈有，既以与人己愈多。天之道，利而不害；圣人

之道，为而不争。

【辩证本通解】

真实、诚信的语言听起来不那么华美动听，华美动听的语言往往不真实可信。

悟道的人，不会通过同别人争辩而分高下，总是同别人争论高下的人，是还没有悟道。在某个领域非常精通的人，他的知识面往往没有那么广博；如果一个人涉足的领域非常宽广，那么他就不会精通某个领域。那些悟道的人，不会拥有过多的私人财产、名利；悟道的人没有聚集任何个人的名利，他完全为了他人作为，自己反而会拥有；他完全施惠于他人，自己却得到了更多。天道，是有利于万物，而不去侵害他们，悟道的人，会努力地去作为，但是不会和他人争抢名利。

【逐句解读】

信言不美，美言不信

真实、诚信的语言听起来不是那么华美动听，华美动听的语言往往不会真实可信。

那么，为什么会出现这样的情况呢？也许你会说，我们不是可以调整一下语言修辞吗？让语言既美丽又可信。语言是可以调整的，同样的一个事实用不同的语言说出来，确实会有很大的差别，但是事实往往不是完美的，每一件事情、每一个人总有他的不足，所以，一个真实的表达，在叙述一件事情或者一个人的正面之后，还会补充一下他的反面和不足，只有这样才是全面的。而正是因为每个事情都是有不足的地方，所以，就像有了瑕疵的美玉一样，总有那么不尽如人意的地方，于是就显得不美丽了。而那种只报喜不报忧的人，往往只讲述一件事情或一个人好的地方，而把需要改进的地方，或者无法避免的缺陷故意隐瞒，这样的表述，就是不全面、不真实的。

通过这一句话，我们可以这样想，任何事物都有两面性，有利必有弊，如果一个人说某个事物都是有利的，而没有一点缺陷的时候，那么他的语言，甚至他这个人都不一定是诚实可信的。

另外，这句话我们还可以这样来理解：真实、诚信的语言不需要美化，经过美化的语言往往不会真实可信。

这个也很好理解，就是那些真实诚信的语言，往往是有一说一、有二说二，不夸张、不美化；而那些经过精心设计的语言，辞藻非常优美、动听，但是往往夸大了事实，丧失了其真实性。这一句和孔夫子说的那一句："巧言令色，鲜矣仁"是一个道理。好其言，善其色，致饰于外，务以说人，这样的人是很少有仁德的。

善者不辩，辩者不善

这一句在王弼本里有，而在帛书甲乙本里均没有。这里的善，不要解释为善良，而是说的那种有大智慧的、觉悟了的、悟道了的人。有大智慧已经悟道的人，是不会同别人争辩而一争高下的，那些总是去同别人争论高下，显示自己比别人强的人，就是还没有真正悟道的人，不是真正拥有大智慧的人。一个真正悟道的人，会包容一切，不会在意名利得失，怎么会为了一时口舌之快，去同别人一争高下呢？

知者不博，博者不知

知，有通晓、精通的意思；博，有多、广、大的意思。这句话我们可以这样理解：在某个领域能够做到非常精通的人，他的知识面往往没有那么的广博；如果一个人涉足的领域非常的宽广，那么他就不会精通某个领域。进一步讲，知，就是指精通某个方面的深度，可以看作是纵向的深入，而博，可以理解为是横向的扩展。老子把一个人的知识用这种纵向和横向来表示，就是说如果你在纵向方面，非常的深入，扎根到了某个领域，那么你的所有的精力就会投入其中，就很少有精力去涉猎其他领域的知识，所以就不可能做到横向拓展；如果一个人重视横向的拓展，他就会尽量地延伸自己的视线，争取在面上达到最大化，那么他就不可能付出更大的精力在某一个领域，所以，他总是蜻蜓点水一样的一掠而过，看似什么都懂，但是都不精通。

这是因为一个人的精力和时间是有限的，纵横之间，你不可能都兼顾，所以老子告诉我们，有所得，必有所失，这是颠覆不破的规律。在学习的时候，我们自己在心中要有所选择，不要什么都想学，看看这个经典很好，学了两天，看看另外的也很好，舍弃了原先的，又开始新的，如此一来，看似天天忙碌，到最后，却什么都没有学会。那么是不是我们就学一部经典，别的什么都不学了呢？也不是，比如你喜欢《道德经》，就深入学习它，但并不是整天就看这一本书，而是可以涉猎其他的书籍，但是还要学会回过头来，所有向外学习的理论，都是为了更好地回头理解《道德经》，这样在寻求宽度的同时，来更深层次地理解《道德经》。等你觉得《道德经》真的可以融会贯通了，再开始新的一部经典。但是不要求多，就是要深入。

善者不多，多者不善

这一句话在帛书乙本里有，而王弼本里没有。这一句我们可以这样理解：那些悟道的人，不会去拥有过多的私人财产、名利；过多地占据财产、拥有名利的人，是还没有悟道。因为觉悟的人明白“凡所有相，皆是虚妄”，所以他们不去为这些名利去执着，正是因为悟道的人不去占据这些名相，故老子说“圣人不积”。

圣人无积，既以为人己愈有，既以与人己愈多

积，聚集；既，会意字，像人坐于盛满食物的器具旁，但已转头向后，以表示用食完毕之意。所以，既有尽的意思，日月食尽曰之既。就是在日全食、月全食时，太阳和月亮被完全遮挡的时候，被称为既。所以，这里，这个既字，我们可以解释为完全、全部的意思。

因此，这一句，我们可以这样来理解：悟道的人没有聚集任何个人的名利，他完全为了他人作为，自己反而会拥有；他完全施惠于他人，自己却得到了更多。

既以为人己愈有，既以与人己愈多，怎么理解这一句呢？我们可以从不同的角度来理解这一句话。

一是圣人是没有了自我概念的人，是完全的忘我，他已经把自己等同于天地万物、等同于整个宇宙，所以，他所有的作为，都是为了整个系统的良好运行，在他心目中并没有为自己和为他人的概念，所以，他努力地作为，都是为了整个系统，就像一个悟道的领导者，他的作为，就是为了整个团队，那么他努力地作为，团队越来越好，他已经没有了自我概念，所以团队、系统所拥有的，自然也是他所拥有的。当你包容了整个宇宙，那么整个宇宙都属于你。同理，因为没有了自我观念，所以你给予别人的越

多，就是帮助整个系统的越多，你已经同整个系统融为了一体，所以你也拥有的更多。这是从忘我的角度来理解。

二是“爱出者爱返”，你完全地为别人努力作为，别人就会对你感恩，你所创造的财富都施惠于他人，你却得到了他人的追随和崇敬。那么，什么是拥有呢？物为我所用，就是拥有，平时你所有的作为都是为了他人，所有的财富都赠予了别人，但是等你到了需要的时候，别人就会反过头来帮助你，你帮助的人越多，帮助你的人也越多，那些看似不属于你的财产，关键时候，却会为你所用、为你所拥有。正因为你施惠于他人，你的声誉反而会越来越高。

天之道，利而不害；圣人之道，为而不争

这句话作为整个《道德经》的结束语，再一次为我们揭示了道的最根本的法则，道不是不去作为，只有更好地作为，才能有利于众生。所以老子说，天之道，利而不害，就是说，天道，是有利于万物，而不去侵害它们，不去干涉它们。圣人之道，为而不争，悟道的人，会努力地去作为，为了众生，发挥出自己的光和热，但是不会和他人争抢名誉、地位和财富。

参考文献与资料来源

一、书目参考文献

王弼．老子道德经注［M］．北京：中华书局，2011.

南怀瑾．老子他说［M］．上海：复旦大学出版社，2016.

王蒙．老子的帮助［M］．北京：华夏出版社，2009．

许慎．说文解字［M］．北京：中华书局，2012．

陈鼓应．老子今注今译［M］．北京：商务印书馆，2003．

苏 辙．道德真经注［M］．上海：华东师范大学出版社，2010．

二、资料来源

逸民之道的新浪博客——《老子辩证》http：//blog. sina. com. cn/u/1065603635

《道德经》王弼本 https：//zhuanlan. zhihu. com.

国学大师网．www. eywedu. com. cn.

古诗文翻译网．yw. eywedu. com.

文言汉语网 www. wenyanhanyu. com.

汉典网．www. zdic. net.

字源网 www. fantizi5. com